Komm, erzähl mir was!

Komm, erzähl mir was!

Geschichten für Kinder im Vorschulalter mit Anregungen für die Praxis des Erzählens

Herausgegeben von Agnes Niegl

Illustrationen: Emanuela Delignon

öbv & hpt, Wien

www.oebvhpt.at

Mit Bescheid des Bundesministeriums für Unterricht, Kunst und Sport vom 2. September 1988, Zl. 41.051/6-I/9/88, gemäß § 14 Absatz 2 und 5 des Schulunterrichtsgesetzes, BGBl. Nr. 472/1986, und gemäß den derzeit geltenden Lehrplänen als für den Unterrichtsgebrauch an Familienhelferinnenschulen für das 1. Lernjahr in den Unterrichtsgegenständen Erziehungslehre und allgemeine Psychologie, Kulturkunde der Familie, Familienpraktikum und Erziehungspraktikum geeignet erklärt.
Mit Bescheid des Bundesministeriums für Unterricht und Kunst vom 28. Oktober 1992, GZ 41.051/14-I/9/91, gemäß § 14 Absatz 2 und 5 des Schulunterrichtsgesetzes, BGBl. Nr. 472/1986, und gemäß dem Lehrplan 1992 als für den Unterrichtsgebrauch an Bildungsanstalten für Kindergartenpädagogik für die 1. bis 5. Klasse im Unterrichtsgegenstand Didaktik und Kindergartenpraxis geeignet erklärt.
Mit Bescheid des Bundesministeriums für Unterricht, Kunst und Sport vom 17. Oktober 1988, Zl. 41.051/7-I/9/88, gemäß § 14 Absatz 2 und 5 des Schulunterrichtsgesetzes, BGBl. Nr. 472/1986, und gemäß den derzeit geltenden Lehrplänen als für den Unterrichtsgebrauch für das erste Ausbildungsjahr des Krankenpflegefachdienstes im Unterrichtsgegenstand Psychologie einschließlich Lebenskunde zugelassen.

Dieses Schulbuch wurde auf der Grundlage eines Rahmenlehrplans erstellt, die Auswahl und die Gewichtung der Inhalte erfolgen durch die LehrerInnen.

Schulbuchnmmer: **1959**

Liebe Schülerin, lieber Schüler!
Sie bekommen dieses Schulbuch von der Republik Österreich für Ihre Ausbildung.
Bücher helfen nicht nur beim Lernen, sondern sind auch Freunde fürs Leben.

2. Auflage, Nachdruck 2005 (2,04)

Druck: Leykam Universitätsbuchdruckerei Ges.m.b.H., 8054 Graz
ISBN 3-215-**07190**-8

Komm, erzähl mir was ...

bitten Kleinkinder immer wieder. Sie bringen damit zum Ausdruck, wie sehr sie sich nach Zwiesprache von Angesicht zu Angesicht sehnen, noch einmal über das Wort erleben wollen, was ihnen im Alltag begegnet ist, was sie erfahren haben. Sie verlangen aber auch danach, von Dingen und Zusammenhängen zu hören, die zu erforschen und zu durchschauen ihnen allein noch nicht gelingt.
Einfühlsame Väter und Mütter beachten dieses Bedürfnis und vermögen es auch, ihren Kindern mit selbst erdachten Reimereien und Geschichten Freude zu machen. Vielfach aber wird dem drängenden Bitten der Kinder zu wenig Gehör geschenkt, das Erzählen vernachlässigt. Für dieses Unterlassen gibt es mancherlei Gründe: Im Allgemeinen scheint das Wissen darum, in welch hohem Maße das Erzählen zur Entfaltung der Gesamtpersönlichkeit des Kindes beiträgt, die kognitive, emotionale, soziale, ethische und sprachliche Entwicklung fördert, in Vergessenheit geraten zu sein. Manche Eltern und Erzieher sind unsicher in der Auswahl des Erzählgutes und zweifeln an ihrer Fähigkeit, die richtigen Worte zu finden, und vertrösten das drängende Bitten ihres Kindes auf ein anderes Mal, auf später. Nicht wenige haben oder nehmen sich für das Erzählen keine Zeit. Andere wieder sind der irrigen Ansicht, dass Schallplatte, Kassette, Rundfunk und Fernsehen das Erzählen überflüssig machen. Wissenschaftlich Interessierte meinen, dass sich die Forschung viel zu wenig damit befasst, die Möglichkeiten der Umsetzung gesicherter Erkenntnisse in die Erziehungspraxis, in den Alltag des Bildungsgeschehens aufzuzeigen.
All diese Mängel verursachen einen nicht zu unterschätzenden, folgenschweren pädagogischen Notstand, den es zu erkennen, dem es entgegenzuwirken gilt. Diese Anliegen motivierten die Herausgeberin, das im Jahre 1966 im Österreichischen Bundesverlag von Sylvia Bayr-Klimpfinger und Agnes Niegl herausgegebene Buch „Erzahl mir was" völlig neu zu bearbeiten.
Das vorliegende Buch versucht,

- auf die Fragen „Wozu erzählen?", „Was erzählen?", „Wie erzählen?" praxisorientierte Antworten zu geben
- durch die Skizzierung entwicklungspsychologischer Fakten aufzuzeigen, dass für die Auswahl des Erzählgutes alters- und reifebedingte Interessen, Neigungen, Können, Wollen und Sollen des Kindes maßgeblich sind
- darauf hinzuweisen, wodurch Erzählen in Elternhaus und Kindergarten zum beeindruckenden Erlebnis werden kann
- aus dem schier unübersehbaren Angebot an Kinderliteratur ausgewählte Reimereien, gereimte Geschichten, Umwelt- und Sachgeschichten, Problemgeschichten, fantastische Geschichten und Märchen als Modelle anzubieten
- Anregungen zu geben, wie einzelne Erzählungen abgewandelt, variiert, zu Kettengeschichten ausgebaut werden können
- durch ein ausführliches Autoren- und Quellenverzeichnis weiterführende Überlegungen zu provozieren und
- durch „Thematische Hinweise" ein rasches Auffinden von Geschichten bestimmten Inhaltes zu ermöglichen.

Möge dieses Buch die Bedeutung des Erzählens erneut ins Bewusstsein bringen, zum Erzählen Mut machen, die Freude am Erzählen wecken, schlummernde Talente entdecken helfen und zum Erfinden von Geschichten für Kinder im Vorschulalter verlocken.

Dr. Agnes Niegl

Besten Dank den Verlagen für die Abdruckerlaubnis ausgewählter Texte aus verschiedenen Typen literarischen Gutes.
Aufrichtigen Dank den folgenden Institutionen für ihr Entgegenkommen und ihre Hilfsbereitschaft bei der Benützung ihrer reichhaltigen Sammlungen von Kinderliteratur:
dem Internationalen Institut für Jugendliteratur und Leseforschung in Wien
dem Österreichischen Buchklub in Wien
der Studien- und Beratungsstelle für Kinder- und Jugendliteratur der Erzdiözese Wien und
dem Österreichischen Bundesverlag für die außerordentlich gute Zusammenarbeit, Sorgfalt und Mühe, die er sich mit der Ausstattung des Buches gegeben hat.

Inhalt

Wegweisendes für das Erzählen in Elternhaus und Kindergarten

Wozu erzählen?

Immer wieder drängen die Kinder: „Erzähl mir was.» Im Alltag, der durch Beruf und vielfältige andere Verpflichtungen ausgefüllt ist, heißt es jedoch nicht selten „später" oder „morgen". Auf diese Weise verliert man selbst die Freude am Erzählen, weicht das Bitten des Kindes einer irreparablen geistigen Müdigkeit. Verzicht auf Poesie bedeutet für das Kind geistige Unterernährung. Um diese zu verhindern, ist erneut zu fragen: „Wozu erzählen?"

Erste Reimereien und gereimte Geschichten vermitteln Liebe und Geborgenheit, sprechen das Gefühl an und ermutigen das Kind, Kontakte aufzunehmen.

Umwelt- und Sachgeschichten vermitteln Informationen über Vorgänge in der Natur und im Menschenleben, regen zum Beobachten an, ermöglichen es, Neues kennen zu lernen, Ursache und Wirkung zu erfassen, halten Neugierverhalten und Lernfreude in Gang, bieten Hilfen, sich in der Umwelt zurechtzufinden, und erwecken Verständnis für die Verantwortung gegenüber Mensch und Natur.

Problemgeschichten bieten dem Kind Modelle für soziales Verhalten, für das Hineinwachsen in eine Welt, in der es notwendig ist, sich an bestimmte Regeln zu halten, Verständnis für die Wünsche der Mitmenschen aufzubringen und die Forderungen der Umwelt mit den eigenen Bedürfnissen und Interessen in Einklang zu bringen. Sie zeigen Möglichkeiten der Selbstentscheidung, der Konfliktlösung und Veränderbarkeit auf, lehren das Kind, mit seinen Empfindungen umzugehen, das heißt, seine Ängste und Befürchtungen zu bewältigen, sich einzufühlen in Freude, in Leid, Sorge und Bedrängnis anderer und sich in der verwirrenden Wirklichkeit aktueller kultureller Entwicklungen zurechtzufinden.

In fantastischen Geschichten wird auf der Grundlage von konkreten Gegebenheiten und Situationen Mögliches und Unmögliches, Alltägliches und Wunderbares miteinander verflochten. Dabei wird Unbelebtes lebendig, kann man sich etwas ausdenken, was man gerne hätte, gerne tun würde, ohne daran zu glauben, dass dies tatsächlich möglich ist. Geschichten dieser Art geben Aufschneiden, Übertreiben und Nonsens Raum; sie sind unabdingbar für die Entfaltung von Fantasie und Kreativität.

Märchen vermitteln dichterisch gestaltet und in Symbolen verschlüsselt Lebenserfahrung und Lebensweisheit, machen die Durchschlagskraft des Guten erlebbar und zeigen, wie man dem Bösen entrinnen, aus Gefahren herauskommen kann, wie durch Klugheit, Liebe, Wohlwollen, Gottvertrauen und Überwinden von Hass Menschen und Verhältnisse verändert werden können.

Gedichte, deren Texte von der kindlichen Vorstellungswelt geprägt sind, der Freude des Kindes an

Lautmalereien, am Spiel mit der Sprache, an Worterfindungen, eigenwilligem Gebrauch von Wörtern, an Wortverdrehungen und Reimen entgegenkommen, von Erlebnissen, Stimmungen, Gefühlen, Freuden und Interessen des Kindes handeln, regen seine Fantasie an, fordern zu Kreativität heraus und bereichern seine Innerlichkeit. Dieser erste Zugang zur Poesie ist zugleich eine Voraussetzung für die spätere Begegnung mit der Dichtung der Weltliteratur.

Geschichten erzählen, nicht vorlesen

Obwohl viele Eltern und Kleinkinderzieher im Erfinden geeigneter Geschichten sehr geschickt und geradezu unerschöpflich sind, werden doch manche von ihnen gerne nach Büchern greifen, die Erzählgut für das Kleinkind anbieten. Man sollte sich jedoch nicht dazu verleiten lassen, die Geschichten, die sich in solchen Büchern finden, einfach vorzulesen. Kleinkinder können nämlich Vorgelesenes noch nicht lückenlos erfassen, vermögen es nicht, dem lesend Dargebotenen mitfühlend zu folgen. Noch bedürfen sie des unmittelbaren, persönlichen Angesprochenseins, einer mannigfachen Veranschaulichung des Gesagten. Kleinkindern soll man Geschichten nicht vorlesen, sondern erzählen.

Auf das Erzählen vorbereiten

Ohne die Spontaneität, die glückhaften Einfälle im richtigen Augenblick unterschätzen zu wollen, ist es doch sehr wichtig, sich auf das Erzählen vorzubereiten.
So ist es notwendig,

- Geschichten, die man erzählen will, vorher zu lesen. Wie will man ansonsten beurteilen, ob deren Inhalt dem augenblicklichen Interesse und der psychischen Verfassung des Kindes entgegenkommt? Es ist auch zu überlegen, wie man die Geschichte variieren und auf den kleinen Zuhörer abstimmen kann;
- sich für das Erzählen Zeit zu nehmen; soll es doch möglich sein, auf Fragen der Kinder, auf ihr Fabulieren und Weiterdenken einzugehen;
- den richtigen Zeitpunkt zu wählen und für das Zuhören eine gute Stimmung zu schaffen. Vor allem nach ausgiebigem Tätigsein ist das Kind bereit, aufmerksam und interessiert zuzuhören;
- trotz der Bitte des Kindes um „noch eine Geschichte" immer nur eine Geschichte zu erzählen und vorher die Möglichkeiten der Vertiefung zu überlegen. Nur so kann ein planloses Nacheinander und damit die Erziehung des Kindes zur Oberflächlichkeit vermieden werden;
- die sprachliche Gestaltung der Geschichte zu beachten, weil Erzählen den Sprachschatz des Kindes bereichert, sein Sprachgefühl verfeinert und durch behutsames Vorgehen den Weg vom örtlich gebundenen Dialekt sowie von der Altersmundart zur gepflegten Umgangssprache bahnt;
- in die Geschichten hineinzuhorchen und zu fragen: Inwieweit können sie für den Erwachsenen Hilfe zum Verstehen des Kindes und Hinweise für das eigene Erzieherverhalten sein?;
- die Geschichten durch wiederholtes Lesen lieben zu lernen, weil es nur so möglich ist, ihren Spannungsbogen, ihre Poesie sich zu eigen zu machen, die Melodie, die sie enthalten, aus innerer Anschauung – und nicht etwa durch wortwörtliches Auswendiglernen des Textes – herauszulocken.

Die Kinder – unsere Lehrer

Auf der Suche nach Erzählgut stützen sich die Erwachsenen zunächst auf Empfehlungslisten, die nach Altersstufen gegliedert sind. Obwohl sich diese Hilfe fürs Erste als praktisch erweist, stellt sich doch immer wieder heraus, dass Altersangaben nicht mehr sein können als Anhaltspunkte, weil sie – selbst dann, wenn sie zusätzlich Hinweise auf Inhalte enthalten – zwangsläufig individuelle Gegebenheiten vernachlässigen. Aber eben diese sind für die Auswahl einer Geschichte von entscheidender Bedeutung. Wie verschieden kann beispielsweise die Wirkung ein und derselben Geschichte auf Kinder gleichen Alters schon allein deshalb sein, weil ihr Beobachtungs- und Forschungsbereich sehr unterschiedlich ist! Was ein Kind bewegt, was es interessiert, womit es vertraut gemacht werden will, hängt weitgehend von seiner Umwelt ab: vom Wohnort, von den Verhältnissen in der Familie, deren Wohnweise und Lebensgewohnheiten (hinsichtlich Ernährung, Kleidung, Körperpflege, Kranksein, Gesundwerden, Konsumgewohnheiten, Haushaltsführung), von den Möglichkeiten des Kindes, Einblick in verschiedene Berufe, in die Handhabung von Werkzeugen und Maschinen zu bekommen, von der Art der Auseinandersetzung mit Gefährdungen in und außer Haus, mit dem Leben auf der Straße, von den Möglichkeiten, Vorgänge in der unbelebten Natur (Wasser, Wetter, Gestirne, Sand, Gestein) und Vorgänge in der belebten Natur (Lebensäußerungen und Lebensbedingungen von Tieren) zu beobachten, und nicht zuletzt von all dem, was Fernsehen, Film, Videos und CDs vermitteln.

Welche verlässliche Entscheidungshilfe für die Auswahl von Kinderliteratur gibt es?
Kleinkindpädagogen und Experten, die um eine verstehende Kinderpsychologie bemüht sind – insbesondere Entwicklungs- und Tiefenpsychologen -, meinen dazu: Kinder sind nur dann imstande, sich in eine Geschichte einzufühlen, sich mit dem Gehörten zu identifizieren, wenn der Erzähler die Welt aus der Sicht der Kinder darstellt, die Eigengesetzlichkeit der kindlichen Welt respektiert, das Erleben der Kinder zum Ausgangspunkt seiner Erzählungen macht, dabei aber die Lebenswirklichkeit – Kinder und Erwachsene leben in einer gemeinsamen Welt – nicht durch Kindertümeln verfälscht.
Nicht bei allen, die Kindern etwas erzählen wollen, können alle diese Einsichten vorausgesetzt werden. Sicherlich aber wird jeder darauf achten können, was das Kind sagt, woran es sich erfreut, was ihm Spaß macht, was es durchsetzen will, wovor es sich fürchtet, wie es mit anderen Kindern auskommt, was es gerne tut, was es unbeachtet lässt. So ist es jedem möglich, sich an das Denken, Fühlen und Wollen der Kinder heranzutasten, zu erfassen, dass uns die Kinder selbst lehren, was wir zum Inhalt einer Geschichte machen sollen, welche Geschichte es aus dem reichen Angebot auszuwählen gilt.

Einige Tipps, durch die Erzählen zum Erlebnis werden kann

Der Erzähler wird im kleinen Zuhörer nur dann richtige Vorstellungen erwecken, Erfahrungen klären und vertiefen, Fantasie anregen und Aktivität mobilisieren, wenn er stets beachtet, dass sich Kleinkinder als „Mittelpunkt der Welt" fühlen. Das Erzählen wird zunächst dem Kind nur dann Freude bereiten,

... wenn es sich in den Geschichten persönlich angesprochen fühlt und in ihnen die ihm vertraute Welt wiederfindet

Dies gelingt, wenn etwa
- das Kind, das einen schlimmen Tag erlebt, nicht „Sanni" (Seite 84) heißt, sondern den Namen des zuhörenden Kindes erhält;
- unauffällig Gewohnheiten und Wünsche des Kindes in die Erzählung eingeflochten werden – beispielsweise Toni Teddy nicht damit aufhält, dass er ihm die Schürze umbindet (Seite 36), Ursel einen Regenschirm möchte (Seite 66), Andreas und das fremde Mädchen einander zunicken, weil sie sich kennen lernen wollen (Seite 200);
- von Dingen die Rede ist, die dem Kind von seinem Tun her bekannt sind, beispielsweise von der Puppe (Seite 34), dem Teddybären (Seite 36), der Wippe (Seite 73), dem Ball (Seite 47);
- die Geschichten Einzelheiten bringen, die ein Wiedererkennen der eigenen Umwelt ermöglichen. So kann die Puppe echtes Haar haben wie das Kind (Seite 35), oder man kann dem Kind gegen Ohrenschmerzen Vatis großes Halstuch umbinden (Seite 64);
- durch Vergleiche vertraute Gegebenheiten mehrfach gekennzeichnet sind. So sind Röteln (Seite 142) nicht so schmerzhaft wie Zahnweh (Seite 68).

... wenn der Erzähler um Veranschaulichung bemüht ist

Dies gelingt, wenn er
- das, was er sagt, „ausspielt", beispielsweise die Puppe, von der er erzählt, auf dem Schoß hat, sie streichelt und sanft in den Schlaf wiegt;
- seine Worte sparsam mit Blick, Miene und Gestik begleitet;
- Klang und Farbe seiner Stimme dem Inhalt der Geschichte entsprechend einsetzt, sich nicht nur mit einem gesprochenen „tropf, tropf", „wau-wau" begnügt, sondern eindrucksvoll die zutreffenden Geräusche nachahmt, etwa das Plätschern des Regens, das Bellen des Hundes, das Miauen der Katze, das Gackern der Hühner, das Rattern der Autos, das Säuseln des Windes, das Stampfen der Waschmaschine;
- bei Erzählungen, die eine erweiterte Umwelt zum Thema haben, von Fremdem und Andersartigem berichten, das Gesagte durch sachlich richtige, künstlerisch gestaltete Bilderbücher oder auch durch Fotos und Zeichnungen veranschaulicht.

... wenn der Erzähler auf spontane Reaktionen der Kinder achtet

Es ist wichtig,
- auf Zwischenfragen der Kinder einzugehen, sie ernst zu nehmen und zu versuchen, die Antwort in die Geschichte einzubauen;
- bei Erzählungen, insbesondere bei Kettengeschichten, die Reihenfolge einzuhalten (Seite 42);
- zu überlegen, ob in einer Geschichte, die man erzählen will, Begriffe vorkommen, die dem Kind fremd sind. Trifft dies zu, soll das Kind längere Zeit, bevor die Geschichte erzählt wird, mit dem Begriff vertraut gemacht werden; beispielsweise sollte es als Vorbereitung auf die Geschichte „Bumfidel möchte telefonieren" (Seite 187) mit einem Kindertelefon hantieren dürfen.

... wenn es der Erzähler vermag, die Freude des Kindes an Reimereien, gereimten Geschichten und Gedichten zu erhalten

 Derartige Kinderliteratur wird zum geistigen Besitz, wenn der Erzähler

- den Inhalt des Gedichtes zunächst als Erzählung anbietet und dabei einen der Reime verwendet (Seite 48);
- markante Redewendungen – auch Varianten – bei passender Gelegenheit gebraucht, beispielsweise „Was schadet uns das?“ (Seite 67), „...was sagt ihr dazu?“ (Seite 269), die Anrede „Watomi, kleiner Bruder“ (Seite 217);
- in seine Geschichte ein ihrem Inhalt entsprechendes Gedicht einbaut (Seite 98).

Mit diesen Hilfen wird das Kind nach und nach mit dem Inhalt eines Gedichtes vertraut werden und es wörtlich hersagen können, ohne es mühselig auswendig lernen zu müssen.

Noch einige Tipps:

- Mit Reimereien, gereimten Geschichten und Gedichten, die man selbst lieb gewonnen hat, wird man Kinder besonders ansprechen;
- ebenso mit selbst erfundenen Geschichten, in denen das Kind leicht Parallelen zu seinem Erleben, zu seinen Erfahrungen finden kann, wie beispielsweise die „Steffi“-Geschichten (Seiten 38, 39, 63, 81);
- man soll sich auch nicht scheuen, aus der eigenen Kindheit allerlei zu erzählen – „Du-auch-Geschichten“ erfreuen das Kind besonders!

Erzähltes lebendig erhalten und vertiefen

Kinder hören dem Erzähler zumeist mit großer Aufmerksamkeit zu und folgen mit Anteilnahme und gespannter Miene dem Gesagten. Ob und wie sich das Kind mit dem Gehörten auseinandersetzt und wie es in ihm weiterwirkt, wird man erkennen, wenn man auf Äußerungen des Kindes achtet, also darauf, ob es etwas im Zusammenhang mit der Geschichte Stehendes sagt, zeichnet, malt, modelliert, im Rollenspiel oder im Umgang mit seinen Spieldingen zum Ausdruck bringt.

Das Erzählte kann unaufdringlich vertieft werden durch

- behutsames Mitspielen, wenn das Kind die Puppe zum Spazierengehen anzieht oder den Teddy ins Bett legt, weil er Schnupfen hat;
- Bereithalten von Dingen, die zum Rollenspiel auffordern, wie etwa diverse, dem Kind angepasste Gartengeräte (Seite 126), eine Briefträgertasche (Seite 128), ein Kindertelefon (Seite 104), einen Indianer-Kopfschmuck (Seite 54);
- Bereitstellen geeigneten Materials für das Gestalten. So wird dunkles Papier nötig sein, wenn das Kind nach der Geschichte „Es hat geschneit“ (Seite 138) einen Schneemann darstellen will;
- gelegentliche Fragen, die auf den Inhalt einer Geschichte hinweisen, wie „Wovor hat sich David eigentlich gefürchtet?“ (Seite 162);
- Einflechten bereits bekannter Reimereien bei passender Gelegenheit, beispielsweise „Tut dir was weh?“ (Seite 27), während einem Kind, das niedergefallen ist, beim Aufstehen geholfen wird, oder „Meine Puppe, das ist wahr“ (Seite 35) im Verlauf des Puppenspiels, „Genug vom Weinen“ (Seite 85), wenn es ums Trösten geht;
- Anknüpfen an aktuelle Anlässe, an unmittelbares Erleben, was Ausgangspunkt für allerlei Gespräche sein kann. So wird der Erzahler, wenn Kinder sich nicht einigen können, an die Geschichte „Wenn's lustig wird“ (Seite 146) erinnern oder nach einem Zoobesuch die Geschichte

„Der kleine Zoowärter versteht die Sprache der Tiere“ (Seite 189) gemeinsam mit dem Kind erneut erleben lassen;
- Bereitstellen eines „Schatzkästchens“ anlässlich der Geschichte vom „Seestern“ (Seite 201), in dem derlei Raritäten verwahrt und immer wieder betrachtet werden können;
- gelegentliches Wiederholen einer Geschichte.

Nützt der Erzähler derartige Möglichkeiten, dem Kind zu helfen, Gehörtes zu vertiefen, können Reimereien, gereimte Geschichten, Gedichte und Erzählungen zum bleibenden geistigen Gut, kann die Zentralfigur einer Geschichte zum befreienden, beglückenden Vorbild werden.

Bemerkungen zum Umgang mit den Texten

Die ausgewählten Reimereien, gereimten Geschichten, Gedichte und Erzählungen wurden – abgesehen von geringfügigen Kürzungen oder sachlichen Richtigstellungen – im Originaltext übernommen. Der Erzähler wird daher je nach örtlichem Sprachgebrauch Verniedlichungen, wie etwa „Füßchen, Öhrchen, Thereschen“ modifizieren oder vermeiden. Er wird ortsübliche Begriffe einsetzen, also „Euro“ statt „Mark“, „Cent“ statt „Pfennig“, „Gehsteig“ statt„Bürgersteig“, „Ringelspiel“ statt „Karussell“, „Haut“ statt „Pelle“, „Schlagobers“ statt „Sahne“. Gleiches gilt für die Bezeichnung von Tätigkeiten wie „Schniefen, Ziepen, Sabbern“. Vielleicht aber – und das kommt gar nicht selten vor – haben Kinder sogar Spaß daran, Fremdartiges in ihren Sprachschatz aufzunehmen.
Beim Variieren von Texten – beispielsweise beim Einsetzen von Gestalten, die dem Kind vom Fernsehen her bekannt sind – ist behutsam vorzugehen, um zu vermeiden, dass Idee und Spannungsbogen der Geschichte, die man erzählen will, in Verlust geraten.
Vielleicht findet die Einordnung der einen oder anderen Geschichte unter einem der Gesichtspunkte: „Wenn ein Kind…“ keine Zustimmung. Ein allgemein gültiges Auswahlprinzip zu erstellen ist jedoch aufgrund der Komplexitat der Texte nicht möglich.

Reimereien und gereimte Geschichten für die Jüngsten

Sinnlose Reimereien in vertrauter Zwiesprache

Schon wenige Wochen nach der Geburt beginnt das gesunde, gut versorgte Baby in den Zeiten des Wachseins seine Stimme nicht nur für das Schreien und Weinen einzusetzen, sondern sie auch piepsend, gurgelnd und lallend zu erproben. Es dauert nicht lange, so beachtet das Kind mit gespannter Aufmerksamkeit die Stimme der Mutter und hat es gern, nicht wortlos, sondern mit freundlicher Miene und wohlwollendem Geplauder versorgt zu werden. Tut man dies, wird man bemerken, dass das Kind beglückt lächelt, vor Freude strampelt, aufjauchzt und mit noch größerem Vergnügen zu lallen beginnt.

Das vorsprachliche Miteinander ein Mittel der Verständigung

Wenn nun die Mutter dieses Lallen in singendem Tonfall deutlich wiederholt, in ihre „Antwort" neue Wortgebilde, sinnvolle Worte und Redewendungen einfließen lässt, gibt sie dem Kind Gelegenheit, sein Lallen zu bereichern, und trägt dazu bei, sein Interesse an Gesprochenem zu steigern, seine Gehörsempfindlichkeit zu verfeinern und seine Sprechgeschicklichkeit zu trainieren. Dieses vorsprachliche Miteinander, die vertraute Zwiesprache von Angesicht zu Angesicht, verfügt zwar über keine feststehenden Vokabeln, ist aber dennoch ein Mittel der Verständigung, das Aufschluss über das Befinden, Wünschen und Wollen des Kindes gibt.

Erste Reimereien helfen dem Kind, den Zusammenhang von Reden und Tun zu erfassen

Auf dem Weg zur Vollsprache bedarf es weiterer Hilfen. Zunächst muss das Kind entdecken können, dass Laute, Worte und Wortgruppen einzelnen Bewegungen zugeordnet sind: bestimmte Lautgebilde dem Tätscheln, dem spaßhaften Rütteln und Schütteln, dem Necken, dem Wiegen, dem Berühren von Nase, Ohren, Fingern und Zehen; das Guckguckdada dem Versteckspiel. Der Zusammenhang von Sprechen und Tun wird für das Kind besonders deutlich, wenn man sich bei dieser Art der Zuwendung verschiedener Lautmalereien und stark rhythmisierter Reimereien bedient: der Vater etwa dem Kind die Uhr ans Ohr hält und dabei ihr Ticktack nachahmt; zum Reim „Rissel, rassel, rüssel…" akzentuierend mit dem Schlüsselbund rasselt, zu den „Hoppe-hoppe-Reiter"-Versen das Kind auf seinen Knien reiten lässt. In dieser freundlichen Atmosphäre liebevollen Miteinanders ist das Kleinkind besonders aufgeschlossen für das, was seine Betreuer sagen, welche Namen sie Dingen und Vorgängen geben. Allmählich wird das Kind bestimmte Bewegungsabfolgen erwarten, aktiv mittun, mitplappern und durch Wort und Geste auffordern, die Spiele zu wiederholen.

Das Kind zum Mitplappern herausfordern

Die Umwelt ist eine unerschöpfliche Quelle der Lautmalerei. Was allerlei Dinge und Lebewesen an Lauten hervorbringen – Auto, Waschmaschine, Kochtopf, Rasenmäher, Handy, Reißverschluss, Frosch -, kann von jedem Betreuer wahrgenommen und beim Pflegen des Kindes, beim Scherzen mit ihm in ein lustbetontes Spiel verwandelt werden. Derartige rhythmisch durchgegliederte Lautmalereien – die moderne Kinderliteratur hat sie als Element der Poesie erkannt – vermögen es, Stimmungen zu vermitteln, verschiedene Eindrücke bewusst zu machen und Sprechfreude zu wecken.

Das Wortverständnis anbahnen

In dem Maße, in dem in die Reimereien mehr und mehr Sinn einfließt, kleine Episoden aus dem Leben des Kindes – das Weinen und Naseputzen, das Nasswerden im Regen, die roten Schuhe, die der Vater mitgebracht hat – den Inhalt von Versen ausmachen, kommt zur Freude des Kindes am rhythmisch durchgliederten Lautgebilde noch Bedeutsames hinzu: Dem Kind wird geholfen, neue Worte zu verstehen, es wird angeregt, diese Worte aufzugreifen und sich zu eigen zu machen.

Die Ansprüche an Geschicklichkeit und Sprachverständnis allmählich steigern

In dem Ausmaß, in dem die Kinder nach und nach geschickter und mutiger, bewegungsfreudiger und unternehmungslustiger werden, nimmt ihr Interesse an Spielen zu, die dem Text und der Bewegung nach schwieriger sind. Sie haben nunmehr ein stets wachsendes Vergnügen an gereimten Geschichten, beispielsweise daran, als „Müllers Sackerl" hinters Tor geworfen zu werden, nicht mehr nur „vom Ofen bis zum Bett" zu reiten, sondern auch „über Stock und Stein, über einen Graben, über einen Sumpf".
Beim Kribbelspiel soll man sich nicht mehr damit begnügen, das „Mauserl im Pumperkasten rasten" zu lassen. Hier kann bereits ein „Büblein hoch auf den Baum steigen, ins Vogelnest gucken, herunterplumpsen" und anderes mehr.
Spiele dieser Art regen die Fantasie an, erleichtern es dem Kind, sich in verschiedene Situationen einzuleben, Ernst und Scherz kennen zu lernen. Noch mehr! Reiht sich, wie dies in vielen Kniereiterliedchen und Fingerspielen zutrifft, Episode an Episode, bilden diese einen Geschehnisablauf, dann begegnet das Kind erstmalig Elementen des Epischen, ja sogar des Dramatischen.

Sprachverständnis und Sprechfähigkeit mit Hilfe gereimter Geschichten ausbauen

Wie Klang und Rhythmus der sinnlosen Reimereien in Verbindung mit oft wiederholtem, lustbetontem Tun dem Kind geholfen haben, den Zusammenhang von Lautgebilde und Bewegung zu erfassen, so machen nun die auch dem Sprachumfang nach ausgebauten gereimten Geschichten das Kind mit neuen Worten, Dingen und Vorgängen vertraut. Sie bieten ihm weitere Möglichkeiten, mit Lauten und Worten zu spielen, seinen Wortschatz zu bereichern.

Gereimte Geschichten als Erziehungshilfe

Gereimte Geschichten können aber auch, richtig eingesetzt, zu wertvollen Erziehungshilfen werden, weil sie ablenkend und umlenkend wirken. So lässt sich etwa die oft recht ungezügelte Aktivitat des Kleinkindes dadurch ordnen, dass man es aufnimmt und mit ihm das Hoppe-hoppeReiter-Spiel beginnt. Manch ein widerspenstiger Schreier kann mit dem Sprüchlein „wir ziehn dem Kind jetzt Schuhe an" leicht aus seiner Abwehrhaltung herausgeholt und zum Ausgehen bereitgemacht werden. Unter dem „Heile, heile, Segen", das die Mutter Anteil nehmend spricht, vergisst das Kind seinen Schmerz, versiegen im Singsang des Trostes die Tränen, und auch der ereignisreichste und bewegteste Tag wird friedvoll ausklingen, wenn die Mutter ihr Kind beim Einschlafen durch Wort und Geste zu beruhigen weiß.

Überlieferte Kinderreime sollen nicht in Vergessenheit geraten

Viele der Reimereien und gereimten Geschichten entspringen Leben und Brauchtum einer längst vergangenen Zeit, weshalb es fragwürdig erscheinen mag, sie an Kinder der Gegenwart heranzutragen. Das Bemühen, dieses alte Kulturgut nicht in Vergessenheit geraten zu lassen, kann dadurch gerechtfertigt werden, dass für so junge Kinder nicht so sehr der Inhalt maßgeblich ist als vielmehr der enge Kontakt mit dem Erzähler, das vom Sprechen begleitete gemeinsame Tun, das Mitgenommenwerden von Klang und Rhythmus. Weiters entfalten die von alters her überlieferten Kinderreime Lebensweisheiten, die einer heiteren, humorvollen Weltsicht entspringen. Sie werden im Laufe der Zeit von den Kindern erfasst und können eine beruhigende, zuweilen auch befreiende Wirkung ausüben.

Wert des spielerischen Umganges mit der Sprache

Bedenkt man dies alles, wird man nicht so leicht in die Gefahr kommen, die zwischen Sinn und Unsinn schwankenden ersten Reimereien und gereimten Geschichten als „kindisches Getue" abzulehnen, sondern mehr und mehr ihren Wert erkennen, selbst Freude am spielerischen Umgang mit der Sprache gewinnen und vielleicht sogar zum Erfinden neuer Reimereien und gereimter Geschichten angeregt werden.

Sinnlose Reimereien in vertrauter Zwiesprache

Die Eltern „antworten" auf das Lallen des Kindes mit verschiedenen Lallgebilden.

Schnick, schnack, schnurr,
ticke, tacke, turr.

Margarete Schmaus

Qua, qua, qua; dipper, dopper, da,
dipper, dopper, dipper, dopper,
da, da, da.

Margarete Schmaus

Erste Reimereien – Sprachspiele, die dem Kind helfen, den Zusammenhang von Reden und Tun zu erfassen

Kribbelspiele

Bei diesen Spielen spazieren die Finger der Eltern über Beine, Bauch und Brust des Kindes bis zu seiner Achselhöhle, wo scherzend ein wenig gekitzelt wird.

Es läuft ein Mauserl
übers Hauserl.
Wo soll's rasten?
Im Pumperkasten!

Volksgut

Da kommt die Maus,
da kommt die Maus,
klingelingeling!
Ist der Herr zu Haus?

Volksgut

Bei diesem Spiel sind die Finger gespreizt und bilden die Äste – die hohle Hand ist das Nest.

Steigt ein Büblein auf den Baum,
ei, so hoch, man sieht es kaum!
Steigt von Ast zu Ästchen
bis ins Vogelnestchen!
Ei, da lacht es, hui, da kracht es –
bums – da liegt es drunten!

Friedrich Güll

Spiele mit dem Gesicht und mit den Händen

Als-ob-Handlungen, die dem Text entsprechen – Tränen trocknen, Nase putzen, Hände zusammenpatschen -, verdeutlichen eindrucksvoll den Zusammenhang von Reden und Tun.

Jetzt trocknen wir die Tränen ab,
jetzt putzen wir die Nase –
wasche, wische, pustepust!
Bist mein kleiner Hase!

Margarete Schmaus

Weißt du, was?
Wenn's regnet, wird's nass.
Wenn's schneit, wird's weiß:
Du bist ein kleiner Naseweis.

Volksgut

Tupf auf die Nase,
tupf auf den Mund,
tupf auf die Stirn
und die Wangen rund,
tupf auf die Brust und den Bauch,
tupftupf,
doch bei den Ohren geht es:
zupf!
zupf!

Friedl Hofbauer

Patsch Handi z'samm,
patsch Handi z'samm,
was wird der Vater bringen?
Rote Schuh' und schöne Strümpf',
da wird das Kinderl springen!

Volksgut

Spiel mit der Taschenuhr und mit dem Schlüsselbund

Beim Spiel mit verschiedenen Gegenständen wie Taschenuhr oder Schlüsselbund, verbunden mit Lautmalereien und stark rhythmisierten Reimereien, prägen sich Bewegungsfolgen und Namen besonders gut ein.

Große Uhren gehen tick-tack, tick-tack,
kleine Uhren gehen tick-tick, tack-tack,
tick-tick, tack-tack.
Und die ganz, ganz kleinen Uhren ticke-tacke,
ticke-tacke, ticke-tacke.

Volksgut

Rissel, rassel, rüssel,
wo sind meine Schlüssel?
Rissel, rassel, rund,
sie sind am Schlüsselbund.
Rissel, rassel, roll,
sie tanzen dran wie toll.
Rissel, rassel, raben,
mein Peter soll sie haben.

Elisabeth Brenner

Fingerspiele

Bei diesen Spielen – sie sind zugleich erste gereimte Geschichten – wird jedem Finger eine bestimmte „Aufgabe“ zugeordnet. Fingerspiele sind das kleinste Kindertheater der Welt. Sie sind nicht nur naive Volkspoesie, simple Dramatik, sondern auch Ausdruck von Bedürfnissen und Alltagserfahrungen – Zurückgesetztsein, Geltungsdrang, Angst, Hunger – , die in das „Theater“ mit einbezogen werden *(Rudolf Schender).*

Das ist der Daumen,
der schüttelt die Pflaumen,
der hebt sie auf,
der trägt sie hinein,
und der kleine Wutziwutzi
isst sie ganz allein.

Volksgut

Der ist ins Wasser gefallen,
der hat ihn herausgezogen,
der hat ihn ins Bett gelegt,
der hat ihn zugedeckt,
und der kleine Schelm da
hat ihn wieder aufgeweckt.

Karl Simrock

Das is der Bauer (Daumen),
der geht aufs Feld,
der hat die Sengst,
der sitzt im Korn,
und da Kloani schreit:
Hauts ma nit den Kopf weg!

Volksgut aus dem Burgenland

Das ist der Vater, lieb und gut,
das ist die Mutter mit dem frohen Mut,
das ist der Bruder stark und groß,
das ist die Schwester mit dem Püppchen auf dem Schoß,
das ist das kleine Kindelein –
das soll die ganze Familie sein!

Volksgut

Der is ins Wasser gfalln,
der hat ihn wieder herauszogn,
der hat ihn heimtragn,
der hat ihn ins Bett glegt,
der klane Wutzi hat'n zuadeckt.

Volksgut aus dem Burgenland

Das ist der Wuzelklein,
der trägt ein Ringelein,
der Mittlere streckt sich lang,
der Zeiger und der Daumesdick,
die sagen beide:
zwick, zwick, zwick.

Friedl Hofbauer

Kniereiterliedchen

Beim Reiten auf den Knien, beim „Hinters-Tor-geworfen-Werden“ und Herunterplumpsen plappert das Kind bald mit, beteiligt sich aktiv an den Bewegungsabfolgen und erfreut sich an den rhythmisch durchgegliederten Lautgebilden.

Hopp, hopp, hopp,
Pferdchen, lauf Galopp!
Über Stock und über Steine,
aber brich dir nicht die Beine!
Hopp, hopp, hopp,
Pferdchen, lauf Galopp!

Volksgut

Wir reiten um die Wette,
vom Ofen bis zum Bette.
Einer wird der Erste sein,
die andern kommen hinterdrein!

Volksgut

Eine kleine Dickmadam
fuhr auf einer Eisenbahn;
Eisenbahn, die krachte,
Dickmadam, die lachte.

Volksgut

Müller, Müller, Sacki,
is der Müller nit zu Haus?
Schloss vor, Riegel vor?
Werf ma's Sackerl hinters Tor!

Volksgut

Huckepack, huckepack,
wer kauft mir ab den Sack?
Sieben Meilen muss ich laufen,
niemand will mein Binkerl kaufen!
Huckepack, huckepack,
wer kauft mir ab den Sack?

Volksgut

Grüner Frosch, du hüpfst so weit.
Komm, jetzt hupfen wir zu zweit!

Grüner Frosch, quak mir was vor!
Und dann quaken wir im Chor:
Quakquak, quakquak, quakquak!

Georg Bydlinski

Gereimte Geschichten, die an Geschicklichkeit und Sprachverständnis des Kindes etwas größere Ansprüche stellen

Gereimte Geschichten – immer noch von Bewegungen und Lautmalereien begleitet – bauen Sprachverständnis und Sprechfähigkeit weiter aus.

Ich bin ein kleiner Pumpernick,
ich bin ein kleiner Bär,
und wie mich Gott geschaffen hat,
so wackle ich daher.

Volksgut

Ich bin klein Klaus,
ich wohn' zu Haus,
ich kann nicht nähen,
ich kann nicht säen.
Doch was statt dessen?
Wurst kann ich essen.

Volksgut

Gretchen, widiwetchen,
widiwumpuskastetchen,
widiwumpuskastutz,
das Gretchen ist nix nutz!

Volksgut

Mädchen, die nicht singen,
Buben, die nicht springen,
Uhren, die nicht gehen,
Hähne, die nicht krähen,
Kinder, die nicht lachen:
Was sind das für Sachen?

Volksgut

Bim, bam, beier,
die Katz' mag keine Eier!
Was mag sie dann?
Speck aus der Pfann'!
Ei, wie schleckrig ist unsre Madam!

Volksgut

Hoppe, hoppe, Reiter,
wenn er fällt, so schreit er.
Fällt er in den Graben,
fressen ihn die Raben,
fällt er in den grünen Klee,
schreit er laut: o weh, o weh!
Fällt er in die Hecken,
fressen ihn die Schnecken,
fällt er auf die Steine,
tun ihm weh die Beine,
fällt er in den Sumpf,
macht der Reiter plumps!

Volksgut

Wir ziehn dem Kind jetzt Schuhe an,
tippel, tappel, tapp,
damit es mit uns laufen kann,
die Stube auf und ab,
laufen über Wies' und Feld,
laufen durch die ganze Welt,
so lange wie das Leder hält –
bis die Sohle ab!
Tippel, tappel, tapp!

Elisabeth Brenner

Gereimte Geschichten als Erziehungshilfen

Guten Morgen

Guten Morgen, guten Morgen,
die Sonne ist wach,
drei Spatzen sitzen schon auf dem Dach.
Sie zwitschern und tschilpen und freuen sich so,
weil die Sonne scheint.
Komm, steh auf und sei froh!

Friedl Hofbauer

Hast dir weh getan?
Komm, wir schaun es an!
Komm, wir blasen drauf,
und schon hört es auf.

Noch ein kleiner Blaserich,
dann putzen wir den Naserich.
so—so—so,
jetzt sind wir wieder froh.

Friedl Hofbauer

Tut dir was weh?
Komm her, dass ich's seh!
Wir werden es reiben,
da wird es nicht bleiben,
wir werden es blasen,
da kommen drei Hasen,
stupsen die Nase drauf –
gleich hört es auf!

Friedl Hofbauer

Heile, heile, Segen!
Drei Tage Regen,
drei Tage Sonnenschein,
mein Kind wird wieder lustig sein!

Volksgut

Heile, heile, Segen!
Drei Tage Regen,
drei Tage Schnee,
es tut dir nimmer weh!

Volksgut

Ri-ra-rutsch:
Der Flecken ist gleich futsch.
Der Flecken ist gleich abgehaun,
wenn wir nicht mehr auf ihn schaun.
Ri-ra-rutsch:
Der Flecken ist gleich futsch.

Josef Reding

Zum Einschlafen

Geschwind, geschwind, ihr Lieben!
Jetzo ist es sieben,
jetzo ist es Schlafenszeit
für alle Kinder weit und breit!

Volksgut

Schlaf, Kindlein, schlaf!
Der Vater hüt' die Schaf',
die Mutter schüttelt's Bäumelein,
da fällt herab ein Träumelein,
schlaf, Kindlein, schlaf!

Volksgut

Schlaf, mein kleines Mäuschen,
schlaf bis morgen früh,
bis der Hahn im Häuschen
ruft sein Kikeriki!

Volksgut

In der Nacht, in der Nacht,
still ein Sternlein wacht,
steht wohl dort und steht wohl hier –
immer über dir.

Volksgut

Wenn das Kind beginnt, seine Umwelt zu beachten und zu erkunden,...

liebt es Geschichten, die allerlei aus seiner engsten Umwelt zum Inhalt haben.

Unermüdlich erforscht das Kind seine Umwelt

Kaum hat das Kind einige Sicherheit im Laufen erworben, wird es zu einem geradezu unermüdlichen Erforscher seiner Umwelt. Kein Kastenfach, kein Geschirrschrank, keine Lade, kein Papierkorb ist vor ihm sicher. Wie viele neue Dinge erregen sein Interesse und gelangen in seine Hände, werden schüttelnd, schiebend, zerreißend, werfend erprobt! Das Kind entdeckt, dass Dinge rascheln, krachen, klirren, poltern, wenn man sie in die Hand nimmt oder fallen lässt, dass man sie zerlegen, zerbrechen und auch in den Mund stecken kann. Ein so kleines Kind vermag kaum zu erfassen, dass seine Mutter zumeist recht wenig Verständnis für sein Forschungsinteresse zeigt, sondern ihm mit erschrockenem oder gar bösem Gesicht all die Herrlichkeiten wieder wegnimmt, drohend den Finger erhebt und gar nicht freundlich spricht, wobei aus ihren Worten immer wieder nur „Nein, nein, das darf man nicht!» herauszuhören ist.

Verschiedene Arbeitsvorgänge werden genau beobachtet und nachgeahmt

Glücklicherweise schenkt das Kind aber auch in steigendem Maße seine Aufmerksamkeit dem Tun seiner engsten Betreuer. Es verfolgt interessiert verschiedene Arbeitsvorgänge, beobachtet immer wieder sehr genau, wie das Frühstück bereitet, die Wohnung in Ordnung gebracht, telefoniert wird, Kleider genäht, die Schuhe geputzt, die Klingel oder ein Spielzeug repariert werden. All das beeindruckt das Kind so stark, dass es nicht nur danach strebt, immer dabei zu sein, alles, was vor sich geht, zu sehen und zu hören, sondern stets tun will, was die Erwachsenen tun; das Kind ist ein Nachahmer. Auch bei diesem Tun gewinnt es viele Anschauungen, die als innere Bilder, als Vorstellungen, zu seinem Besitz werden.

Rollenspiele, ein ergiebiger Weg in der Auseinandersetzung mit der Umwelt

Diese Vorstellungen sind es nunmehr, die das Kind befähigen und veranlassen, von sich aus das tätig zu wiederholen, was es jeweils erlebt hat. Es agiert wie Mutter und Vater, versucht, wie sie den Tisch zu decken, kämmt und umsorgt die Puppe, wie es selbst umsorgt wurde. Steckt das Kind beispielsweise seinen Teddy ins Bett, telefoniert es an der Vorhangschnur mit dem Arzt und sagt bedauernd: „armer Teddy krank“, so wird durch diese Handlungen und wenige Worte ein in der Fantasie klar gegebener Sachverhalt ausgespielt. Während sich das Kind auf diese Weise in verschiedenen Rollen spielend erprobt, gewinnt es weitere Erfahrungen und Einsichten. Diese Rollenspiele sind für das Kind ein reizvoller und ergiebiger Weg in der Auseinandersetzung mit seiner Umwelt. Sie machen es ihm leichter, sich in ihr immer besser zurechtzufinden, sich in sie einzufügen.

Durch Erzählen und Ausspielen von Geschichten die Vorstellungswelt des Kindes bereichern

Beobachtet man aufmerksam, was das Kind tut, verfolgt man mit Interesse, was es bei diesen Rollenspielen plaudert und laut denkend zum Ausdruck bringt, gewinnt man einen guten Einblick in seine immer reicher werdende Innerlichkeit. Umgekehrt kann man aber auch – etwa mit dem Teddy auf dem Schoß – durch ein von sinnvollem Tun begleitetes Erzählen von Geschichten – durch das „Ausspielen“ dessen, was gesagt wird – die Innerlichkeit des Kindes ansprechen und damit seine Vorstellungswelt bereichern.

Reimereien und gereimte Geschichten in Umweltgeschichten einbauen

Obwohl das Kind nunmehr schon imstande ist, den Inhalt von Geschichten zu erfassen, bereiten ihm weiterhin stark rhythmisierte Reimereien und gereimte Geschichten mit ihren immer wiederkehrenden Redewendungen viel Freude. Baut man Reimereien und gereimte Geschichten in eine Umweltgeschichte sinnvoll ein, so werden sie von den Kindern nicht nur gern gehört, sondern auch sehr bald gemerkt und selbst dann wortgetreu hergesagt, wenn sie deren Inhalt nicht zur Gänze verstehen oder wenn es sich überhaupt nur um sinnlose Reimereien handelt.

Selbst erdachte erste Umweltgeschichten sind für die Jüngsten am besten

Selbst erdachte Geschichten sind für Kinder dieses Alters deshalb am besten, weil nur ihr Betreuer den individuellen, eng umgrenzten Lebensraum des Kindes kennt, nur er beobachten kann, wie das Kind seine Umwelt durchforscht und unbekümmert Dinge und Vorgänge vermenschlicht; weil nur er um besondere Tage und Ereignisse weiß, an die sich das Kind erinnert, und Konflikte wahrnehmen kann, in die das Kind gelegentlich gerät.

Wer es versteht, die engste Umwelt des Kindes mit ihren individuellen Gegebenheiten, mit allem, was ihm als verlässlich wiederkehrende Ordnung vertraut ist, was es an Freudvollem und Betrüblichem im Alltag erlebt hat, zum Inhalt von Geschichten zu machen, wird einen überaus aufmerksamen Zuhörer finden.

So wird es nicht schwierig sein, Geschichten wie „Bei Grete zu Hause«, „Auf dem Spielplatz", „Im Planschbecken", „Unterm Apfelbaum", „Im Zoo", „Einkaufen gehen", „Eis schlecken" und ähnliches zu erfinden; auch Inhalte von Kniereiterliedchen, Reimereien und Gedichten sind – in Prosa nacherzählt – beliebte erste Geschichten.

Obwohl selbst erdachten Geschichten der Vorrang zu geben ist, werden im Folgenden erste Umweltgeschichten angeboten, nicht zuletzt, um Anregungen zum Erfinden von Geschichten zu geben.

Eine rote Kuscheldecke

Schon vor ihrer Geburt besaß Julia eine eigene Wolldecke.
Julia kam im Winter auf die Welt. Eingewickelt in ihre Wolldecke, lag sie wie ein kleines Paket in dem Klinikbettchen. Auf einem Plastikarmband stand ihr Name.
Als Julia nach Hause kam, besaß sie ihre rote Kuscheldecke, einen Bär, einen grauen Wollhund und eine Plastikente.
Und in der Wohnung warteten auf sie ein ziemlich großes Windelhöschen mit rosa Blumen und eine wunderbare blaue Jacke. Die hatte Julias Oma gestrickt.
„Ist Blau nicht für Jungen?", fragte Papa. „Ach, das ist doch egal", sagte Mama.
Die meiste Zeit verbrachte Julia schlafend, eingewickelt in ihre rote Kuscheldecke.
Manchmal stand ihr Kinderwagen auch im Garten. Julia schlief in der blassen Wintersonne und sah rundum zufrieden aus.
Julia wuchs. Sie schlief nun in einem richtigen Kinderbett. Vor dem Einschlafen kuschelte sie sich in ihre Decke. Manchmal streichelte sie auch ihre Nase damit.
Wenn Mama einkaufen ging, nahm sie Julia mit. Julia saß am liebsten im Rucksack auf Mamas Rücken. Die Einkäufe wurden im Kinderwagen nach Hause gebracht.
Dann fing Julia an, herumzukrabbeln. Die Kuscheldecke musste immer mit. Sie wurde gebissen und geknuddelt und mit Badeöl beträufelt.
Dann machte Julia ihre ersten Schritte. Aus ihrer Kuscheldecke baute sie sich eine Höhle, in der ein wundervolles rosa Dämmerlicht war. Von außen sah das Gebilde komisch aus. Es wackelte und gab sonderbare Laute von sich.
Was Julia auch unternahm, ihre Kuscheldecke war dabei – im Frühling, im Sommer, im Herbst und im Winter.

Bob Graham

Morgens, wenn ich früh aufsteh

Guten Morgen! Ich bin wach!
Rat mal, was ich jetzt gleich mach!
Zähne putzen, Haare kämmen,
anziehn und dann runterrennen!
Unten ist der Tisch gedeckt,
Milch und Brötchen! Mhm, das schmeckt!
Dann schau ich zum Fenster raus.
„Kommst du mit uns?“, ruft der Klaus.
„Ja, natürlich!“ Schnell ein Kuss,
den ich Mutti geben muss,
und mit allen, die schon warten,
geh ich dann zum Kindergarten.

Etna

Mittags, wenn ich spielen geh

Unser Garten, der ist hier.
Komm herein, ich zeig ihn dir.
Auf der Wiese vor dem Zaun
machen wir gleich Purzelbaum.
Und, schau her, dann steigen wir
auf mein Räderraupentier.
Manchmal baun wir uns ein Häuschen.
Muschi, raus! Hier ist kein Mäuschen.
Susi kommt, nun sind wir vier.
Spiel mit uns, das rat ich dir.

Etna

Abends, wenn ich schlafen geh

Wenn die Sonne untergeht
und der Mond am Himmel steht,
sag ich allen gute Nacht,
auch dem Mond, der einsam wacht.
Täubchen, Vöglein in den Bäumen,
alle möchten schlafen, träumen,
auch mein weißes Ponylein.
Und dann geh ich selber heim.
Leise sprech ich ein Gebet,
bis Sandmännchen vor mir steht.
Schenkt mir noch ein Träumelein,
und dann schlaf ich glücklich ein.

Etna

Nachts, wenn ich die Sternlein seh

Bist du auch schon mal bei Nacht
und bei Mondschein aufgewacht?
Wieviel Sternlein siehst du dann?
Ob ich sie wohl zählen kann?
Glaubst du nun, dass alle ruhn?
Nein! Der Bäcker hat zu tun.
Auch in Flugzeugen, die fliegen,
sind die Menschen wach geblieben.
Zugführer und Kapitän
dürfen auch nicht schlafen gehn.
Und in jeder dunklen Nacht
ist mein Sternlein da, das wacht.

Etna

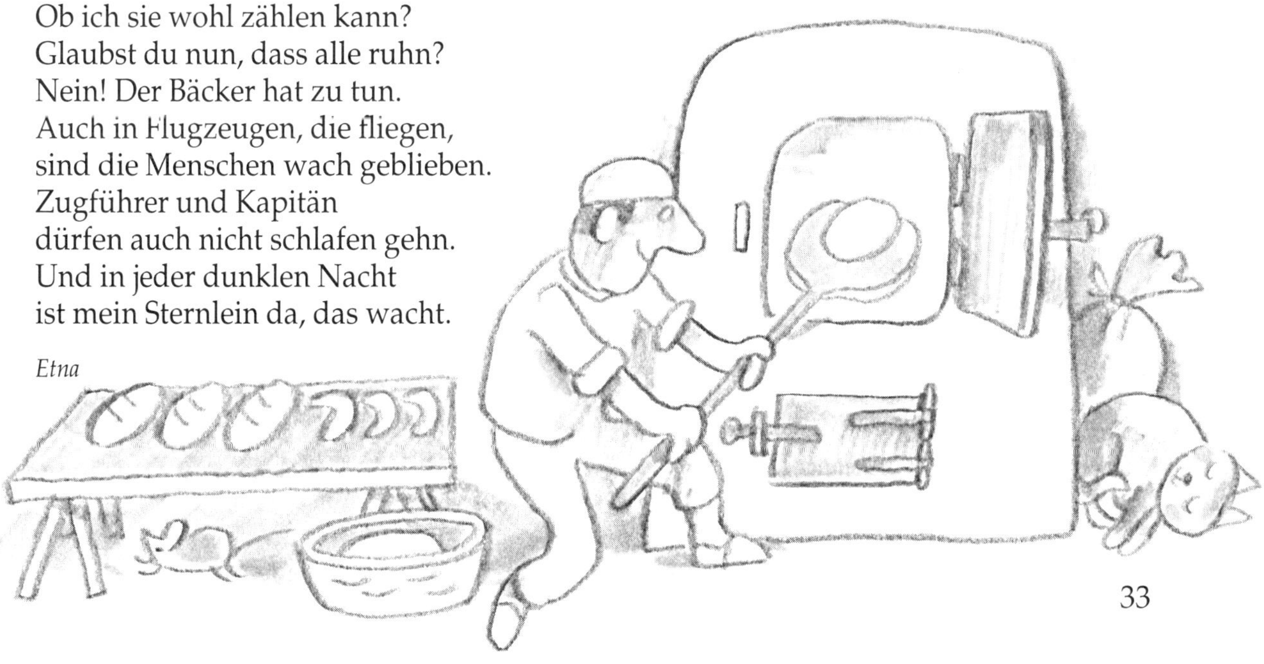

Die Geschichte von der Puppe Gabi

Ich will dir eine Geschichte über Gretes Puppe erzählen, die Gabi heißt. Gabi ist eine schöne kleine Puppe. Sie hat ein neues blaues Kleid, das Mutti für sie gemacht hat. Und stell dir vor! Unter dem blauen Kleid hat Gabi ein passendes blaues Höschen an; Gabi hat kleine weiße Socken und braune Schuhe, die genau wie die von Grete zum Schnüren sind. Und sch, sch . . . Gabi kann schlafen! Gabi hat zwei lange Zöpfe. Oft bürstet Grete Gabis Haar mit ihrer kleinen Bürste. So . . . Dann bindet Mutti Gabis Zöpfe mit einer Masche zusammen. Grete lacht und sagt: „Nun schaut Gabi genauso aus wie ich!“

Eines Tages sagte Grete: „Mutti, Gabi möchte spazieren gehen!“ „Nun“, sagte Mutti, „da muss sie einen kleinen Mantel haben wie du, damit sie nicht friert. Ich werde ihr einen machen.“ Und Mutti machte für Gabi einen schönen, kleinen, roten Samtmantel. Er hat einen Pelzkragen und vorne – eins, zwei, drei glänzende Knöpfe. Der Mantel gefiel Grete so gut, dass sie vor Freude die Mutter innig umarmte. Dann half Grete der Puppe den neuen Mantel anziehen und machte die glänzenden Knöpfe zu – eins, zwei, drei! „So, Gabi“, sagte sie, „nun wird dir warm sein, wenn wir ausgehen.“

Dann zog Grete ihren eigenen blauen Mantel und ihre eigenen passenden blauen Handschuhe an, nahm Gabi auf den Arm und ging mit ihr in den Garten hinaus. Tripp-trapp, tripp-trapp lief sie den Weg hinunter zum großen Baum am Ende des Gartens. Dort blieb Grete stehen, schaute Gabi an und fragte: „Was hast du denn?" Gabi schaute Grete an und sagte: „Mir ist so kalt an den Händen!" „Arme Gabi! Ich will zu Mutti gehen und es ihr sagen." Und tripp-trapp, tripp-trapp . . . lief Grete zu Mutti in das Haus. „Mutti", sagte sie, „Gabi friert an den Händen!" „So?", sagte Mutti, „dann braucht sie auch Handschuhe wie du. Ich will ihr welche machen." Mutti strickte für Gabi warme Wollhandschuhe; sie waren genauso wie die von Grete. „Danke, Mutti!", sagte Grete und half Gabi die neuen Handschuhe anziehen: einen auf diese Hand und einen auf die andere. „So, Gabi, nun wird dir nicht mehr kalt sein, wenn wir hinausgehen." Gabi gefielen die neuen Handschuhe sehr gut; sie zog sie den ganzen Tag nicht mehr aus. Und stell dir vor! Als Grete Gabi am Abend ins Bett steckte, hatte sie noch immer die Handschuhe an!

Lilian McCrea

Meine Puppe

Meine Puppe, das ist wahr,
Schlafaugen hat sie und echtes Haar
und echte Wimpern und rote Wangen,
ein Tupfenkleid und Schuhe mit Spangen.
Sie hat eine Stimme im Kuschelbauch.
Darum kann sie lachen und ganz laut weinen.
Und sie schlenkert mit Armen und Beinen.
Das können andere Puppen auch.
Doch meine Puppe, sag ich dir,
spielt am allerliebsten mit mir.
Wir spielen zusammen jeden Tag.
Sie will mein Kind sein, weil ich sie mag.

Friedl Hofbauer

Mein Teddybär

Mein großer dicker Teddybär,
der hat so gern gebrummt.
Nun hat er keine Stimme mehr.
Mein Teddy ist verstummt.

Aus braunen Augen schaut mein Bär
mich jetzt ganz traurig an.
Er kränkt sich sehr, mein Teddybär,
weil er nicht brummen kann.

Ich will mit ihm zum Doktor gehn!
Der schaut ihm in den Mund
und sagt: Mein Kind, du wirst schon sehn,
ich mach dich gleich gesund.

Bald brummt mein lieber Teddybär
ganz fröhlich wiederum,
und noch viel lauter als vorher:
Brummbrumm brummbrumm brummbrumm.

Friedl Hofbauer

Gummistiefel für Teddy

Teddy ist weich und flaumig. Toni liebt ihn sehr. Teddy hat ein kleines rosa Jäckchen mit einem „T" – das heißt nur für Teddy – auf der Tasche. Als Teddy zu Toni kam, um von nun an bei ihm zu leben, hatte er kein Jäckchen. Er hatte nichts, wo er sein Taschentuch aufheben konnte; er verlor es auch immer. Deshalb machte ihm Mutter ein kleines Jäckchen und nähte eine Tasche dran, in die er von nun an sein Taschentuch stecken konnte. Jetzt verliert Teddy niemals mehr sein Taschentuch. Schau, hier ist es! Ganz in Sicherheit!
Teddy hat auch eine kleine Schürze, damit sein Jäckchen rein bleibt, wenn er mit Toni in den Garten geht, um zu spielen. Mutter hat für ihn diese Schürze gemacht.

Sie nähte auf die Vorderseite kleine grüne Hunde mit roten Halsbändern, damit sich Teddy darüber freuen kann und etwas zum Lachen hat, wenn er allein ist. Einmal bekam Teddy einen Schnupfen und musste den ganzen Tag im Bett bleiben. Ich will dir erzählen, wie das war.

Eines Morgens sagte Toni: „Komm, Teddy, zieh deine Schürze an, wir gehen in den Garten spielen." Die ganze Nacht hatte es geregnet. Es waren Pfützen auf dem Boden, und das Gras war ganz nass. Toni zog seine Gummistiefel an. Teddy hatte keine Gummistiefel. Trotzdem stieg er ins nasse Gras und erkältete sich dabei so stark, dass Toni mit ihm hineingehen und ihn sofort zu Bett bringen musste. Toni zog Teddy die Schürze aus, dann sein kleines rosa Jäckchen mit dem „T" – das heißt nur für Teddy – und half ihm beim Hineinschlüpfen in den Schlafanzug. Dann steckte Toni Teddy ins Bett und gab ihm eine Wärmeflasche. Seine armen, kleinen Füße waren so kalt!

Nun kam Mutter herein. „Was ist denn mit Teddy los?", fragte sie. „Er machte seine Füße nass", sagte Toni, „nun hat er einen sehr starken Schnupfen, und ich musste ihn zu Bett bringen." „Armer Teddy", sagte Mutter. „Wir werden ihm Gummistiefel kaufen müssen." „Können wir sie heute kaufen?", fragte Toni. „Wir können es versuchen", sagte Mutter.

Als Mutter und Toni in die Stadt gingen, fragten sie in jedem Schuhgeschäft. Sie konnten aber keine Gummistiefel bekommen, die klein genug für Teddy waren. „Mach dir nichts draus", sagte Mutter. „Weißt du, ich glaube, ich kann selber für Teddy Gummistiefel machen."

Als sie nach Hause kamen, schaute Mutter in ihrem Kasten nach und fand etwas glänzenden schwarzen Gummi. In ganz kurzer Zeit hatte sie für Teddy ein Paar wunderschöne Stiefel gemacht.

„Danke, danke, Mutti", sagte Toni, „Teddy wird sich sehr darüber freuen!" Toni lief und zeigte Teddy, der ganz eingewickelt im Bett lag, die neuen Gummistiefel. Sie gefielen Teddy so sehr, dass er sie sofort anziehen wollte. „Gut", sagte Toni, „dein Schnupfen ist schon besser, ich werde dich aufstehen lassen."

Toni hob Teddy aus dem Bett, ließ ihn aus dem Schlafanzug schlüpfen und zog ihm seine Gummistiefel an. Tatsächlich! Sie passten ihm ganz genau! „Darf ich hinausgehen und sie ausprobieren?", fragte Teddy. „Gut", sagte Toni, „wenn du dein Jäckchen angezogen hast." Toni half Teddy sein rosa Jäckchen mit „T" – statt Teddy – auf der Tasche anziehen. Mit dem Umbinden seiner Schürze hielt er ihn aber nicht auf, denn er wusste, dass es Teddy sehr eilig hatte, seine neuen Stiefel auszuprobieren.

Dann brachte Toni Teddy in den Garten. Teddy stieg in alle Pfützen und in das nasse Gras. Nun wurden seine Füße nicht mehr nass, und er bekam keinen Schnupfen mehr.

Lilian McCrea

Steffi fährt mit dem Bus

Steffi steigt mit der Mutter in den Bus. Muckel Schlappohr, ein Hase aus Wolle, ist auch dabei.
„Komm, setz dich neben mich, Steffi", sagt die Mutter. „Dann kann ich dich festhalten." „Ich will lieber allein sitzen", sagt Steffi. Sie setzt sich auf den Platz gegenüber. Muckel Schlappohr sitzt auf ihrem Schoß.
Der Bus fährt ab. Rums! macht es. Rums! Der Bus wackelt, und Steffi fällt von der Bank. Muckel Schlappohr fällt auch hin. Beide liegen auf dem Boden.
„Setz dich lieber zu mir, Steffi", sagt die Mutter noch einmal. „Nein", sagt Steffi. „Ich will allein sitzen." Sie klettert auf ihren Platz zurück und hält sich mit beiden Händen fest. Muckel Schlappohr kann sie nicht festbalten.
Der Bus hält an. Eine Frau steigt ein, und der Bus fährt weiter. Rums! macht es. Rums! Steffi hält sich fest. Aber Muckel Schlappohr fällt hin. „Der arme Muckel Schlappohr", sagt die Mutter. „Sicher hat er sich weh getan."
Steffi hebt Muckel Schlappohr auf und streichelt ihn. Dann setzt sie sich neben die Mutter. Rums! macht der Bus. Rums! Doch jetzt hält die Mutter Steffi fest, und Steffi hält Muckel Schlappohr fest. Da können sie nicht mehr von der Bank fallen.

Irina Korschunow

Steffi und der Vater machen Spaß

Am Sonntagmorgen liegt der Vater noch im Bett. Steffi läuft zu ihm hin und kitzelt ihn an der Nase. „Hatschi!", niest er. Dann macht er die Augen auf und fragt: „War das eine Fliege?" „Nein", sagt Steffi. „Ein Maikäfer?", fragt der Vater. „Nein. Ich", sagt Steffi. Sie kriecht zum Vater ins Bett. „Jetzt wollen wir Spaß machen", sagt sie und kitzelt wieder seine Nase. Da kitzelt der Vater Steffi am Bauch. Steffi muss lachen. „Hör auf", quietscht sie. Der Vater nimmt seine Hand weg. Steffi kitzelt ihn schnell unter dem Arm. Jetzt quietscht der Vater. Vor Lachen fällt er aus dem Bett. „Au!", jammert er. „Mein Po! Ich bin auf den Po gefallen." Steffi setzt sich auf seinen Rücken. „Hüh, Pferdchen, hüh!", ruft sie, und der Vater trabt mit ihr durchs Zimmer. „Hiiiiii!", wiehert er dabei, genau wie ein richtiges Pferd. „Hüh!", ruft Steffi, und der Vater trabt in die Küche.

Dort deckt die Mutter gerade den Tisch. „Wer kommt denn da?", fragt sie. „Ein Pferd", sagt Steffi, und der Vater wiehert: „Hiiiiii!" „So ein schönes Pferd!", sagt die Mutter. „Ob es Kaffee mag? Und Semmel und Marmelade und Wurst?" „Gern", wiehert der Vater. „Und mag der Reiter Milch?", fragt die Mutter. „Ja", sagt Steffi. „Semmel mit Marmelade auch." „Und spülen das Pferd und der Reiter nachher das Geschirr?", fragt die Mutter. „Ja", wiehert der Vater, und dann setzen sie sich an den Tisch und frühstücken.

Irirna Korschunow

Der Kater Krümel

Es ist Sonntag. Jan freut sich auf das Ausschlafen. Aber frühmorgens wird er von Krümels Maunzen geweckt. Er öffnet das Fenster, um den Kater hereinzulassen. Doch es ist kein Kater draußen.
Jan legt sich wieder ins Bett. Da maunzt es von neuem. Widerwillig steht Jan noch einmal auf und schaut vor der Zimmertür nach. Kein Kater da!
Jan krabbelt ins Bett zurück, zieht sich die Decke über die Ohren und will das Maunzen nicht mehr hören.
Aber es maunzt und maunzt. Jan wird richtig ärgerlich. „Aber vielleicht ist Krümel in Not?", denkt er dann. „ich muss wohl vor dem Haus nachsehen."
Dazu braucht Jan seine Jacke. Er öffnet die Schranktür, und heraus stolziert maunzend und ein bisschen beleidigt – der Kater Krümel. Jan hatte ihn am Abend im Schrank eingeschlossen, ohne es zu merken.

Eva Simon

Die Geschichte von der Pudding-Katze

Einmal haben die Kinder auf dem Puppenherd gekocht. Der Junge hat Milch in den Topf gegossen, das Mädchen hat Schokoladenpulver dazugetan, und dann hat der Junge alles umgerührt. Das war ein guter Schokoladenpudding! Alle Puppen und Stofftiere und der Teddy sollten mitessen.
Da ist die Katze gekommen, sie wollte auch mitessen.
Die Kinder haben ihr einen kleinen Teller voll Pudding gegeben. Schlapp-schlapp war der Katzenteller leer. Die Katze hat „Miau!" geschrien, sie wollte noch mehr Pudding haben.
Die Kinder haben ihr noch einen Teller voll Pudding gegeben. Schlapp-schlapp war der Teller wieder leer. Und die Katze hat wieder „Miau!" geschrien.
Die Kinder haben gesagt: „Du kriegst nichts mehr!"
Aber da hat die Katze den Kochtopf mit der Pfote umgeworfen, und der Pudding ist auf die Erde geflossen! Schlapp-schlapp hat die Katze ihn aufgeleckt.
Zuerst haben die Kinder geschimpft, dann haben sie gelacht, und dann haben sie neuen Pudding gekocht, und die Katze hat gar nichts mehr davon bekommen.

Ursula Wölfel

Michaels Hund Jockl

Michael, Mutti und Vati wohnen in einem schönen kleinen Haus. Noch jemand wohnt dort, in diesem schönen kleinen Haus. Michaels kleiner Hund. Er heißt Jockl. Er hat ein rotes Lederband um den Hals, auf dem sein Name steht. Jockl ist ein schwarzer Hund, der vier kleine schwarze Pfoten hat. Trippel-trappel macht es, wenn er läuft. Jockl hat einen kurzen schwarzen Schwanz, mit dem er wedelt, wenn er sich freut. Wenn Jockl bellt, dann klingt das so: Wuff, wuff, wuff. Jockl bekommt viele Hundekuchen, damit er groß wird. Mutti kauft sie in einer Tierhandlung. Die Hundekuchen sind gut verpackt. Michael macht die Verpackung auf, nimmt ein Stück Hundekuchen heraus und sagt: „Sitz, Jockl!" Jockl wedelt mit seinem kurzen schwarzen Schwanz und setzt sich auf. Michael gibt ihm den Kuchen, und Jockl frisst ihn mit Vergnügen.
Michael und Jockl spielen jeden Tag im Garten. Michael wirft seinen großen roten Ball hoch in die Luft. Jockl schaut, und wenn der Ball wieder auf den Boden fällt, jagt ihm Jockl nach: Trippel-trappel. Dann nimmt er den Ball ins Maul und knurrt: Grrr, grrr. Darüber muss Michael lachen.
Wenn Michael mit Mutti spazieren geht, darf Jockl auch mitkommen. Mutti nimmt Jockl an die Leine, damit er nicht auf die Straße laufen kann und von einem Auto überfahren wird. Auf der Wiese löst Mutti die Leine. Jockl läuft rasch davon, wälzt sich im grünen Gras und bellt: Wuff, wuff. Ist das nicht lustig?
Jockl geht am Abend auch schlafen. Er schläft aber nicht in einem Bett wie Michael. Jockl schläft in einem runden Korb auf einer warmen Decke. „Zeit zum Schlafengehen, Jockl!", sagt Mutti. Dann springt Jockl in seinen Korb, rollt sich auf der warmen Decke zusammen, schließt seine Augen, und bald schläft er fest.
Nun kennst du Michaels Hund Jockl, der mit ihm, Mutti und Vati in dem schönen kleinen Haus wohnt.

Lilian McCrea

Sieben suchen sieben Sachen

„Hast du meinen Ball gesehen?“, fragt das Kind. „Er ist fortgehüpft.“ „Wenn es nur der Ball ist!“, antwortet die Großmutter. „Ich laufe hinter meinem Schaukelstuhl her, er ist fortgeschaukelt. Hilf mir suchen, dann suche ich auch nach deinem Ball.“
„Gut“, sagt das Kind. Und sie gehen alle zwei zur Tür hinaus.
Auf der Treppe schleicht die Katze vorbei. „Habt ihr mein Wollknäuel gesehen?“, fragt die Katze. „Es ist fortgerollt.“ „Wenn es nur das Wollknäuel ist! Wir laufen hinter dem Ball her und dem Schaukelstuhl. Hilf uns suchen, dann suchen wir auch nach deinem Wollknäuel.“ „Gut“, sagt die Katze. Und sie gehen alle drei die Treppe hinab.
Auf der Straße steht der lange Alex. „Habt ihr meine Lokomotive gesehen?“, fragt der lange Alex. „Sie ist fortgedampft.“ „Wenn es nur die Lokomotive ist! Wir laufen hinter dem Ball her und dem Schaukelstuhl und dem Wollknäuel. Hilf uns suchen, dann suchen wir auch nach deiner Lokomotive.“ „Gut“, sagt der lange Alex. Und sie gehen alle vier die Straße entlang.
In einem Garten hockt der Igel. „Habt ihr meine Schnecke gesehen?“, fragt der Igel. „Ich will sie fressen, aber sie ist fortgekrochen.“ „Wenn es nur die Schnecke ist! Wir laufen hinter dem Ball her und dem Schaukelstuhl und dem Wollknäuel und der Lokomotive. Hilf uns suchen, dann suchen wir auch nach deiner Schnecke.“ „Gut“, sagt der Igel. Und sie gehen alle fünf zusammen weiter.

Aus dem Pferdestall läuft ihnen der Reiter entgegen. „Habt ihr mein Pferd gesehen?", fragt der Reiter. „Es ist fortgetrabt." „Wenn es nur das Pferd ist! Wir laufen hinter dem Ball her und dem Schaukelstuhl und dem Wollknäuel und der Lokomotive und der Schnecke. Hilf uns suchen, dann suchen wir auch nach deinem Pferd." „Gut", sagt der Reiter. Und sie gehen alle sechs weiter und weiter, bis in den Wald.
Dort kommt die Bärenmutter angebrummt. „Habt ihr meinen kleinen Bären gesehen?", fragt die Bärenmutter. „Er ist fortgerannt." „Wenn es nur der kleine Bär ist! Wir laufen hinter dem Ball her und dem Schaukelstuhl und dem Wollknäuel und der Lokomotive und der Schnecke und dem Pferd. Hilf uns suchen, dann suchen wir auch nach dem kleinen Bären." Und sie setzen ihre Suche alle sieben gemeinsam fort.
Sie laufen und laufen, und schließlich kommen sie an eine Grube. Und da? – Da sind alle miteinander drin: der Ball, der fortgehüpft ist, der Schaukelstuhl, der fortgeschaukelt ist, das Wollknäuel, das fortgerollt ist, die Lokomotive, die fortgedampft ist, die Schnecke, die fortgekrochen ist, das Pferd, das fortgetrabt ist, der kleine Bär, der fortgerannt ist.
Jetzt kommen alle wieder mit nach Hause – nur die Schnecke nicht. Die hat sich nämlich versteckt, weil sie nicht aufgefressen werden will.

Tilde Michels

Wo der Schlafvogel sein Nest hat

Martin (oder Ruth oder Dorothee) kann eines Abends nicht einschlafen, nicht um alles in der Welt. Da sagt die Mutter: „Da hilft nur der Schlafvogel, zu dem musst du jetzt gehen. Wenn der Schlafvogel eine Feder auf dich fallen lässt, dann schläfst du gleich ein und wachst erst wieder auf, wenn du ausgeschlafen bist wie ein Igel im April." „Und wo ist der Schlafvogel?" „Im Schlafvogelnest." „Und das Schlafvogelnest?" „Auf dem Schlafbaum." „Und der Schlafbaum?" „Im Schlafwald natürlich." „Und wie kommt man in den Schlafwald?", fragt Martin (oder Ruth oder Dorothee). „Ganz einfach", sagt die Mutter, „man findet ihn, wenn man die Augen zumacht."

Da macht Martin (oder Ruth oder Dorothee) die Augen sofort zu, und die Mutter sagt: „Jetzt gehst du auf drei Bäume zu, die kleine Wolkenmützen aufhaben. Und wenn du weitergehst, dann siehst du noch mehr Wolkenmützenbäume, und schon bist du im Schlafwald. Im Schlafwald sind dreiundzwanzig Wege, und einer davon führt zum Schlafbaum." „Und wie finde ich den Weg?", fragt Martin (oder Ruth oder Dorothee). „Das ist gar nicht schwer", sagt die Mutter, „weil der Schlafvogel Schlafvogelfedern verstreut hat, alle sieben Schritt eine Schlafvogelfeder. Du gehst von Feder zu Feder weiter und sammelst sie auf. Eine Feder, zwei Federn, drei Federn. Und zähl genau mit, weil du bei neunundneunzig Federn an den Schlafbaum kommst, und schon bist du bei dreiundneunzig, vierundneunzig, fünfundneunzig, sechsundneunzig, siebenundneunzig, achtundneunzig, neunund . . ., da ist der Schlafbaum, auf dem der Schlafvogel sein Nest hat. Er lässt eine Feder auf dich fallen, und du merkst, wie sie sachte auf dich herabschwebt, und – schläfst du schon?", fragt die Mutter. Und geht leise fort, um Martin nicht zu wecken.

Hans Baumann

Wenn das Kind Dinge und Vorgänge nach seinem Erleben deutet,...

hört es gerne Geschichten, die seiner Freude am Vermenschlichen entgegenkommen.

Dingen der Umwelt werden menschliche Fähigkeiten zugesprochen

Beobachtet man etwa Dreijährige bei ihren Spielen, kann man sehen, dass sie ihre Spieldinge wie lebendige Wesen hegen und pflegen, ihrer Lieblingspuppe zu Weihnachten eine Spielgefährtin versprechen, sie für den Spaziergang bei Schlechtwetter mit einem Regenmantel ausstatten und dazu etwa sagen: „Schnell den Regenmantel anziehen, sonst bekommst du wieder einen Schnupfen, und ich muss dich ins Bett stecken." Es ist aber auch zu beobachten, dass Dreijährige verärgert nach dem Tisch schlagen, weil er ihnen im Weg stand, den Stoffhund beschuldigen, davongelaufen zu sein, ihn ausschelten und zur Strafe an die Leine nehmen. Bei diesen Spielen sprechen die Kinder ihren Spieldingen all das zu, was ihnen aus eigenem Erleben vertraut ist, was sie selbst erfahren haben; sie bringen zum Ausdruck, was sie entbehren oder wünschen, was sie ängstigt, was sie befürchten.

Dingen der Umwelt werden bestimmte Rollen und Funktionen zugewiesen

Die Kinder begaben die Dinge ihrer Umwelt nicht nur mit menschlichen Fähigkeiten, sondern weisen ihnen geradezu selbstherrlich bestimmte Rollen und Funktionen zu. So werden Steinchen zu Bonbons, Tannenzapfen zu Pferden, Kuhen und Kälbchen, Rindenstücke und Nussschalen zu prächtigen Schiffen, können Tiere und Pflanzen sprechen, fühlen und wollen wie das Kind und die ihm vertrauten Menschen.

Das Vermenschlichen von Dingen, das Zuteilen von Rollen und Funktionen macht den Kindern großen Spaß; sie genießen die Moglichkeit, sich Derartiges ausdenken zu können. Dabei sind sie sich zumeist darüber im Klaren, was dem Bereich der Fantasie angehört und was wirklich ist.

Diesem vom Kind beschrittenen Weg der Auseinandersetzung mit der Umwelt darf der Erwachsene folgen und etwa Geschichten erzählen, in denen das Spielzeug dankbar dafür ist, wenn es ordentlich versorgt wird, die zum Trocknen aufgehängte Wäsche mit dem Wind ein Gespräch führt, „Nis Puck" von Tieren getröstet und geheilt wird, der verloren gegangene kleine rote Pullover verschiedene Tiere bittet, ihn nach Hause zu bringen und anderes mehr.

Maßloses Fabulieren vermeiden

Sosehr es etwa Dreijährigen angemessen ist, im Vermenschlichen von Dingen ihrer Fantasie freien Lauf zu lassen, so maßvoll soll der Erzieher beim Erzählen derartiger Geschichten sein. Kinder dieses Alters nehmen ernst, was ihnen ihre Betreuer sagen, glauben wortwörtlich, was sie erzählen. Fabuliert der Erwachsene bedenkenlos, erweckt er mitunter falsche Vorstellungen, trägt zur Verwirrung des Kindes bei, verbaut ihm den Weg zu sachlich richtiger Information und erschwert es ihm, weiterhin klar unterscheiden zu können, was ausgedacht ist, also dem Bereich der Fantasie angehört, und was einem tatsächlichen oder möglichen Geschehen entspricht.

Kinder behutsam auf den Unterschied von Fantasiegebilden und Wirklichkeit aufmerksam machen

Weiters gilt es, nicht außer Acht zu lassen, dass es Kinder gibt, die beim Fabulieren keine Grenzen finden, für wahr halten, was ihrer Fantasie entspringt, und damit sogar in die Fantasielüge hineingeraten. Bei Kindern dieser Art muss der Erzähler bei der Auswahl von Geschichten, in denen es um Vermenschlichen und spaßhaftes Kombinieren geht, besonders vorsichtig sein. Ja, es ist sogar ratsam, dann und wann einzufügen: „Das habe ich mir ausgedacht." Wenn sich ein Kind immer wieder ins Fabulieren verliert, wird es sogar günstig sein, es durch gelegentliche Bemerkungen wie „So hast du dir das ausgedacht, und wie war es in Wirklichkeit?“ zu veranlassen, sich auf das zu besinnen, was seine Fantasiegebilde sind und was sich tatsächlich zugetragen hat.

Aus all diesen Grunden sollte man Dreijährigen nicht erzählen, dass etwa das Jüngste einer Spatzenfamilie zur Linderung seiner Zahnschmerzen ein Tuch umgebunden bekommt und ins Bett gesteckt werden muss, Frösche bei Unwetter ihre Regenschirme aufspannen, Frau Sonne mit einem Besen den Himmel blank fegt, kleine Männchen in Telegrafendrähten sitzen und Nachrichten weitergeben, Hasen zur Osterzeit in einer Malerwerkstätte mit dem Eierfärben beschäftigt sind, das Christkind auf der Himmelsleiter zur Erde herniedersteigt, um Kinder zu beschenken.

Im Folgenden werden als Beispiele einige Geschichten geboten, in denen der Freude des Kindes am Vermenschlichen in geeigneter Weise Rechnung getragen und die Möglichkeit genützt wird, einen gemüthaften Bezug zur Umwelt zu schaffen, erwünschtes Verhalten erstrebenswert zu machen.

Mein Ball

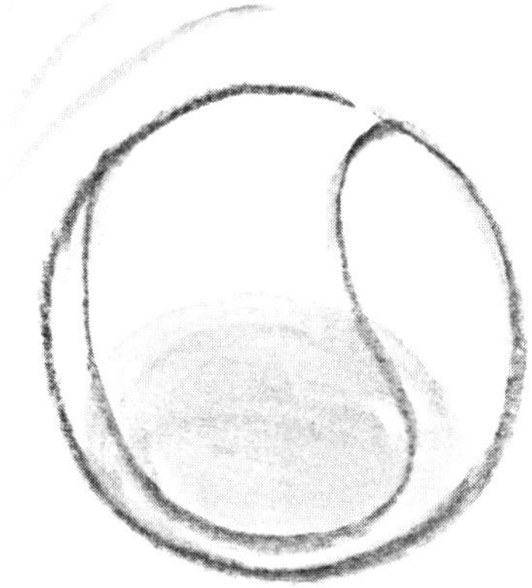

Mein Ball
zeigt, was er kann,
hüpft
hoch wie ein Mann,
dann
hoch wie eine Kuh,
dann
hoch wie ein Kalb,
dann
hoch wie eine Maus,
dann
hoch wie eine Laus,
dann
ruht er sich aus.

Josef Guggenmos

Die Wäsche

Die Wäsche auf der Leine sagt: Ich bin so nass.
Denkt die Sonne: Jetzt muss ich kommen und die Wäsche trocken machen. Aber die Wäsche ist zu nass.
Ruft die Sonne: Komm, Wind, hilf ein wenig die Wäsche trocknen, sie ist so nass!
Kommt der Wind und bläst.
Sagt die Wäsche: Das ist lustig, so hin, her, hin, her!
Sagt der Wind: Ich kann noch mehr! Bläst und bläst.
Da ruft das Hemd: Nicht so fest, ich kann nicht mit! Bläst der Wind noch mehr.
Schreit das Handtuch: Ich flieg davon! Bläst der Wind noch mehr.
Schreit der Rock: Ich bin voll Luft wie ein Ballon! Ich flieg in die Höh, o weh, o weh! Bläst der Wind noch mehr.
Schreit das Kleid: Halt fest, Klammer, halt fest! Ich krieg ein Loch!
Sagen die Klammern: Wir können nicht mehr, es ist zu schwer!
Fliegt die Wäsche auf und ab, hin und her – flitter, flatter, flitter, flatter.
Sagt endlich die Sonne: Hör auf, Wind, hör auf geschwind!
Ruft die Wäsche: Schönen Dank, Sonne, ich bin schon trocken, außen und innen.
Der Rock, die Hose, das Handtuch, das Hemd, das Kleid, die Strümpfe, die Socken: alles, alles ist trocken!

Johanna Huber

Die Milch auf dem Herd

Der Milchtopf steht auf dem Herd.
Auf einmal bewegt sich die Milch und springt in die Höhe.
„Sie will heraus", denkt das Kind, „das Heiße tut ihr weh."
Jetzt macht sie Blasen! Jetzt einen dicken Schaum! Jetzt wird die Milch immer mehr!
Der Topf wird zu klein! Die Milch wird immer mehr! Sie steigt und steigt!
Sie geht schon bis zum Rand! Gleich wird die Küche zu klein sein! Gleich wird die ganze Welt zu klein sein!
Wo soll das Kind hinspringen, wenn sie jetzt kommt?
Die Mutter nimmt den Topf vom Herd. Da ist die Milch so wenig wie am Anfang.

Irmgard von Faber du Faur

Frau Kochlöffel

Frau Kochlöffel, Frau Kochlöffel,
wo sind Sie denn zu Haus?
Sie wohnen in der Lade?
Dann kommen Sie heraus.

Ich mal Ihnen zwei Augen,
die sind ganz kugelrund,
ein Strich, das ist die Nase,
ein Strich, das ist der Mund.

Da hätten wir aus Wolle
noch einen schönen Zopf
und aus dem bunten Taschentuch
ein Kopftuch für den Kopf.

Frau Kochlöffel, Frau Kochlöffel,
jetzt sind Sie wunderschön.
Wollen wir zwei beide
vielleicht spazieren gehn?

Friedl Hofbauer

Nis Puck ist krank

Kennst du Nis Puck? Er ist so klein wie ein Pilz. Er spaziert überall herum und guckt sich alles an. Er springt und pfeift und lacht. Aber heute ist Nis Puck traurig. Er springt nicht und pfeift nicht und lacht nicht.
Er geht in den Wald.
Da trifft er ein kleines Eichhörnchen. „Warum bist du traurig?“, fragt das Eichhörnchen. „Ich bin krank“, antwortet Nis Puck. „In meinen Knien sticht es. In meinem Bauch zwickt es. In meinem Kopf klopft es. Und ich habe keine Medizin.“ „Da weiß ich auch keinen Rat“, sagt das Eichhörnchen. „Wir wollen meinen Freund, den braunen Hamster, fragen.“
Der Hamster sitzt vor seinem Bau. „Warum bist du so traurig?“, fragt er. „Ich bin krank“, antwortet Nis Puck. „In meinen Knien sticht es. In meinem Bauch zwickt es. In meinem Kopf klopft es. Und niemand hat eine Medizin für mich.“ „Das ist schlimm“, sagt der Hamster. „Da kann nur die kluge Eule helfen. Sie wohnt dort in der großen alten Tanne. Lasst uns die Eule fragen.“
„Uhu, uhu“, sagt die Eule. „Warum bist du so traurig?“ „Ich bin krank“, antwortet Nis Puck. „In meinen Knien sticht es. In meinem Bauch zwickt es. In meinem Kopf klopft es. Und niemand hat eine Medizin für mich.“ „Uhu, uhu“, sagt die kluge Eule. „Du wirst Hunger haben. Du solltest etwas essen.“ „Er hat Hunger!“, sagt das Eichhörnchen. – „Er muss etwas essen!“, ruft der Hamster. Und beide laufen fort. Sie kommen zurück. Das Eichhörnchen gibt Nis Puck eine Nuss. Der Hamster gibt ihm eine kleine Wurzel. Nis Puck isst. Die Eule, der Hamster und das Eichhörnchen sehen zu.
Nis Puck springt auf und ruft: „Das war eine gute Medizin!“ Er strahlt über das ganze Gesicht. „Ich bin wieder gesund“, sagt er. „Vielen Dank, Eichhörnchen und Hamster! Vielen Dank, kluge Eule!“

Helene Will-Beuermann

Der kleine rote Pullover

„Hu, hu . . ." sang der Wind, und die Bäume schüttelten ihre Äste und warfen ihre Blätter ab. „Es schneit Blätter", lachte Thomas. „Ja", sagte Mama. „Es ist heute ein windiger Tag. Ich glaube, ich werde deinen kleinen roten Pullover waschen. Er wird sehr bald trocken sein." „O ja", sagte Thomas, „und dann kann ich ihn morgen zur Kinderjause anziehen." So wusch Mama den kleinen roten Pullover – plitsch, platsch, schrupp, schrupp – im weichen, warmen Seifenwasser. Dann nahm sie ihn in den Garten hinaus und befestigte ihn am Wäschestrick. „So", sagte sie, „du wirst jetzt gleich trocken sein, kleiner roter Pullover." Mama ging zurück in das Haus und schloss die Tür.

Der kleine rote Pullover begann auf dem Strick zu tanzen und herumzuflattern. „Das ist lustig", sagte er. „Ha, ha, ha . . .", lachte der Wind. „Ich will auch ein wenig Spaß haben. Komm mit, ich lass dich ein bisschen fliegen." „O nein", rief der kleine rote Pullover! „O ja", lachte der Wind, und er zog und zerrte mit seiner ganzen Kraft, bis der kleine rote Pullover vom Strick gerissen wurde. „O weh, was wird jetzt mit mir geschehen?", rief er.

Weiter und weiter flog er, immer weiter, bis er zu einem großen Eichenbaum kam. Dort wurde er mitten in den verzweigten Ästen gefangen. „Was glaubst du, wohin du noch fliegst, kleiner roter Pullover?", fragte der Eichenbaum. „Ich weiß nicht", schrie der kleine rote Pullover, „der Wind blies mich vom Strick, und ich sollte nach Hause, weil Thomas mich morgen anziehen will." „Nun, du wirst jetzt hierbleiben müssen, bis dir jemand herunterhilft", sagte der Eichenbaum, „denn meine Arme sind steif, ich kann sie nicht bewegen." „Gut", sagte der kleine rote Pullover, „ich werde aufpassen, bis jemand kommt und mir hilft."

Da kam eine braune Kuh vorbei. „Muh! Hallo, kleiner roter Pullover", sagte sie, „was tust du denn dort oben?" „Bitte, hilf mir herunter", schrie der kleine rote Pullover. „Ich muss heim, weil Thomas mich morgen anziehen will." „Wenn ich nur könnte", sagte die braune Kuh, „aber ich bin nicht groß genug, um dich zu erreichen." Dann lief sie fort.
Nun kam ein schwarz-weißes Pferd dahergetrabt. „Ihaha! Hallo, kleiner roter Pullover", sagte es, „was tust du denn dort oben?" „O bitte, hilf mir herunter", rief der kleine rote Pullover. „Ich muss heim, weil Thomas mich morgen anziehen will." „Wenn ich nur könnte", sagte das schwarz-weiße Pferd, „aber ich bin nicht groß genug, um dich zu erreichen." Dann trabte es fort.
Nun kam ein munteres Schaf dahergesprungen. „Bäh! Hallo, kleiner roter Pullover", sagte es, „was tust du denn dort oben?" „O bitte, hilf mir herunter", rief der kleine rote Pullover. „Ich muss heim, weil Thomas mich morgen anziehen will." „Wenn ich nur könnte", sagte das muntere Schaf, „aber ich bin nicht groß genug, um dich zu erreichen", und es sprang davon.
„Niemand kann mir helfen!", rief der kleine rote Pullover. „Ich werde hier für immer und immer bleiben müssen." Aber da kam wieder der Wind daher und packte den kleinen roten Pullover. „Bringe mich bitte nach Hause! Thomas will mich morgen anziehen", rief der kleine rote Pullover. „Gut", fauchte der Wind, „ich habe nur Spaß mit dir gemacht." Und schon flog der kleine rote Pullover nach Hause. „Lieber Wind, häng mich wieder auf den Strick", sagte er, „ich möchte trocken werden." „Nein", sagte der Wind, „denn ich habe keine Hände. Aber ich will dich vor der Haustür liegen lassen. Hier wird dich die Mutter des kleinen Thomas sicher finden."
Als Mama die Tür öffnete, sah sie den kleinen roten Pullover. „Nein, so etwas",

sagte sie, als sie ihn aufhob, „bist du vom Strick gerissen worden? Du bist ja ganz schmutzig. Ich werde dich noch einmal waschen müssen.“ Und sie wusch den kleinen roten Pullover noch einmal – plitsch, platsch, schrupp, schrupp – im weichen, warmen Seifenwasser. „So“, sagte sie, „diesmal werde ich dich im Zimmer trocknen, damit du nicht wieder weggeblasen wirst.“ Sie breitete den kleinen roten Pullover auf einem Trockenständer aus. „Nun wird mich Thomas morgen zur Kinderjause anziehen können“, sagte er und streckte sich, um möglichst rasch zu trocknen.

Lilian McCrea

Der Hase mit dem halben Ohr

Es geschah in der zweiten Maiwoche. Die Kastanienbäume hatten ihre Blätterhände ausgestreckt. Die Vögel sangen um die Wette. Die Menschen zeigten frohe Gesichter. Und Felix hatte morgen Geburtstag.

Ein Geburtstag ist kein gewöhnlicher Tag. Man wird ein Jahr älter und darf sich etwas wünschen: eine Mini-Eisenbahn, Legokästen, ein ferngesteuertes Rennauto oder einen Wellensittich.

Felix wünschte sich einen lebendigen Hasen mit langen Ohren. Nichts anderes. „Felix“, sagte seine Mutter. „Nun lass uns mal vernünftig miteinander reden. Hasen sind wild lebende Tiere, die kann man nicht kaufen. Nicht einmal in einer Tierhandlung.“

Und Molly, Felix' ältere Schwester, sagte: „Hasen fühlen sich nur in Wald und Feld wohl. Es ist gemein, sie in einen Stall zu sperren.“

Felix war beleidigt. „Wer sagt denn, dass ich meinen Hasen in einen Stall sperren will“, rief er. „Er darf bei mir im Zimmer auf dem Bettvorleger schlafen, und beim Essen soll er auf meinem Schoß sitzen.“ „Das fehlt uns gerade noch!“, sagte Felix' Mutter. Jetzt mischte sich Felix' Vater in die vertrackte Hasenangelegenheit ein. „Hör zu“, sagte er, „es gibt Dinge, die kann man nicht kaufen. Darum ist es besser, man schlägt sie sich aus dem Kopf. Wie wär's mit einem Kaninchen? Ein hübsches

Kaninchen können wir sicher in einer Tierhandlung finden." „Ich will aber kein hübsches Kaninchen", antwortete Felix störrisch. „Hasen haben längere Ohren und können schneller laufen." Mutter war mit ihrer Geduld am Ende. „Was nicht geht, geht nicht", sagte sie. „Damit wirst du dich abfinden müssen. Du bekommst den schönsten Plüschhasen, der aufzutreiben ist. Und wenn du den nicht willst, können wir leider nichts für dich tun." „Ich will ihn aber nur, wenn ich ihn mir selber aussuchen darf", sagte Felix. „Das darfst du", versprach seine Mutter. „Und jetzt kein Wort mehr von Hasen!" Ein Plüschhase ist immer noch besser als gar kein Hase. Darum sagte Felix vorsichtshalber nichts mehr.

Nach dem Kaffeetrinken ging er mit seiner Mutter in den größten Spielwarenladen. Plüschaffen, Plüschbären, Plüschelefanten und Plüschtiger gab es in allen Größen und mehr als genug. Aber nicht einen einzigen Plüschhasen!

„Die haben wir zu Ostern ausverkauft und nicht wieder hereinbekommen", erklärte die Verkäuferin bedauernd. „Darf es etwas anderes sein?" „Nein!", rief Felix. Er wollte einen Hasen mit langen Ohren. Nichts anderes. Vielleicht hatte die Verkäuferin einen Hasen übersehen. Darum gingen alle drei noch einmal an den vielen Regalen entlang. Ganz langsam gingen sie und spähten in alle Ecken und Winkel. Das erste, was Felix von ihm entdeckte, war ein langes Hasenohr. Es ragte etwas schräg hinter einem Elefantenhinterteil hervor. Wo ein Hasenohr ist, muss auch ein Hase sein, dachte Felix und holte ihn aus seinem Versteck heraus. Ein samtbrauner Hase mit weißem Bauchfell guckte ihn traurig an. Und kein Wunder, dass er traurig war: Ihm fehlte ein halbes Ohr!

„Irgendein Lümmel hat ihm mit der Schere das linke Ohr halb abgeschnitten", sagte die Verkäuferin entrüstet. „Nun lässt er sich nicht mehr verkaufen. Leider." Felix zog den traurigen Hasen ganz nahe zu sich heran, bis sich ihre Nasenspitzen fast berührten. „Nimm mich! Mich will sonst keiner", flüsterte der Hase mit dem halben Ohr. Felix drehte sich schnell um.

Seine Mutter schaute auf ihre Armbanduhr, und die Verkäuferin guckte in die Luft. Die beiden haben nichts gehört, dachte Felix und sagte laut: „Den will ich!" „Aber er hat nur ein halbes Ohr", gab seine Mutter zu bedenken. „Überleg es dir gut, Felix. Umtauschen können wir ihn nicht." Felix streichelte das halbe Hasenohr und wiederholte: „Den will ich und keinen anderen!" Die Verkäuferin freute sich, dass ein unverkäuflicher Hase nun doch zu verkaufen war. „Notfalls lässt sich ja ein halbes Ohr anflicken", sagte sie. „Ein passender Stoffrest wird sich schon irgendwo finden." „Er bleibt, wie er ist!", rief Felix. „Na, gut", sagte seine Mutter. „Dann nehmen wir ihn." „Ich mache Ihnen auch einen Sonderpreis", sagte die Verkäuferin und zeigte ihnen den Weg zur Kasse. Mutter zahlte den Sonderpreis, und Felix drückte den Hasen mit dem halben Ohr ganz fest an sich.

Ob er zu Hause in meinem Zimmer wieder mit mir redet? dachte er auf dem Heimweg.

Boy Lornsen

Komm, kleiner Indianer

Es war einmal ein kleiner Indianer, der ging in den Wald und fand den Weg nach Hause nicht mehr. Es war Winter, und es war bitter kalt. Der kleine Indianer setzte sich in den Schnee und weinte.
Da kam ein brauner Bär und sagte: „Komm zu mir in meine Höhle! Dort hast du es warm."
Der Fuchs kam und sagte: „Ich will für dich jagen, kleiner Indianer, damit du zu essen hast."
Auch der Wolf ging für den kleinen Indianer auf die Jagd. Die Vögel suchten Beeren, die noch an den Sträuchern hingen, und brachten sie dem kleinen Indianer. Das Eichhörnchen brachte Nüsse. Manchmal dachte der kleine Indianer an seine Eltern zu Hause und wurde traurig. „Sei nicht traurig, kleiner Indianer", sagten die Tiere und spielten mit ihm, bis er wieder lachte.
Als es Frühling wurde, sagten die Tiere: „Komm, kleiner Indianer! Wir helfen dir den Weg nach Hause suchen."
Sie gingen und gingen. Endlich fanden sie das Zelt, in dem die Eltern des kleinen Indianers wohnten. „Leb wohl, kleiner Indianer", sagten die Tiere. „Du hast mit uns gelebt. Vergiss nie, dass wir alle jetzt deine Brüder sind!"

Käthe Recheis und Friedl Hofbauer

Der große Bär und der kleine Bär

Eines Morgens wachte der kleine Bär auf und war auf die ganze Welt böse, er wusste selber nicht warum. So was kommt manchmal vor.
„Spiel mit mir Fang-mich-wenn-du-kannst!", sagte das Eichhörnchen. Der kleine Bär stampfte mit den Pfoten. „Ich will nicht! Ich will nicht!" „Spiel mit uns Verstecken", sagten die kleinen Füchse. „Ich will nicht! Ich will nicht!", rief der kleine Bär. „Spiel mit uns Wir-gehen-auf-die-Jagd!", sagten die kleinen Wölfe. „Ich will nicht! Ich will nicht!", rief der kleine Bär.
Der große Bär war wach geworden. Er kam aus der Höhle. Er sagte: „Die Blaubeeren sind reif. Gehen wir zum Blaubeerenhügel, kleiner Bär!" „Ich will nicht! Ich will nicht!", schrie der kleine Bär. „Wenn du nicht willst, muss ich alleine gehen", sagte der große Bär und ging in den Wald.
Das war dem kleinen Bären auch nicht recht. „Warte! Warte!", rief er. Der große Bär wartete, bis der kleine Bär bei ihm war. Sie kamen an einen Bach. „Da hinüber?",

fragte der kleine Bär. „Ja, da hinüber“, sagte der große Bär. „Ich will nicht! Ich will nicht!“, rief der kleine Bär. „Ich will keine nassen Pfoten haben!“ Es war ein schlimmer Fall der Ich-will-nicht-Krankheit. „Dann muss ich eben alleine gehen“, sagte der große Bär, watete durch den Bach und verschwand im Wald. „Warte!“, rief der kleine Bär und tapste durch den Bach, dass das Wasser nur so spritzte. Der kleine Bär kam ans andere Ufer und lief in den Wald, aber der große Bär war nirgends zu sehen. Der kleine Bär suchte und suchte. „Großer Bär! Großer Bär! Wo bist du?“ „Da bin ich!“, sagte der große Bär und trat hinter einem Baum hervor. „Komm! Gehen wir Blaubeeren essen“, sagte der kleine Bär, denn nun war er hungrig. Der große Bär stampfte mit den Pfoten. „Nein! Jetzt will ich nicht! Ich will nicht! Ich will nicht!“ Es war ein sehr schlimmer Fall der Ich-will-nicht-Krankheit. Der kleine Bär war ratlos. Was sollte er nur tun? Er dachte nach und dachte nach und sagte: „Bleib hier, großer Bär! Ich geh zum Blaubeerenhügel und pflücke dir zwei Pfoten voll.“ Das war wirklich lieb vom kleinen Bären.
„Weißt du was?“, sagte der große Bär, „wir gehen miteinander – du und ich!“ Der große Bär und der kleine Bär gingen miteinander zum Blaubeerenhügel. Sie aßen Blaubeeren und aßen und aßen. Die Blaubeeren schmeckten wunderbar.

Käthe Recheis

Ursel hat Geburtstag

Im Sommer ist es fein. Da wohnt Ursel bei der Großmutter auf dem Land.
Und heute ist ein besonderer Tag. Ursel wird von selbst munter. Kaum scheint die Sonne auf die Bettdecke, steht sie schon auf.
Sie zieht sich an und läuft in die Stube hinunter. Und was steht in der Stube auf dem Tisch? Ein Geburtstagskuchen. Und hinter dem Tisch steht die Großmutter und freut sich, weil sich die Ursel freut.

Der Kuchen ist ein wunderbarer Kuchen. Er ist ein großer Kranz, ganz weiß von Zucker, und in der Mitte ist ein Loch, und in dem Loch steht eine dicke Kerze, die brennt.

Ursel bekommt gleich ein Stück Kuchen zu ihrer Morgenmilch. Auch die Großmutter soll ein Stück essen. Doch sie mag nicht. Sie sagt: „Nein, Ursel, das ist dein Geburtstagskuchen, und er gehört überhaupt ganz dir."

Aber Ursel will das nicht. Sie setzt sich auf die Hände, lässt die Beine baumeln und sagt: „Nein, dann will ich auch kein Stück essen."

Da greift die Großmutter zu, damit auch Ursel ein Stück isst. Denn wer soll den Kuchen essen, wenn Ursel selbst kein einziges Stück davon haben will?

Jetzt geht Ursel vors Haus und nimmt den Kuchen mit. Da kommen die Tiere: der Hund, die Katze, die Hühner, die Ente. Sie stehen im Kreis und schauen Ursel an. Der Hund wedelt mit dem Schwanz.

Sagt Ursel: „Ja, ihr sollt jedes ein Stück haben von meinem Geburtstagskuchen." Aber das hört die Großmutter im Haus. „Nein, Ursel!", ruft sie aus dem Zimmer. „Nein! Kuchen und Brot, das ist nichts für Tiere. Das ist nur etwas für Menschen."

„Ach", sagt Ursel. Sie hätte die Tiere gern kosten lassen. Die stehen nun ein wenig traurig um sie herum. Der Hund wedelt nicht mehr mit dem Schwanz und lässt die Ohren hängen.

Da kommt ein Wanderer vorbei, der kaut mit vollen Backen. In der einen Hand hält er ein Stück Brot, in der anderen ein Stück Speck. „Guten Tag!", sagt Ursel. „Isst du auch die Speckschwarte?" „Nein", sagt der Mann und bleibt stehen und wundert sich. Sagt die Ursel: „Wenn du sie nicht isst, die Speckschwarte, dann gib sie mir für meinen Hund. Ich geb' dir dafür ein Stück Kuchen." „Ist es ein feiner Kuchen? Es ist nämlich auch eine feine Speckschwarte." „Es ist ein Stück Geburtstagskuchen." „Ja dann –", sagt der Mann, schneidet die Schwarte ab, gibt sie der Ursel. Und Ursel gibt dem Wanderer ein dickes Stück Kuchen und dem Hund die Speckschwarte.

Nachher kommt einer vorbei, der trägt einen Kübel. Ursel läuft hin und schaut hinein. Es sind Fische drinnen. „Du", sagt Ursel zu dem Mann, „tausch mit mir: Ich geb' dir ein Stück Kuchen, und du gibst mir einen kleinen Fisch für meine Katze." „Gut", sagt der Mann und tauscht mit Ursel. Und er gibt ihr sogar einen großen Fisch, weil er ein großes Stück Kuchen bekommt. „Ich esse Kuchen sehr gern", sagt der Mann und geht weiter. Gleich beginnt die Katze den Fisch zu fressen.

Nun kommt noch ein Mann vorbei. Der schleppt einen Sack. „Was hast du in dem Sack?", fragt Ursel. „Körner", sagt der Mann. „Das passt gerade", ruft Ursel. „Gib mir zwei Hand voll Körner für meine Hühner und meine Ente. Ich gebe dir dafür zwei Stück Kuchen." „Kuchen?", fragt der Mann. „Kuchen mag ich nicht." „Du magst Kuchen nicht?" „Nie im Leben." „Das ist schade", sagt Ursel. „Aber", sagt

der Mann, „ich habe zu Hause einen Buben und ein Mädchen. So groß wie du. Die mögen Kuchen." „Ja?" „Ja! Gib mir zwei Stück für sie, dann geb' ich dir zwei Hand voll Körner für deine Hühner und die Ente." So geschieht es auch. Die Hühner und die Ente machen sich gleich über die Körner her. Der Mann mit dem Getreidesack packt den Kuchen in ein Tuch und geht.
Da sitzt nun Ursel auf der Stufe zur Haustür. Ein Stück Kuchen ist ihr geblieben. Ursel schaut es von allen Seiten an, dann beißt sie hinein. Die Großmutter kommt aus dem Haus und sieht, wie alle schmausen: Ursel, der Hund, die Katze, die Hühner und die Ente. „Nun, schmeckt das?", fragt die Großmutter. „Mhm", sagt Ursel. „Geburtstag ist fein."

Hans Domenego

Besuch

Die Giraffenmutter ruft: „Kinder, wir bekommen Besuch! Schnell den Hals waschen!"
O weh, das dauert fast einen halben Tag! „Warum muss unser Hals so lang sein? Die Menschenkinder haben es gut. Die sind ganz schnell fertig!"
Die Eselmutter ruft: „Kinder, wir bekommen Besuch! Wascht euch die Ohren, aber ordentlich, wenn ich bitten darf!"
O weh, das dauert fast einen halben Tag! „Warum müssen wir so lange Ohren haben? Den Menschenkindern geht es gut. Die sind mit ihren winzigen Ohren ganz schnell fertig!"
Die Elefantenmutter posaunt: „Kinder, wir bekommen Besuch! Schnell den Rüssel waschen!"

O weh, das dauert fast einen halben Tag! „Warum müssen wir einen so langen Rüssel haben? Die Menschenkinder haben es gut. So ein kleines Näschen ist im Nu geputzt!“
Die Krokodilmutter ruft: „Kinder, wir bekommen Besuch! Zähne putzen!“
O weh, das dauert fast einen halben Tag! „Die Menschenkinder haben es gut! Die sind – husch, husch! – im Nu fertig mit dem Zähneputzen.“
Die Storchenmutter klappert: „Kinder, wir bekommen Besuch! Schnell die Schnäbel polieren!“
O weh, das dauert fast einen halben Tag! „Die Menschenkinder haben es gut, die haben überhaupt keinen Schnabel. Und der kleine Mund ist ganz schnell sauber! Weshalb, um alles in der Welt, müssen wir einen so langen Schnabel haben?“
Die Affenmutter kreischt: „Kinder, wir bekommen Besuch! Schnell die Schwänzchen waschen!“

O weh, das dauert fast einen halben Tag! „Die Menschenkinder haben es gut! Die haben überhaupt keinen Schwanz!“

Die Mutter ruft: „Kinder, wir bekommen Besuch! Schnell baden! Und Hals und Ohren ordentlich einseifen! Das Zähneputzen nicht vergessen!“

„Aber Mutti, das ist doch überhaupt nicht nötig! Ich habe keinen Giraffenhals, keine Eselsohren, keinen Rüssel, keinen Schnabel und keinen Schwanz. Und meine Zähne sind viel, viel kleiner als die vom Krokodil. Bei mir hätte der Schmutz überhaupt keinen Platz. Ich bin bestimmt ganz, ganz, ganz sauber!“ „So?“ Mutti hebt Peter hoch und setzt ihn in die Badewanne. Sie seift ihn von oben bis unten gründlich ein und braust ihn dann tüchtig ab.

Pfui, wie schmutzig das Wasser wird. Woher kommt denn das? „Mutti, schau, bitte, ganz genau nach. Bestimmt sitzen eine Giraffe, ein Esel, ein Elefant, ein Krokodil, ein Storch und ein Affe in der Wanne. Von mir ist dieser Schmutz ganz bestimmt nicht!“

Josephine Hirsch

Der Spaziergang

Das Kind schläft ein. Da hat's ein Träumelein. Kommt der Bär aus dem Korb heraus und sagt:

Jetzt geh ich aus. Ich geh spazieren brumm, brumm, brumm, in der Stub' herum!
Wer will mit spazieren gehn? Sagt das Schäfchen: Ich!
Wer will mit spazieren gehn? Sagt der Pudel: Ich!
Wer will mit spazieren gehn? Sagt die Ente: Ich!
Wer will mit spazieren gehn? Sagt das Bällchen: Ich!
Wer will mit spazieren gehn? Sagt der Kreisel: Ich!
Wer will mit spazieren gehn? Sagt die Puppe: Ich!
Brumm, brumm, brumm, in der Stub' herum! Brumm, brumm, brumm, in der Stub' herum! Ich bin so müd, ich geh nach Haus. Der Spaziergang ist jetzt aus.
Wer will mit nach Hause gehn? Sagt das Schäfchen: Ich!
Wer will mit nach Hause gehn? Sagt der Pudel: Ich!
Wer will mit nach Hause gehn? Sagt die Ente: Ich!
Wer will mit nach Hause gehn? Sagt das Bällchen: Ich!
Wer will mit nach Hause gehn? Sagt der Kreisel: Ich!
Wer will mit nach Hause gehn? Sagt die Puppe: Ich!
Gehn sie alle nach Haus und schlafen sich aus. Der Bär und das Schäfchen, der Pudel, die Ente, Ball, Kreisel und Puppe. Das ganze Gesind' schläft all mit dem Kind.

Johanna Huber

Schlafen gehen

Ursel liegt schon im Bett. Neben ihr liegt der große braune Teddybär. Die Mutter deckt sie beide fein zu – bis obenhin. Nur die Köpfe schauen noch heraus. Der Kopf von Ursel und der Kopf vom Teddy. „Träumt recht schön", sagt die Mutter. Dann löscht sie das Licht aus. „Knips!", macht die Lampe. Da ist es dunkel im Zimmer, ganz dunkel. Aber nicht lange, kommt der Mond und leuchtet zum Fenster herein. Da kann Ursel alles im Zimmer sehen: den Sessel, den Tisch, den Schrank und den Ofen.
Der Sessel knackst: „Guten Abend, liebe Ursel." Der Tisch knackst: „Heute hast du auf mir lustige Bilder gemalt."
Der Schrank knackst: „Heute Abend hast du deine Spielsachen fein aufgehoben."
Der Ofen knackst: „Heute habe ich deine Handschuhe getrocknet. Du bist ja in den Schnee gepurzelt. Da sind sie nass geworden."
Und Ursel sagt: „Ja, es war ein lustiger Tag." Dann schläft sie ein. Da sind alle still, um sie nicht aufzuwecken. Sessel und Tisch, Schrank und Ofen stehen stumm im Mondschein. Nur dann und wann sagt eines: „Knacks!" Auch der Teddy schläft schon.

Helmut Leiter

Schlaflied

Erst schläft die große Zehe ein,
bald schlafen auch die Knie.
Das Bäuchlein muss sehr müde sein,
es schnarcht ja schon, und wie!
Der kleine Mund geht auch zur Ruh,
die Nase ist so müd,
schon fallen beide Augen zu,
und Mutter singt ein Lied:

Erst schläft die große Zehe ein,
bald schlafen auch die Knie.
Das Bäuchlein muss sehr müde sein,
es schnarcht ja schon, und wie!
Der kleine Mund geht auch zur Ruh,
die Nase ist so müd,
schon fallen beide Augen zu,
und Mutter singt ein Lied.

Friedl Hofbauer

Wenn das Kind Vergangenes und Zukünftiges in sein Reden, Denken und Planen einbezieht,...

finden Geschichten, die von besonderen Tagen und Ereignissen berichten, aufmerksame Zuhörer.

Das Kind ist kein Augenblickswesen mehr

Etwa Dreijährige haben in ihrer körperlichen und geistigen Entwicklung beachtliche Fortschritte gemacht. Sie sind recht geschickt und selbständig geworden, sind stolz darauf, wenn es ihnen gelingt, ihre Mütze allein ordentlich aufzusetzen, die Fäustlinge ohne Hilfe anzuziehen, beim Zuknöpfen ihres Mantels Erfolg zu haben.

Erinnerungen werden zu lebendiger Gegenwart

Die größte Bereicherung erwächst Kindern dieses Alters jedoch daraus, dass sie es vermögen, sich mehr und mehr der Sprache zu bedienen, sich nicht nur mit anderen über das Wort verständlich zu machen, sondern auch sozusagen mit sich selbst darüber ins Gespräch zu kommen, was weiter zurückliegt, was sie in der Erinnerung aufbewahrt haben.
Durch diese neu erworbene Fähigkeit wird den Kindern Vergangenes in der Vorstellung, in der Innerlichkeit, zu lebendiger Gegenwart, mit der sie sich erneut auseinandersetzen können.

Vorstellungen überZukünftiges werden klarer formuliert

Dreijährige vermögen es aber auch, sich das, was sie wünschen, was sie erwarten, viel klarer als bisher vorzustellen. Dadurch sind sie imstande, sich nach und nach mit allerlei zu beschäftigen, was morgen, also zukünftig, sein kann. Denken, Reden und Tun der Kinder sind nun nicht mehr von dem bestimmt, was sie hier und jetzt erleben; sie sind keine Augenblickswesen mehr.
Die Fähigkeit der Kinder dieses Alters, Vergangenes und Zukünftiges in das Denken einzubeziehen, macht es möglich, Geschichten zu erzählen, die von besonderen Tagen und Ereignissen berichten. So werden sich Dreijährige daran erfreuen, eine Geburtstagsgeschichte zu hören, die entweder vieles von dem wieder lebendig werden lässt, was sie an ihrem Geburtstag erlebt haben, oder manches vorwegnimmt, im Detail ausmalt, was sie für ihren nächsten Geburtstag erwarten und erwünschen.
Wie stark den Kindern besondere Ereignisse, etwa das Kranksein, in Erinnerung bleiben, zeigen auch ihre Rollenspiele, in denen sie ihre Puppe oder den Teddy so liebevoll umsorgen, wie sie selbst gehegt und gepflegt wurden.
Sind derartige Ereignisse zudem noch Inhalt von Geschichten wie beispielsweise in der Erzählung „Gabi hat Ohrenschmerzen", sprechen sie die Kinder nicht nur besonders an, sondern geben ihnen auch die Möglichkeit, für all das, was sie gefühlt und erlebt haben, einen sprachlichen Ausdruck zu gewinnen und damit zusätzlich ihre Innerlichkeit zu bereichern.

Das Kind vermag es, sich in verschiedene Rollen zu versetzen, sich mancherlei auszudenken und zu planen

Die Beschäftigung mit Vergangenem und Zukünftigem macht die Kinder allmählich fähig, etwas zu planen. So vermögen sie es, sich auszudenken, welches Spielzeug sie mitnehmen werden, wenn sie mit Vater und Mutter einen Ausflug machen, was es alles herbeizuschaffen gilt, soll für die Puppe ein neues Kleid genäht werden. Die Beschäftigung mit Vergangenem und Zukünftigem ermöglicht es den Kindern aber auch, sich wie das kleine Mädchen in der Geschichte „Was Ursel werden möchte" in verschiedene Rollen zu versetzen, in die des Kaufmannes, der Köchin, des Arztes. Wenn sich auch bei Kindern dieses Alters der Rollenwechsel oft noch recht unvermittelt oder rasch vollzieht, erleben sie sich dabei doch als die gleich bleibenden Träger dieser Rollen, was dazu beiträgt, sich des „Ich" mehr und mehr bewusst zu werden.

Wissenswertes in Erzählungen unaufdringlich einflechten

Werden etwa Dreijährigen Geschichten erzählt, die von besonderen Tagen und Ereignissen berichten, soll nicht versäumt werden, unaufdringlich allerlei Wissenswertes einzuflechten, manches einzufügen, das dem Kind Spielanregungen gibt und erwünschte Umgangsformen liebenswert macht. So wird das Kind im Rahmen einer Erzählung damit vertraut gemacht werden können, dass es beim Zahnarzt auf die Dauer ohne Bohren nicht geht, wie man sich vor Regen und Wind schützen kann, dass die Vögel im Winter hungern, dass man auf Schönes warten muss und anderes mehr.

Geburtstag

Ursel hat Geburtstag heute,
was werd' ich ihr schenken?
Für den Rücken eine Tasche,
für die Haare eine Masche,
für den Gaumen Nudelsuppe
und zum Streicheln eine Puppe,
für den Magen eine Torte,
für die Ohren nette Worte,
für den Tisch die schönste Vase
und drei Tüchlein für die Nase,
für die Wangen einen Kuss,
und damit Schluss!

Josephine Hirsch

Steffi hat Geburtstag

Steffi hat Geburtstag. „Herzlichen Glückwunsch, Steffi", sagt die Mutter. „Herzlichen Glückwunsch, Steffi", sagt der Vater, und beide geben ihr einen Kuss. Auf dem Frühstückstisch stehen Blumen und Kerzen. Und neben den Kerzen sitzt ein weißer Hase aus Wolle. Er hat lange Ohren und einen Stummelschwanz. „Das ist Muckel Schlappohr", sagt der Vater. „Er will bei dir bleiben." Da freut sich Steffi. Sie nimmt Muckel Schlappohr in den Arm und streichelt ihn.

Am Nachmittag kommt die Oma zu Besuch. Till und Anna aus dem Nachbarhaus kommen auch. Die Oma schenkt Steffi ein Bilderbuch. Till und Anna schenken ihr ein grünes Auto und einen Ball. Es gibt Kuchen und Schlagsahne, und auf dem Tisch brennen die Kerzen. „Weil ich Geburtstag habe", sagt Steffi. Nach dem Kaffeetrinken liest die Oma eine Geschichte vor. Dann spielen alle zusammen Blinde Kuh und Topfschlagen und Verstecken. Und zum Schluss spielt der Vater auch noch Kasperltheater. „Seid ihr alle da?", ruft der Kasperl. „Ja!", rufen Steffi und Till und Anna und die Oma und die Mutter. „Und wer hat Geburtstag?", fragt der Kasperl. „Steffi!", rufen alle.

Aber am Abend ist der Geburtstag vorbei. Die Mutter bringt Steffi zu Bett. „Wann habe ich wieder Geburtstag?", fragt Steffi. „Im nächsten Jahr", sagt die Mutter. „Dann bekommst du eine Kerze mehr, und wir können wieder feiern." „Mit Till, mit Anna und mit der Oma", sagt Steffi. Sie nimmt den weißen weichen Muckel Schlappohr in den Arm und schläft ein.

Irina Korschunow

Gabi hat Ohrenschmerzen

Gabi hat ein eigenes kleines Bett. Grete kann nicht darin schlafen; sie ist ja viel zu groß! Auch Waldi, der Dackel, kann nicht darin schlafen; er schläft in einem kleinen Korb. Nicht einmal Muschi, die Katze, kann darin schlafen; sie schläft in einem Körbchen beim Ofen. Niemand außer Gabi kann in dem Bett schlafen. Es ist grün gestrichen und mit einem weißen Leintuch bezogen. Gabi schläft auf einem weichen weißen Polster. Sie hat eine weiche Wolldecke und eine rosa Tuchent zum Zudecken.

Eines Tages klagt Gabi über Ohrenschmerzen. „Arme Gabi, leg dich doch ins Bett, da wird es besser werden", sagte Grete, nahm Gabi auf den Schoß und begann sie auszuziehen. Zuerst zog sie ihr die kleinen braunen Schuhe und die weißen Söckchen aus, dann das blaue Kleid und das Höschen mit dem Gummizug und zum Schluss das warme weiße Hemd. Nun holte Grete das geblümte Nachthemd, das Mutti genäht hatte, und zog es Gabi an. Dann legte sie Gabi sehr sanft – Gabi hatte doch so starke Ohrenschmerzen! – in ihr kleines grünes Bett, schob den weichen weißen Polster zurecht, deckte sie mit der weichen Wolldecke und der rosa Tuchent zu und sagte: „So, Gabi, und jetzt will ich dir etwas gegen die Ohrenschmerzen bringen."

Grete lief rasch in die Küche, wo die Mutter das Mittagessen kochte. „Mutti", sagte sie, „Gabi hat Ohrenschmerzen. Ich habe Gabi ins Bett gebracht, doch es ist noch nicht besser!" „Das tut mir Leid", sagte Mutter, „aber ich glaube, ich habe etwas, das Gabi helfen wird." Mutter ging ins Zimmer. Rat einmal, was sie brachte? Eines von Vatis großen seidenen Halstüchern! „Da hast du", sagte sie, „binde das Tuch über Gabis Ohr, dann wird es bald besser werden." Grete lachte: „Das ist ja das

Halstuch, das du mir umgebunden hast, als ich Ohrenweh hatte, nicht wahr, Mutti?“ „Ja“, sagte Mutter, „und gelt, dir ging es damals auch bald besser.“
Grete lief, so schnell sie konnte, zu Gabi, legte Vatis großes seidenes Halstuch sehr zart um Gabis Kinn, band es über ihrem Haarschopf zusammen und sagte: „Sch, sch, schlaf jetzt ein! Wenn du aufwachst, ist alles wieder gut!“ Dann sang Grete ganz leise:

„Heile, heile Segen!
Drei Tage Regen,
drei Tage Sonnenschein,
mein Kind wird wieder lustig sein!“

Gabi schlief fest ein.
Nach dem Essen schlich Grete zu Gabis Bettchen, sah, dass Gabi ganz vergnügt dreinschaute, und sagte: „Dein Ohrenweh ist gut, jetzt bist du wieder ganz gesund und kannst aufstehen.“ Grete schob Gabi aus dem Bett und drückte sie fest an sich. Sie war sehr glücklich, dass es Gabi wieder gut ging.
Dann knüpfte Grete Vatis großes seidenes Halstuch wieder auf und legte es schön zusammen. Nun musste sie Gabi das geblümte Nachthemd ausziehen und alles wieder anziehen: zuerst das warme weiße Hemd, dann das Höschen mit dem Gummizug, dann das blaue Kleid, die weißen Söckchen und die kleinen braunen Schuhe. „Nun gehen wir zu Mutti in die Kuche, bringen ihr Vatis großes seidenes Halstuch zurück und sagen ihr: ‚Nun geht es Gabi schon wieder besser!‘“ „Da bin ich aber froh“, sagte die Mutter.

Lilian McCrea

Jakob wartet auf Weihnachten

Die Mutter zündet die erste Kerze auf dem Adventkranz an. Jakob schaut in den Kerzenschein. „Warum muss man so lange auf das Christkind warten?“, fragt er. „Vier große Kerzen lang?“ „Auf etwas Schönes muss man meistens warten“, sagt die Mutter. „Etwas Schönes braucht Zeit zum Wachsen. Zum Beispiel, bis ein Kind geboren wird. Damals haben die Menschen lange Zeit auf die Geburt des Christkinds gewartet. Wann kommt es denn endlich? haben sie gefragt. Auch die Mutter Maria hat viele Monate lang gewartet, bis sie das Christkind zur Welt bringen konnte.“ „ Hast du auf mich auch so lang warten müssen?“, fragt Jakob. „Ja freilich“, sagt die Mutter. „Dafür war ich dann schön, und du hast dich gefreut“, sagt Jakob. „Sehr gefreut“, sagt die Mutter. Jakob schaut wieder in den Kerzenschein. „Miteinander warten ist nicht so arg“, sagt er.

Lene Mayer-Skumanz

Es regnet

Schau doch, wie die Regenmännchen
in den Pfützen tanzen –
in den Pfützen, in den Pfützen,
mit den spitzen Zipfelmützen.
Schau doch, wie die Regenmännchen
in den Pfützen tanzen –
in den Pfützen, in den Pfützen,
mit den spitzen Zipfelmützen.
Schau doch, wie die Regenmännchen
in den Pfützen tanzen –
in den Pfützen, in den Pfützen,
mit den spitzen Zipfelmützen.
Schau doch, wie die Regenmännchen
in den Pfützen tanzen…

Friedl Hofbauer

Ursel und der Regenschirm

Heute geht die Tante mit Ursel in ein großes Kaufhaus. Die Tante will Ursel etwas schenken. Ursel hat bald Geburtstag. Sie weiß noch nicht, was sie sich wünschen soll.
„Wir schauen zuerst die Auslagen an", sagt die Tante. „Da findest du sicher etwas Schönes."
In den Auslagen stehen Kleiderpuppen. Die haben Anzüge, Kleider, Röcke und Blusen an. Sie haben Halsketten umhängen, und manche tragen einen Hut. Eine Puppe hält einen Feldstecher in der Hand und führt einen ausgestopften Hund an der Leine. Auch an der Leine hängt ein Preiszettel. Eine kleine Puppe trägt einen weißen Regenmantel, und in der linken Hand hält sie einen Schirm. Der Schirm ist rot und hat am Rand weiße Tupfen. „Ich möchte einen Schirm!", sagt Ursel. „Fein", sagt die Tante.

Und dann gehen sie hinein. Die große Glastür öffnet sich leise ganz von selbst und schließt sich hinter ihnen. Es sind viele Leute im Kaufhaus.
Im Erdgeschoss stehen flache Kisten auf Tischen. Darin liegen Wäschestücke, Strumpfhosen, Tücher und Pullover. „Nichts für uns", sagt die Tante. Mit der Rolltreppe fahren sie in den ersten Stock. Dort gibt es lange Kleiderständer auf Rädern. Auf ihnen hängen Kleider und Röcke, Hosen, Anzüge, Mäntel und Schlafröcke. Ursel und die Tante fahren noch ein Stockwerk höher. Sie gehen an vielen Spiegeln vorbei, an Herrenhüten und an Damenhüten, an Badematten und an Schlauchbooten. „Ist es noch weit?", fragt Ursel. „Wir sind schon da", sagt die Tante. An der Wand lehnen bunte Gartenschirme. Ein Sonnenschirm mit grünen Fransen ist aufgespannt.
„Das Fräulein bekommt einen Schirm?", fragt die Verkäuferin. Und sie zeigt auf den Sonnenschirm. „Nein", sagt Ursel. „Du willst doch einen Schirm", sagt die Tante. „Ja", sagt Ursel, „aber einen Regenschirm."
Da nimmt die Verkäuferin viele Schirme aus dem Regal, einen nach dem anderen: braune und grüne, blaue und gelbe, karierte und gestreifte. „Ich möchte einen roten", sagt Ursel. Da spannt die Verkäuferin den letzten Schirm auf. Er ist rot und hat am Rand weiße Tupfen. „Ja! Den will ich!", ruft Ursel. Die Verkäuferin steckt den Schirm in einen langen Sack. Die Tante bezahlt ihn an der Kasse.
Als sie hinauskommen, regnet es. „Spann den Schirm auf, Ursel", sagt die Tante. „Nein", sagt Ursel. „Da wird er ja nass."

Hilde Leiter

Es regnet, es regnet

Es regnet, es regnet,
es regnet seinen Lauf,
und wenn's genug geregnet hat,
dann hört es wieder auf.

Volksgut

Es regnet, es regnet,
der Kuckuck wird nass.
Wir sitzen im Trocknen,
was schadet uns das?

Volksgut

Beim Zahnarzt

Zweimal im Jahr ist Peters blauer Kalendertag. Der Vater hat auf dem großen Kalender in der Küche für jeden in der Familie zwei Zähne gezeichnet: einen Frühlingszahn und einen Herbstzahn, rot für Susi, grün für die Mutter, braun für sich selbst und blau für Peter.

Am blauen Kalendertag ruft Peters Mutter den Zahnarzt an und sagt: „Wir wollen zur Kontrolle kommen." Peter weiß schon, was das bedeutet, und daher fürchtet er sich nicht. Nur ein ganz kleines bisschen, und auch das nur heimlich.

Im Wartezimmer fürchtet er sich schon eher unheimlich, und am liebsten ginge er wieder nach Hause. Aber die Frau Doktor ist sehr nett. Sie ist so lustig, dass Peter ganz vergisst, dass er Angst hat, und brav den Mund aufmacht. „Prima!", sagt die Frau Doktor und guckt sich mit ihrem kleinen runden Spiegel zwischen Peters Zähnen um. „Einer schöner als der andere! Geputzt und glänzend wie ein Auto am Sonntag!"

Sie schabt vorsichtig mit dem Kratzer an einer bestimmten Stelle hin und her. Plötzlich sagt sie: „Hoppla! Da haben wir ja einen Schlingel mit einem Loch!" „Oo – ee, oo – ee!", jammert Peter, weil man schlecht „O weh!" sagen kann, wenn man einen fremden Finger im Mund hat. „Es ist aber nur ein Winzi-Wunzi-Loch!", tröstet die Frau Doktor. „Das bekommt auch nur eine Winzi-Wunzi-Plombe." Peter hat trotzdem Angst, Winzi hin, Wunzi her. Überhaupt kein Loch wäre ihm lieber.

„Ich hab mir doch immer ordentlich die Zähne geputzt!", sagt er. „Und nie genascht – fast nie." „Trotzdem ist es passiert", sagt die Frau Doktor. „Ganz ohne Bohren geht es halt auf die Dauer kaum!" Peter bekommt ein Röhrchen in den Mund gehängt, das ist der Speichelsauger. Und schon beginnt der Bohrer zu summen. Erst tut es überhaupt nicht weh. Dann spürt Peter ein kleines Pieksen und will „Au!" sagen – aber da ist die Frau Doktor schon wieder fertig mit dem Bohren. „Du bist sehr tapfer, Peter!", lobt sie. „Das Schlimmste ist bereits überstanden." Das Loch wird mit einem Wattebäuschchen gewaschen und mit dem Luftpuster getrocknet. Dann tupft die Frau Doktor mit dem Metallstäbchen ein silbriges Bröckchen in das Loch – und zu ist es!

Peter hat zuletzt überhaupt nichts mehr gespürt. Da hat er sich ganz umsonst gefürchtet. „Jetzt bist du der Peter mit dem Silberstern im Zahn!", sagt die Frau Doktor zum Abschied. „Und in einem halben Jahr sehen wir einander wieder, abgemacht?" Peter nickt. „Auf Wiedersehen!", sagt er. „Bis zum nächsten blauen Kalendertag."

Lene Mayer-Skumanz

Was Ursel werden möchte

Die Mutter schickt Ursel zum Kaufmann. „Ich bekomme zwei Semmeln und eine Tafel Schokolade." „Bitte sehr, mein kleines Fräulein", sagt der Kaufmann und legt ihr die Semmeln und die Schokolade in den Einkaufskorb. Wenn Ursel groß ist, will sie ein Kaufmann werden. Da hat sie Eier und Schmalz, Butter und Salz, viele Schachteln, Gläser und Tiegel in ihrem Laden. Und über der Tür hängt eine Glocke. Klingelinglingling!

Ursel hilft der Mutter beim Kochen. Sie hat eine blaue Schürze umgebunden und rührt im großen Weitling. „Immer rechts herum, immer rechts herum", sagt die Mutter, „so, wie sich der Uhrzeiger dreht."

Wenn Ursel groß ist, will sie eine Köchin werden. Das ist lustig. Dann kocht sie wenig Spinat, aber viele Torten. Ihre Kinder werden die Torten essen und sagen: „Hmmmmm!"

Ursel ist krank. Sie hat Fieber, und der Hals tut weh. Da kommt der Herr Doktor und verschreibt ihr eine Medizin. In sieben Tagen ist Ursel wieder gesund. Wenn sie groß ist, will sie ein Arzt werden. Mit ihrem Halsweh hat sie alle angesteckt: Teddy, die Puppe Amanda und den Wurstel. Der Puppe Amanda wickelt Ursel einen Strumpf um den Hals. Den Wurstel steckt sie ins Bett; er muss schwitzen. Teddy aber ist gar schlimm daran. Er hat einen argen Schnupfen und ist außerdem die Treppe hinuntergefallen. Dabei hat er sich den linken Fuß verstaucht. Teddy muss zum Wurstel ins Bett und bekommt einen riesigen Verband. Ursel hat eine Stunde lang daran gewickelt. Nach drei Tagen sind alle wieder gesund und gehen mit Ursel spazieren.

Hilde Leiter

Die Geschichte vom Roller-Boller-Hut

Es war einmal ein runder blauer Hut. Er gehört Susi.
An windigen Tagen zieht sie ihn ganz über ihre Ohren hinunter. Der runde blaue Hut hält Susis Ohren warm.
Eines Morgens bläst der Wind sehr stark. Hui, hui! Er bläst Susi den Hut vom Kopf. Der Wind bläst Susis Hut weit hinauf in den Himmel, weit, weit hinauf. Und dann fällt der Hut tief, tief hinunter auf die Straße. Bums!

Susi läuft hin und will den Hut aufheben. Aber der Wind bläst ihn weiter. Hui, hui! treibt er Susis Hut die Straße weit, weit hinunter. Roller – boller rollt der runde blaue Hut.
Das Hündchen Minnikin sieht, wie Susi dem Hut nachjagt. „Wau, wau", bellt es und läuft tipp, tipp, tipp die Straße hinunter. Hui, hui! bläst der Wind. Roller – boller rollt der runde blaue Hut.
Frau Dingl ist gerade beim Geschirrabwaschen. Sie schaut aus dem Fenster, und sie sieht Minnikin tipp, tipp, tipp die Straße hinunterlaufen hinter dem blauen Hut her. Sie sieht Susi trapp, trapp, trapp die Straße hinunterlaufen. Sie hört den Wind, hui, hui! Und sie sieht den runden blauen Hut roller – boller die Straße hinunterrollen.

„Diesen Hut fange ich!“, ruft Frau Dingl zu Susi hinaus. Sie lässt das Geschirr im Waschbecken und läuft klipp, klipp, klipp in ihren hohen Schuhen hinter dem Hut drein.
Der Briefträger wirft gerade die Briefe in die Briefkästen. Seine Tasche ist schwer. Er bleibt stehen und rastet. Da sieht er Frau Dingl klipp, klipp, klipp die Straße herunterlaufen, hinter dem blauen Hut drein. Er hört den Wind, hui, hui! Roller – boller rollt der runde blaue Hut.
„Diesen Hut fange ich!“, ruft der Briefträger und läuft klapp, klapp, klapp in seinen schwarzen Schuhen hinterdrein.

Alle miteinander: Susi, Minnikin, Frau Dingl und der Briefträger, jagen hinter dem blauen Hut her. Kann irgendjemand den Hut fangen? Nein, niemand!
Plötzlich hat der Wind es satt, mit dem Hut zu spielen. Ganz fest hat er geblasen, als er den runden blauen Hut die Straße hinuntergeweht hat. Jetzt bläst er leiser und leiser. Bald ist er nur mehr eine kleine sanfte Brise. Der runde blaue Hut macht zum letzten Mal bums und liegt still.
Susi hebt ihn auf und setzt sich ihn auf den Kopf. Frau Dingl sagt: „Ich werde dir Bänder an deinen Hut nähen, Susi. Dann kann der Wind ihn nie mehr wegblasen.“ Und alle halten das für eine gute Idee.
Jetzt macht es Susi nichts mehr aus, wenn der Wind stark bläst. Nie wieder rollert und bollert der runde blaue Hut die Straße hinunter.

Jean Chapman

Die Geschichte vom Reisekind

Einmal wollte eine große Familie verreisen: Mutter, Vater und vier Kinder. Sie haben auf dem Bahnsteig gestanden, und alle waren sehr aufgeregt.
Am aufgeregtesten war das kleinste Kind.
Der Zug ist gekommen, und der Vater hat die Koffer genommen, die Mutter hat die Taschen genommen, und die großen Kinder haben den Korb mit den Butterbroten und das Netz mit den Orangen und die Limonadenflasche und den Fotoapparat genommen. Das kleinste Kind sollte nur seinen Teddy tragen.
Der Zug hat gehalten.
Die Leute, die angekommen waren, sind ausgestiegen. Jetzt wollte die Familie einsteigen.
Aber das kleinste Kind war nicht mehr da!
Die großen Kinder sind gleich losgerannt und haben es überall gesucht: an der Treppe und beim Zeitungsverkäufer und am Schokoladeautomaten und hinter dem Gepäckwagen und sogar unter der Bank. Nirgendwo war das kleinste Kind! Die Mutter hat alle Leute gefragt, und der Vater hat sogar den Lokomotivführer gefragt. Keiner hatte das kleinste Kind gesehen!
Da hat auf einmal jemand im Zug an die Fensterscheibe geklopft und gerufen: „Warum kommt ihr denn nicht?" Das kleinste Kind war nämlich schon längst im Zug!
Alle haben gelacht und sind schnell mit den vielen Sachen eingestiegen, und der Zug konnte endlich abfahren.

Ursula Wölfel

Die Geschichte von der Wippe

Einmal ist der Vater mit dem kleinen Mädchen auf den Spielplatz gegangen.
Da war eine Wippe, und das kleine Mädchen wollte so gern einmal mit dem Vater wippen. Es hat sich auf die eine Seite von der Wippe gesetzt, und der Vater hat sich auf die andere Seite von der Wippe gesetzt. Da war das kleine Mädchen ganz hoch oben, und der Vater war ganz unten.
„Los! Los!", hat das kleine Mädchen gerufen. Aber die Wippe konnte nicht wippen. Das kleine Mädchen war doch so leicht, und der Vater war so schwer.
Der Junge mit der roten Zipfelmütze hat sich hinter das kleine Mädchen gesetzt. Aber die Wippe konnte immer noch nicht wippen, die Kinder waren immer noch zu leicht.
Das Mädchen mit den Zöpfen hat sich hinter den Jungen mit der roten Zipfelmütze gesetzt. Aber die Wippe konnte immer noch nicht wippen, die Kinder waren immer noch zu leicht.
Der Junge mit der langen blauen Hose hat sich hinter das Mädchen mit den Zöpfen gesetzt. Aber die Wippe konnte immer noch nicht wippen, die Kinder waren immer noch zu leicht.
Da hat das kleine Mädchen seinen Teddy auf den Schoß genommen – und auf einmal war der Vater ganz hoch oben, und alle Kinder waren unten! Jetzt konnte die Wippe endlich wippen: auf und ab und auf und ab, und alle haben gelacht.

Ursula Wölfel

Sieben Mützen braucht ein Kasper

Kasper Mütze hat sieben Mützen:
Die erste ist himmelhoch-blau. „Die himmelhoch-blaue“, sagt Kasper Mütze, „die brauche ich zum Denken. Zum Beispiel wenn ich eine Idee suche, wie ich den Riesen Wirrwarr foppen, besiegen oder verwirren soll. Ich setze sie dann auf meinen Kopf und schwipp! weiß ich's.“
Die zweite Mütze ist quietsch-gelb. „Die quietsch-gelbe“, sagt Kasper, „die setze ich auf aus Freude, und zwar aus Freude, wenn ich eine Idee gefunden habe. Dann setze ich sie auf meinen Kopf und tanze herum.“
Dann hat er eine rot-rot-rote. Die rot-rot-rote Mütze setzt er auf, wenn ihm ein Unfug gelungen ist. Wenn er beispielsweise dem Riesen Wirrwarr einen Streich gespielt hat, oder ihn besiegt, gefoppt oder an der Nase herumgeführt hat. Oder er setzt sie auch auf, wenn ein gewöhnlicher, einfacher, großer Freudentag ist. Geburtstag zum Beispiel. Kuchentag. Puddingspeisen-Tag und so weiter.
Die vierte Mütze ist waldemar-grün. „Die waldemar-grüne ist meine Tarnkappe“, sagt Kasper Mütze, „weil nämlich – wenn ich Blaubeeren suchen gehe und setze meine waldemar-grüne Tarnkappen-Mütze auf, dann kann der Riese Wirrwarr mich im Blaubeerwald von oben nicht sehen.“
Und dann die fünfte Mütze ist baby-rosa. Die setzt er auf, wenn der eine Oma-Tag ist. Wenn er nämlich seine gute Oma Schlüter besuchen geht. Denn Oma Schlüter kocht für ihn Vanille-Erdbeer-Schoko-Pudding. Bäckt für ihn Mohnkuchen und strickt ihm neue Mützen, weil er immer wieder eine verliert.
Aber wenn der andere Oma-Tag ist, setzt er die kralle-feuer-orangene auf. Denn wie jeder Kaspermensch hat Kasper Mütze zwei nützliche Omas: die gute Oma Schlüter für den Kuchen und die wilde Oma Heinemann für den Unfug. Die wilde Oma Heinemann ist wirklich wild. Sie hat ein Motorrad, trägt verrückte Kleider und fürchtet sich vor nichts und keinem. Sie kann einen Handstand, einen Klimmzug, und wenn der Feuerdrache sie sieht, ergreift er die Flucht. Beide Omas sind Kasper Mützes Lieblingsomas, denn ein Kasper braucht beide Sorten. Klar.
Kasper Mützes siebte Mütze ist eine schwarze. „Die brauche ich für Trauertage“, sagt Kasper Mütze. „Zum Beispiel: ich habe eine Mark verloren. Oder ich habe Bauchweh. Oder meine Freundin Luzie kommt nicht. Oder ein gewöhnlicher, einfacher Trauertag ist da.“ Dann zieht er die schwarze Mütze über die Ohren und über die Augen – und weg ist er. So ist das mit Kasper Mütze.

Janosch

Der Unsinnsonntag

An einem Sonntagmorgen hatten ein Junge und ein Mädchen ganz große Lust, Unsinn zu machen. Sie fingen damit an, als sie noch im Bett lagen. Mit ihren Bettkissen bauten sie sich ein Haus. Ein Hundehaus sollte das sein, und sie spielten dann Hund.

Als die Mutter ins Zimmer kam und zu ihnen sagte: „Guten Morgen, ihr beiden“, da antworteten sie so wie Hunde. Sie bellten „wau, wau“.

Sie krochen über den Flur in das Bad, und in dem Badezimmer, da bellten sie auch. Sie bellten so lange, bis der Vater ganz laut an die Tür klopfte. Er sagte: „Der Kaffeetisch ist gedeckt.“

Da jaulten die Hunde im Bad. Sie jaulten vor Freude, weil sie wussten, dass es heute, Sonntag, schon morgens Kirschtorte gab. Aber als die beiden ins Zimmer kamen, war der Tisch nur für den Vater und für die Mutter gedeckt. Für den Jungen und das Mädchen standen zwei Hundeteller neben dem Tisch auf der Erde. Darauf lag keine Kirschtorte, nein! Auf dem einen Teller lag ein Knochen und auf dem anderen eine Wurstpelle, ein Frühstück, wie Hunde es mögen. Aber die Kinder wollten jetzt Kirschtorte! Jetzt wollten sie keine Hunde mehr sein, und sie sagten das auch.

Da lachten der Vater und die Mutter, und als die Kinder Kirschtorte bekamen, lachten sie auch.

Nach dem Essen machten die Kinder dann anderen Unsinn. Der Vater machte auch mit, und am Abend sagte die Mutter: „Das war ja heute ein richtiger Unsinnsonntag!“

Elisabeth Stiemert

Federlos

Der Vater sagt: „Heute ist es bitter kalt. Kinder, streut den armen Vögeln Futter!"
Die Kinder sagen: „Ja."
Nachher vergessen sie es doch. So ging es oft. Einmal im Frühjahr fanden die Kinder einen kleinen Sperling, der aus dem Nest gefallen war. Sie hoben ihn auf und fühlten sein kleines Herz in ihrer Hand schlagen. Er hatte kleine, winzige Federchen, noch gar keine richtigen Federn. Er war noch halb nackt.
„O du lieber, drolliger, kleiner Federlos!", sagten die Kinder zu dem kleinen Vogel. Da behielt er den Namen Federlos.
Federlos bekam in einer Schachtel ein weiches Bett. Er wurde gehegt und gepflegt. Er hatte immer Hunger. Er bekam von allem die besten Leckerbissen.
Federlos wurde groß. Sein Federkleid wurde immer dichter.
Federlos hüpfte aus seiner Schachtel heraus und flatterte auf Stuhl und Tisch und Schrank. Da machten die Kinder ängstlich die Fenster zu. Der Vater sagte: „Ja, Kinder, lasst ihn noch nicht fliegen! Er ist noch zu ungeschickt. Eine Katze könnte ihn noch zu leicht kriegen." Da wussten die Kinder: Wenn er größer ist, müssen wir ihn fliegen lassen. Sie stellten sich manchrnal vor sein kleines Bett und sagten: „Federlos, lieber Federlos, werd nicht so schnell groß!"
Aber zuletzt war Federlos doch so groß und mutig wie irgendein Spatz auf der Straße. Da flog er weg.
Die Kinder glaubten später oft, sie hätten ihn wieder gesehen, mitten unter einem großen Spatzenvolk oder allein oben auf einem Baum. Als es wieder kalt und Winter wurde, musste der Vater nie mahnen: „Streut Futter!" Die Kinder vergessen es nie. Sie meinen immer, ihr Federlos kann unter den kleinen hungrigen Bettlern sein.

Irmgard von Faber du Faur

Wenn das Kind mit seinen Betreuern in Konflikt gerät,...

können Geschichten Orientierungshilfe für erwünschtes Verhalten sein.

Der Selbstbestimmungswille erwacht

Im Zusammenhang mit dem für etwa Dreijährige charakteristischen Fortschritt in der Fantasieentwicklung – das Kind erinnert sich an manches, das weiter zurückliegt, der Vergangenheit angehört, und beschäftigt sich mit allerlei, das in nächster Zeit, also zukünftig, sein kann – werden Kinder dieses Alters fähig zu planen; sie versuchen durchzusetzen, zu verwirklichen, was sie sich ausgedacht haben. Dabei entdecken sie, dass sie wollen können, einen eigenen Willen haben.

Das Kind entwickelt „eigene Programme"

War das Kind bisher leicht lenkbar, verrät es nun durch ein oft sehr energisch ausgesprochenes „Nein", dass es sich dem Wunsch, der Anordnung des Erwachsenen nicht fügen will, weil es sein eigenes „Programm" hat, das es nach seinem Sinn durchzuführen gedenkt. Allzu leicht ist man geneigt, dieses Nein, das widerstrebende Verhalten des Kindes abwertend als Ausdruck der Eigenwilligkeit und Eigensinnigkeit zu deuten, statt darin die Anfänge einer neuen Fäbigkeit, einen Fortschritt in der Persönlichkeitsentfaltung zu erkennen. Will man diese fördern, darf man den erwachenden Selbstbestimmungswillen nicht unterdrücken, sondern muss es dem Kind gewähren, sein Wollen-Können zu erproben. Die größten Chancen hiefür bieten sich im Spiel.

Beim Durchsetzen eigener Programme kommt es zu Konflikten

Da das Kind aber nicht nur beim Spiel, sondern auch bei anderen Gelegenheiten versucht, sein Wollen durchzusetzen und zu erproben, gerät es sogar mit seinen liebsten Betreuern in mancherlei Konflikte, wenn diese mit Recht die Einhaltung der gewohnten Ordnungen und Gepflogenheiten verlangen. Selbst um den Preis einer vorübergehenden Verstimmung des Kindes darf ihm nicht erlaubt werden, den Tagesplan – die Zeiten des Aufstehens, Essens, Schlafengehens – nach seinem Willen abzuändern, die guten Gewohnheiten – das Händewaschen vor dem Essen, das Aufräumen der Spielsachen – aufzugeben. Dies zu erreichen, bedarf es freundlicher Festigkeit, großer Geduld und mancher das Kind ablenkender Einfälle.

Geschichten und Verse, die Konflikte des kindlichen Alltags zum Inhalt haben, helfen, Konfliktlösungen zu finden

Geschichten und Reimereien, die Konflikte des kindlichen Alltags zum Inhalt haben, eignen sich im Besonderen, Konfliktlösungen anzubahnen. So hören Kinder dieses Alters mit Interesse und Vergnügen von einem anderen Kind, das sich gleich ihnen nicht gern waschen lässt, morgens schläfrig ist und nicht in seine Kleider findet, weil es tags zuvor nicht rechtzeitig zu Bett ging.
Etwa Dreijährige haben aber auch bereits ihren Spaß daran, Konsequenzen eines unvernünftigen, eigenwilligen Verhaltens in Übertreibungen vor Augen geführt zu bekommen, wie dies in der Geschichte „Bitte!" der Fall ist. Eine ablenkende, beruhigende und damit heilsame Wirkung haben auch Verse wie „Genug vom Weinen".

Durch Geschichten solchen Inhalts können den Kindern in der beruhigten Atmosphäre des Erzählens die Folgen unerwünschten Verhaltens vor Augen geführt werden. Sie zeigen ihnen Auswege aus Konfliktsituationen, die zu finden sie selbst nicht imstande sind, weisen den kleinen Zuhörern einen Weg, das Gute liebens- und erstrebenswert zu machen, und tragen dazu bei, das Einvernehmen zwischen Kind und Betreuer wieder herzustellen.

Händewaschen

Händewaschen?
Muss wohl sein.
Seh ich ein.
Dreck muss weg.
Aber manchmal ist ein Tag,
wo man nicht mag.
Da will man noch eine Weile
das Glitzern an den Händen haben
vom Sandtunnelgraben.
Oder Farbe vom Malen und so.
Man kommt heim und ist froh.
Da schreit einer:
„Wasch dir die Pfoten!"
So was gehört verboten.

Friedl Hofbauer

Nikl will sich nicht waschen lassen

Nikl spielt gern. Nikl isst gern. Nikl geht gern spazieren. Aber Nikl lässt sich nicht gern waschen. Nein, das mag Nikl nicht.
An jedem Abend füllt die Mutter warmes Wasser in die Badewanne. Sie stellt Nikl hinein, seift ihn ein und wäscht ihn. Einmal denkt Nikl: Heute lasse ich mich nicht waschen. Ich laufe einfach weg und verstecke mich. Die Mutter füllt das warme Wasser in die Badewanne und holt die Seife.
Nikl läuft weg und versteckt sich im Bett. Da kommt die Mutter. Sie ruft: „Nikl, wo bist du?“ Aber Nikl rührt sich nicht. Da fragt die Mutter die Badewanne: „Hast du Nikl gesehen?“ Aber die Badewanne hat ihn nicht gesehen. Da fragt die Mutter den Tisch und die Sessel: „Habt ihr Nikl gesehen?“ Aber Tisch und Sessel haben ihn nicht gesehen. Da fragt die Mutter den Kachelofen: „Guter alter Kachelofen, hast du Nikl gesehen?“ Aber der gute alte Kachelofen hat ihn nicht gesehen. Da fragt die Mutter das Bett: „Sag, weiches, warmes Bett, hast du Nikl gesehen?“ Aber das weiche, warme Bett sagt gar nichts. Es will Nikl nicht verraten.
So setzt sich Mutter allein zum Abendessen an den Tisch. Es gibt Brot, Butter, Käse und Milch. Dann legt sie sich ins Bett. „Quiek!“, macht das Bett. „Was soll das?“, fragt die Mutter. „Auweh!“, schreit das Bett. „Warum schreist du?“, fragt die Mutter. Aber das Bett hat gar nicht geschrien; es war der kleine Nikl. Da muss die Mutter lachen. „Komm nur, Nikl“, sagt sie und holt ihn aus dem Bett. „Nun wirst du gewaschen. Aber warmes Wasser hab ich nicht mehr.“
Sie steckt Nikl in die Badewanne. „Hu!“, schreit Nikl. „Mir ist kalt!“ Aber die Mutter lacht nur, seift ihn ein und wäscht ihn. Nachher bekommt Nikl sein Abendessen: Brot, Butter, Käse und Milch. Nikl ist wieder zufrieden.

Helmut Leiter

In der Früh

Augen reiben,
dreimal gähnen,
noch einmal
zurück sich lehnen,
Arme recken,
Beine strecken,
guten Morgen,
raus!

Josephine Hirsch

Nikl zieht sich an

Die Mutter sagt: „Nikl, geh schlafen!“ „Gleich, Mutter, gleich. Ich muss nur noch das Haus fertigbauen.“ „Nikl! Schlafen gehen!“ „Gleich, Mutter, gleich. Ich muss noch ein Dach aufs Haus setzen.“ „Nikl, du sollst schlafen gehen!“ „Gleich, Mutter, gleich. Ich muss noch eine Fahne aufs Dach stecken.“ Endlich ist Nikl schlafen gegangen. Es ist schon recht spät gewesen.
Am nächsten Morgen ruft die Mutter: „Nikl! Aufstehen!“ Uah! Nikl dreht sich im Bett auf die andere Seite. „Nikl! Die Sonne scheint!“ Uah! Nikl ist noch so schläfrig. Er ist am Abend zu lange aufgeblieben. „Nikl! Heraus aus dem Bett!“ Uah! Nikl streckt sich und reckt sich. Dann setzt er sich auf den Bettrand. Die Augen wollen gar nicht aufgehen. Nikl lässt die Augen zu und zieht sich an. Er zieht das Hemd an, er zieht die Hose an, er zieht die Jacke an. Dann blinzelt er ein wenig und geht mit bloßen Füßen die Treppe hinunter. Aber die Hose will heute nicht halten. Immerfort rutscht sie über die Knie.
Nikl kommt zur Mutter. „Ich bin schon da!“, sagt er und reibt sich die verschlafenen Augen. „Nikl!“, ruft die Mutter und schlägt die Hände zusammen. „Nikl! Wie hast du dich angezogen? Statt der Hose die Jacke, statt der Jacke die Hose! Und das Hemd ist verkehrt! Oh, Nikl! Du bist eine rechte Schlafmütze!“
Aber dann zieht sie Nikl wieder aus und wäscht ihn mit frischem Wasser. Da wird Nikl ganz munter. Er zieht nun alles richtig an: das Hemd, die Hose und die Jacke.

Helmut Leiter

Steffi stößt ihren Becher um

Steffi sitzt beim Abendessen. Neben ihrem Teller steht ein Becher mit Himbeersaft. Steffi mag Himbeersaft gern. „Hier hast du einen schönen großen Apfel", sagt die Mutter. „Der Apfel ist ein Auto", sagt Steffi. „Brummm", macht sie, „brummm", und fährt mit dem Apfel über den Tisch.
„Vorsicht!", sagt der Vater. „Lass das lieber." Steffi fährt weiter mit dem Apfel über den Tisch, brummm, brummm. Da rutscht ihr der Apfel aus der Hand! Er rollt gegen den Becher. Der Becher kippt um, und der Himbeersaft fließt über Vaters Hose.
Der Vater springt auf. „Siehst du!", schimpft er. „Jetzt ist meine neue Hose schmutzig! Ich habe doch gesagt, du sollst das lassen."
Steffi mag nicht, wenn der Vater böse ist. Sie mag nicht ausgeschimpft werden. Sie läuft zur Mutter und weint. „Wein doch nicht. Es ist ja halb so schlimm", sagt die Mutter. „Die Hose kommt in die Waschmaschine. Dann wird sie wieder sauber."
Auch der Vater sieht nicht mehr ärgerlich aus. „Komm, Steffi, setz dich wieder hin", sagt er. „Nächstes Mal passt du besser auf."
Da ist Steffi froh. Sie weint nicht mehr. Sie setzt sich auf ihren Stuhl und isst weiter. „Ich möchte Saft haben", sagt sie. Aber die Saftflasche ist leer.
Morgen muss die Mutter eine neue Flasche Himbeersaft kaufen. Heute kann Steffi keinen Saft mehr trinken.

Irina Korschunow

Was die Waschmaschine sagt

Wischiwaschi,
Wäsche waschen,
wischiwaschi wumm.
Oben waschen,
unten waschen,
rundherum.
Hemden waschen, Hosen waschen,
Tischtuch mit den Rosen waschen,
wischiwaschi,
Wäsche waschen,
wischiwaschi wumm.
Und die vielen Hosentaschen
drehn wir um.
Wischiwaschi,
Wäsche waschen,
wischiwaschi,
Wäsche waschen,
Wäsche waschen,
wischiwaschi, wumm.

Friedl Hofbauer

Steffi will Wäsche waschen

Mutter hat eine neue Waschmaschine. Eine Waschmaschine mit einem großen runden Guckfenster. Die Waschmaschine steht in der Küche. Die Mutter macht das Guckfenster auf und stopft Hemden und Blusen hinein. Dann macht sie das Fenster wieder zu. „Mal sehen, ob die neue Waschmaschine gut wäscht!“, sagt sie.
Die Waschmaschine fängt an zu rumpeln. Rumpelrumpel, macht sie, rumpelrumpel. Das Wasser blubbert. Die Wäsche schwappt hin und her.
Steffi hockt mit Muckel Schlappohr vor dem Fenster und guckt zu. „Ich muss mal telefonieren“, sagt die Mutter. Sie geht ins Wohnzimmer. Steffi bleibt allein in der Küche. Da sieht sie auf dem Fußboden einen gelben Waschlappen liegen. „Den hat Mama vergessen“, sagt sie zu Muckel Schlappohr. „Den stecken wir jetzt rein.“
Steffi macht das runde Guckfenster auf. Platsch, kommt Wasser herausgeschossen.

Viel, viel Wasser. Immer mehr Wasser. „Mama!", schreit Steffi. „Mama! Mama!" Da ist die Mutter schon! Sie stellt die Waschmaschine ab, sie klappt das Guckfenster zu und setzt Steffi auf den Tisch.
„Was tust du bloß immer!", schimpft sie. „Keine Minute kann man dich allein lassen!"
Steffi sitzt auf dem Tisch und weint. Sie ist pitschnass. Muckel Schlappohr ist pitschnass. Die Küche ist pitschnass. Und die Mutter macht ein böses Gesicht. Sie fängt an, den Fußboden trockenzuwischen. Sie sieht Steffi nicht an.
Nach einer Weile klettert Steffi vom Tisch herunter. „Ich will dir helfen, Mama", sagt sie. Steffi nimmt einen Lappen und hockt sich neben die Mutter. Da lacht die Mutter wieder und sagt: „Na, so was passiert uns nicht noch einmal."

Irina Korschunow

Steffi sucht ihre Mutter

Steffi und die Mutter kommen vom Einkaufen. Auf der Straße sind viele Leute. Alle haben es eilig. Steffis Mutter hat es auch eilig. „Nicht trödeln, Steffi", sagt sie. „Der Papa wartet auf uns." Aber Steffi möchte sich das Spielzeug im Schaufenster ansehen. „Da sind Puppen!", sagt sie. „Und Teddys." „Wir haben keine Zeit", sagt die Mutter. „Das gucken wir uns ein andermal an."
Da lässt Steffi die Hand der Mutter los. Sie läuft zum Schaufenster. So viele Puppen! Sogar eine Babypuppe mit einem Schnuller ist dabei. Und neben ihr sitzt ein weißer Teddybär. „Kann ich den weißen Teddy haben?", fragt Steffi. Doch die Mutter ist nicht mehr da. Sie ist verschwunden. „Mama!", ruft Steffi. „Mama!" Niemand antwortet.
Steffi sieht lauter fremde Gesichter. Steffi läuft die Straße entlang. Sie läuft zwischen den vielen Leuten umher. „Mama!", ruft sie. „Mama!" „Hast du deine Mama verloren?", fragt eine Frau. Sie beugt sich zu Steffi hinunter. Steffi kennt die Frau nicht. Sie dreht sich um und läuft weg. Sie läuft zu dem Schaufenster mit dem weißen Teddy zurück. „Mama!", ruft Steffi noch einmal. Und plötzlich steht die Mutter wieder vor ihr! Sie nimmt Steffi in die Arme. „Wo warst du denn nur?", fragt sie. „Ich habe dich überall gesucht. Ich bin so froh, dass du wieder da bist." Steffi ist auch froh. Sie fasst die Mutter ganz fest bei der Hand, und sie gehen zusammen nach Hause.

Irina Korschunow

Sanni erlebt einen schlimmen Tag

Wenn Sanni morgens aufwacht, freut sie sich auf den neuen Tag. Aber heute ärgert sie sich. Unfreundlich ruft sie: „Komm doch endlich, Mama!"

„Ich will mein gelbes Sommerkleid anziehen und nicht die olle Hose!", mault Sanni. Sie ärgert sich, dass es heute kühl ist und regnet und sie sich warm anziehen soll.

Sanni und ihre Mama gehen einkaufen. Sanni rennt allein über die Straße, ohne nach links und nach rechts zu gucken. Fast hätte ein Radfahrer sie umgefahren. Sanni schreit laut, weil sie einen Schreck bekommen hat. Noch mehr schreit sie, weil Mama sie nun ganz fest an der Hand hält. Alle Leute gucken sich nach dem Schreihals um.

Auch das Mittagessen schmeckt Sanni nicht wie sonst. Sie wackelt auf dem Stuhl herum. In ihrer Erbsensuppe rührt sie so wild herum, dass viele Erbsen runterrollen. Als Papa und Mama wegsehen, spuckt Sanni zwei Kirschkerne einfach auf den Teppich. Nachher muss Sanni die Erbsen und die Kirschkerne wieder aufsammeln.

Beim Spaziergang im Wald will Sanni auf einem langen Baumstamm balancieren. Mama reicht Sanni die Hand, denn der Baumstamm ist vom Regen rutschig, aber Sanni stößt die Hand weg. Sie balanciert allein.

Plötzlich rutscht sie mit einem Fuß ab und schlägt mit dem Knie auf das harte Holz. Es tut sehr weh, aber Sanni weint nicht. Zu Hause bekommt das Knie ein Pflaster und die kaputte Hose ein Lederherz.

Abends hopst Sanni auf dem Sofa herum und springt von den Sesseln. Sie möchte Papa und Mama damit ärgern. Die Eltern sehen erstaunt auf ihre Sanni, die ihnen sonst meistens Freude macht.

Sie sagen: „Komm, wir spielen mit dir Bilderlotto!" „Au ja", ruft Sanni. Aber heute muss Sanni länger auf ihre Kärtchen warten als sonst. Wütend schreit sie: „Ich spiele nicht mehr mit euch, ihr schummelt ja!" und wirft alle Bilder in die Luft. „Du kannst in deinem Zimmer weitertoben!", sagt Mama und bringt Sanni ins Kinderzimmer. Dort schreit Sanni und stößt mit den Füßen gegen die Tür.

Sanni ist sehr müde und sehr traurig darüber, dass sie heute so grantig und so trotzig war. Leise macht sie die Tür auf und guckt, ob ihre Eltern ein böses Gesicht machen.

Papa zwinkert mit den Augen, und Mama nimmt Sanni in die Arme. Sanni weint und weint. Es ist so schön, zu weinen und getröstet zu werden. „Das war ein schlimmer Tag für dich!", sagt Mama. „Auch Erwachsene haben manchmal schlechte Tage." Nun ist alles wieder gut.

Gabriele Kirchhoff

Genug vom Weinen

Genug! Genug vom Weinen!
Die Sonn' wird wieder scheinen,
die Glocken werden klingen,
die Vögel werden singen,
die Enten werden schnattern,
die Hühner werden gackern,
der Hahn wird wieder schrein,
und du wirst wieder lustig sein!

Volksgut

Vom Männchen, das immer brüllte

Eines Abends klopfte es spät abends an die Tür vom Jägerhaus. Der Jäger machte auf, und ein kleines Männchen mit einem langen grünen Bart und einem roten und einem gelben Auge stand vor der Tür. Der Jäger fragte: „Was willst du?“ Da antwortete das Männchen: „Ich bin jetzt hundert Jahre in der Welt herumgelaufen, und nun will ich mir hier ein Haus bauen.“ Da sagte der Jäger: „Hier wohnen schon so viele Rehe und Hasen, da kannst du nicht auch noch hier wohnen.“
„Ach“, sagte das Männchen, „ich brauche nicht viel Platz. Nur jeden Abend brülle ich ein bisschen.“ Da lachte der Jäger und erlaubte dem Männchen, in den Wald zu ziehen.
Das Männchen freute sich. Gleich ging es in den Wald und hat ein bisschen gebrüllt. Und dann hat es jede Nacht gebrüllt, so furchtbar gebrüllt, dass die Vögel von den Bäumen gefallen sind und die Leute im Dorf nicht mehr schlafen konnten.
Und immer schlimmer hat es gebrüllt, dass die Nadeln von den Tannen gefallen und dass die Sterne geplatzt sind. Da ist der Jäger eines Abends in den Wald gegangen und hat das Männchen gesucht. Als er es gefunden hatte, wollte es gerade wieder anfangen mit dem Brüllen. „Guten Abend, Jäger“, sagte es. „Kann ich nicht schön brüllen?“ „Was?“, sagte der Jäger. „Ich habe so ein bisschen piepen gehört und miauen. Das war doch kein Brüllen.“
Da bekam das Männchen eine schreckliche Wut und sagte: „Soll ich dir mal was vorbrüllen?“ Da hat das Männchen aus Leibeskräften gebrüllt und sechs dicke Bäume umgebrüllt. Dann hat es gefragt: „Nun, Jäger, kann ich brüllen?“ „Ach was“, sagte der Jäger, „das war gar nichts. So gut kann es unsere alte Katze auch.“ Das Männchen wurde ganz blau vor lauter Wut und brüllte noch viel lauter. Dann fragte es: „Das war aber gebrüllt, was?“ Aber der Jäger lachte und sagte: „Das war gar nichts. So gut bellt unser alter Hund auch.“ Da wurde das Männchen gelb vor Wut. Es wollte noch lauter brüllen und holte Luft und immer mehr Luft, bis es ganz rot im Gesicht war. Es blies sich auf, dick und immer dicker, weil es ganz furchtbar brüllen wollte, und – peng, da ist es geplatzt.

Unbekannter Verfasser

Ursi zieht um

Es war einmal ein Mädchen, das Ursi hieß. Sie hatte drei Brüder: Lukas, Stefan und Thomas. Lukas war acht Jahre alt, Stefan zehn, und Thomas, der größere Bruder, war sogar schon zwölf. Und alle fanden sie, Ursi sei einfach zu klein.

Dauernd sagten sie zu ihr: „Das kannst du nicht, Ursi!“ oder: „Dafür musst du größer sein, Ursi.“ Oder: „Ursi, nimm die Finger weg, du machst das gleich kaputt.“ Eines Tages goss Ursi Limonade in Lukas' Aquarium, weil der Goldfisch so durstig aussah. Dann malte sie mit einem rosa Filzstift eine Blume auf das T-Shirt von Stefan, weil es dadurch viel schöner wurde. Und sie schnitt vorsichtig alle Stacheln von dem Kaktus ab, der Thomas gehörte. Damit er sich nicht mehr stechen konnte. Das war ihm nämlich gerade passiert.
Danach saß Ursi ganz allein im Garten. Ihre drei Brüder waren auf sie so böse geworden, dass sie weinen musste. Und Thomas hatte sogar „Mistfratz“ gesagt. Dann stand Ursi plötzlich auf und wischte sich die Tränen ab. Sie ging in die Küche, nahm die Einkaufstasche ihrer Mutter und sagte: „Ich glaube, ich will woanders wohnen.“ „Oh“, sagte ihre Mutter, „wo willst du denn hin?“ „Ich glaube, ich will im Sandkasten wohnen“, sagte Ursi. „Ich packe mir gleich diesen Koffer.“ Sie kletterte die Treppe hinauf in ihr Zimmer und kam mit einer vollen Tasche zurück. Darin waren: Bär, Onkel Ben, der Plüschelefant, Schönkind, die Puppe, und Juffie, die Maus. Die war am kleinsten. „Keiner von ihnen wollte hierbleiben“, sagte Ursi. „Das kann ich mir vorstellen“, sagte ihre Mutter. „Sie mögen dich.“
Ursi wohnte nun schon den ganzen Nachmittag in ihrer Sandkastenwohnung. Die Sonne schien ganz wunderbar durch die Sandfensterscheiben. Sie backten Sandkartoffeln und aßen Sandeis. Sie erzählten einander Geschichten, bis Ursi sagte: „Und jetzt fällt uns nichts mehr ein.“ So war das auch, denn keiner sagte mehr was. Eine ganze Weile lang. Im Haus sang ihre Mutter ein Lied ... Auf einmal stand Ursi auf, packte ihre Sachen in den Koffer und sagte: „Und jetzt spielen wir, dass wir wieder bei der Lieder-sing-Frau wohnen...“

Annemie Heymans

Sanni und ihr Brüderchen

Eines Tages bekommt Sanni ein Brüderchen. Es hat winzige Händchen, Füßchen und Öhrchen. Sanni staunt. Sie streichelt den Kleinen und spricht leise zu ihm: „Schlaf nicht immer, Pummelchen – spiel doch mit mir!“ Aber Pummelchen schläft weiter. „Bitte wach auf!“, ruft Sanni, „ich sag dir auch was Lustiges: Pummelchen – Mummelchen – Hummelchen!“ Der Kleine hebt seine Fäustchen hoch, er gähnt und – schläft weiter.

Sanni hilft ihrer Mama: Sie holt das Milchfläschchen und legt die Windel auf den Wickeltisch. Sie cremt Pummelchen mit viel Salbe dick ein und pudert so lange, bis auch Pummelchens Beinchen ganz weiß aussehen. Sie schiebt den Kinderwagen.

Pummelchen wird größer und größer und größer ... Es freut sich, wenn Sanni mit ihm spielt. Dann lacht es und zappelt und patscht seiner Schwester ins Gesicht. Alle Leute haben Pummelchen gern, weil es so klein und so rund und so rosig und so lustig ist. Sie lachen sogar, wenn Pummelchen seinen Brei nicht essen will und ihn Mama ins Gesicht spuckt.

Am liebsten sitzt Pummelchen auf Mamas Schoß. Es nimmt Mamas Gesicht zwischen seine Händchen und stupst seine Nase an Mamas Nase. Da lacht Mama.

Sanni wird auf einmal wütend auf ihr Brüderchen. Als Pummelchen gebadet wird, reißt Sanni ihm seine Badeente weg und zwickt ihn in den Popo.

Pummelchen schreit. Mama macht ein verwundertes Gesicht. Sanni läuft weg und holt sich ein Fotoalbum. Sie guckt sich all die Bilder von früher an, als sie noch klein war wie Pummelchen und als sie noch von ihrer Mama gefüttert und gewickelt wurde. Immer wieder guckt sie sich diese Bilder an.
Als Pummelchen schon schläft, nimmt Mama Sanni auf den Schoß und fragt: „Bist du traurig?“ „Ich will auch gefüttert werden von dir, ich will auch Windeln anhaben und im Wagen gefahren werden!“, sagt Sanni. „Hattest du mich mehr lieb, als ich noch ganz klein war, Mama?“ „Meine Sanni“, sagt Mama, „du weißt, wie lieb ich dich habe, jetzt und früher und alle Tage, die noch kommen. Denk mal, was wir beide alles zusammen tun: Wir erzählen uns Geschichten, wir malen und wir singen. Wir spielen Schule und Memory, wir fahren Schlitten, du sagst mir, wenn du Angst im Dunklen hast, wenn du dich auf deinen Geburtstag freust und wenn du traurig bist – wie jetzt! Pummelchen kann das alles noch nicht – aber lieb haben kann es schon.“ „Armes Pummelchen! Aber du wirst ja auch bald größer!“, sagt Sanni. „Spielst du mit mir, ich wäre noch dein Baby, Mama?“ „Gut, das spielen wir.“ Sanni gibt ihrer Mama einen Kuss und lacht.
Vor dem Einschlafen geht Sanni noch einmal ans Bettchen, in dem ihr Brüderchen rund und rosig und friedlich schläft. Sie legt ihm seine Badeente auf die Bettdecke.

Gabriele Kirchhoff

Mutters große Hilfe

„Jan!“ „Ja, Mutter?“ „Jan, läufst du schnell mal für mich in den Laden?“ „Ich, Mutter?“ „Ja, du, Jan. Ich brauche zwei Pfund Zucker. Hier auf dem Tisch liegt das Geld.“„Gut, Mutter.“

Jan spielte gerade so schön im Garten. Er hatte sich Pfeil und Bogen gemacht. Er schoss nach einem Baumstamm. Einmal musste er ihn doch treffen! Er schoss. Vorbei. Noch mal! Vorbei. Und das war so spannend, dass er Mutters Auftrag ganz vergaß. Mutter seufzte. Dann holte sie selbst den Zucker. Das geschah am Morgen.

„Jan!“ „Ja, Mutter?“ „Jan, holst du mir schnell mal Kohlen herauf?“ „Ich, Mutter?“ „Ja, du, Jan. Der Ofen geht sonst aus.“ „Gut, Mutter.“

Jan spielte gerade mit seinen Murmeln. Er hatte ein Loch in die Erde gemacht. Da musste er erst all die runden Kugeln hineinbringen. Und das war so spannend, dass er darüber Mutters Auftrag ganz vergaß. Mutter seufzte. Und dann holte sie die Kohlen selbst herauf. Das geschah zu Mittag.

„Jan!“ „Ja, Mutter?“ „Willst du nicht mit dem Brüderchen spielen?“ „Ich, Mutter?“ „Ja, du, Jan. Ich muss waschen. Dabei kann ich es nicht brauchen. Pass aber gut auf, hörst du?“ „Gut, Mutter.“

Aber Jan blätterte gerade in einem Mickymausheft. Die vielen kleinen bunten Bilder waren so lustig und spannend, dass er darüber das Brüderchen ganz vergaß. Brüderchen kroch durchs Zimmer. Es erwischte Mutters Strickzeug und zog eine Nadel nach der anderen heraus. Dann zog es am Tischtuch. Die Vase mit den Blumen fiel um, und das Tischtuch tropfte. Und dann . . ., dann schlief Brüderchen ein, den Kopf auf dem Schemel, mitten in dem Durcheinander, das seine kleinen Finger angerichtet hatten. Dann kam Mutter ins Zimmer. Sie seufzte sehr tief und sehr ärgerlich und begann Ordnung zu machen. Das geschah am Abend. Aber an diesem Abend geschah noch etwas. Und das war so wunderlich, dass Jan es nie mehr vergaß. „Mutter?“ „Was ist denn, Jan?“ „Mutter, ich möchte ein Butterbrot.“ „Du, Jan?“ „Ja, ich, Mutter. Kann ich ein Butterbrot bekommen? Ich habe solchen Hunger!“ „Gut, Jan.“ Aber Mutter blieb sitzen und nähte weiter. Sie nähte so eifrig, dass sie darüber Jans Bitte wohl ganz vergessen hatte. Es dauerte so lange! Jan seufzte. „Mutter?“ „Was ist denn, Jan?“ „Mutter, bekomm ich jetzt mein Butterbrot?“ „Du, Jan?“ „Ja, Mutter. Mein Magen ist so leer. Gibst du mir eins?“ „Gut, Jan.“ Mutter nähte weiter. Und Jan saß und wartete. Es dauerte so lange! Jan seufzte immer tiefer. „Mutter!“ „Was ist denn, Jan?“ „Mutter, essen wir denn nun endlich? Ich habe solchen Hunger!“ „Gut, Jan. Geh nur schon nach oben. Ich bring dir dann das Butterbrot.“ Jan ging nach oben. Er zog sich langsam aus. Da lag er und wartete. Die Mutter kam und kam nicht.

 Es war ganz still im Haus. Der Wind spielte vor dem Fenster. Und es wurde schon so dunkel ... „Jan, Mutter hat dich vergessen – vergessen", flüsterte der Wind. Da wurde es ganz dunkel, ganz traurig in Jans kleinem Herzen; eine Weile lag er da und weinte, aber Mutter kam nicht. Er rief sie, erst leise, dann immer lauter, aber Mutter hörte nicht.

Und dann konnte Jan es nicht mehr aushalten, er sprang aus dem Bett und schlich leise wie auf Katzenpfoten die Treppe hinunter. Vorsichtig guckte er durchs Schlüsselloch in die Küche. Die Lampe brannte. Der Tisch war gedeckt. Mutter saß und wartete. Worauf wartete sie wohl? „Mutter", jammerte Jan, „hast du mich denn ganz vergessen?" Mutter nahm ihren kleinen Jungen auf den Schoß. „Ich habe dich nicht vergessen", sagte sie leise. „Ich habe hier gesessen und auf dich gewartet. Du solltest einmal etwas lernen." „Lernen, Mutter?" „Ja, Jan. Weißt du noch, heute morgen, als du Zucker holen solltest?" Jan wurde rot. „Und heute mittag, als ich Kohlen brauchte?" Jan wurde noch röter. „Und heute abend, Jan, weißt du noch, als du auf's Brüderchen aufpassen solltest?" Jan schlang die Arme um Mutters Hals. Er drückte sich fest an sie und flüsterte ihr etwas ins Ohr, ganz leise und verlegen. Mutter nahm ihn in den Arm und küsste ihn. „Du bist wieder mein guter Junge, nicht wahr?" sagte sie. „Soll ich jetzt Zucker holen?" fragte Jan eifrig. „Und Kohlen? Ich möchte so gern!"

Alles das war nicht mehr nötig. Mutter setzte sich mit Jan an den Tisch. Und noch nie hatte Jan ein Butterbrot so gut geschmeckt.

Anne de Vries

Die Mutter macht's leicht, die Wahrheit zu sagen

Im Haus hält sich ein Bär versteckt,
der heimlich unsern Honig schleckt,
der Tiegel ist fast leer.
Warst du vielleicht der Bär?

Christine Busta

Bitte!

Man sitzt bei Tisch. „Gib mir Brot!“, sagt Lilli. Die Mutter antwortet nicht. „Gib mir Brot!“, sagt Lilli.
Aber die Mutter? – Hat sie nicht gehört? – Sie fängt an und erzählt eine Geschichte: „Es war einmal ein Zaubergarten. Man sah von ferne die Blumen blühen und die Springbrunnen springen. Aber das Tor war verschlossen. Da wollten die Leute über die Mauer klettern. Doch wenn sie eben meinten, sie seien oben, wuchs die Mauer immer wieder ein Stück höher hinauf. Nun nahmen die Leute ein Beil und wollten das Tor einschlagen. Da zerbrach das Beil. Darauf nahmen die Leute Feuer und wollten das Tor verbrennen. Doch das Feuer erlosch. Da kam ein Kind und sagte nur ein kleines Wort. ‚Bitte!‘, sagte das Kind, und das Tor ging auf, und das Kind ging hinein -“
Als Lilli das hört, wird sie dunkelrot und sagt: „*Bitte,* gib mir Brot!“

Irmgard von Faber du Faur

Eine kurze Geschichte

Mariechen sagte verlegen zur Mutter: „Ach, Mutter, du hast doch kurze Geschichten so gern?“ „Ja, mein Kind.“ „Soll ich dir eine erzählen?“ „O ja – wenn sie wahr ist.“ „Ganz wahr ist sie, denn ich habe sie selbst erlebt.“ „Nun, dann erzähle!“, sagt die Mutter neugierig. „Wird sie dir aber auch gefallen?“, fragt zweifelnd Mariechen. „Du musst dir eben rechte Mühe geben.“ „Aber sie ist so schrecklich kurz!“ „Das schadet doch nichts!“ „Also, es war einmal ein Porzellankännchen. . .“„Schön. Weiter, Mariechen!“ „Und . . . und . . . und ich habe es eben zerbrochen!“

Emma Carl

Wenn das Kind viel fragt und allerlei wissen will,...

finden Geschichten, die seiner Wissbegier entgegenkommen, großes Interesse.

Das Kind beginnt zu erkunden, wie die Welt „wirklich" ist

Lange noch bleibt das Deuten von Dingen und Vorgängen nach eigenem Erleben, Wünschen und Wollen, das Vermenschlichen eine charakteristische Art der Auseinandersetzung des Kindes mit der Umwelt. Mehr und mehr aber haben etwa Vierjährige ein Verlangen danach, zu erkunden, wie die Welt wirklich ist. So wollen sie etwa wissen, was im Frühling alles geschieht, wie die Henne ihre Kücken betreut, warum der Blitz die Wolken zerschneidet. Dabei machen sie alsbald die Erfahrung, dass sie trotz genauer Beobachtung nicht alles allein auskundschaften, nicht alles selber entdecken können, weshalb Kinder dieses Alters viel nach dem Wie und Warum fragen.

Das Kind will Informationen über Vorgänge in der belebten und unbelebten Natur

Etwa Vierjährige wollen Informationen über Vorgänge in der belebten Natur, über das Wachsen der Pflanzen, über das Leben der Tiere erhalten. Sie haben aber auch ein ebenso großes Interesse an Vorgängen in der unbelebten Natur; sie wollen erste Einblicke in die Zusammenhänge von Ursache und Wirkung bekommen, beispielsweise erfahren, was Blitz und Donner sind, dahinterkommen, wie Telefon und Fernseher funktionieren.

Beim Erzählen nicht vermenschlichen, sondern „verdolmetschen"

Nun ist es vor allem wichtig, dem Kind zu helfen, Lebensäußerungen von Tieren durch Vergleiche mit dem eigenen Erleben, mit der Befriedigung eigener Grundbedürfnisse deuten zu können. So darf davon die Rede sein, dass das Tier hungrig ist wie das Kind, auch die Kücken bei Mutter Henne sein wollen und sich bei ihr geborgen fühlen, ein Katzerl – wenn auch auf seine Weise – zum Ausdruck bringen kann, ob es sich wohl fühlt oder nicht. Wird so vergleichend, unter Wahrung der Eigenart der Lebewesen, das Verhalten der Tiere dem Kind verständlich gemacht, liegt kein Vermenschlichen vor, sondern ein „Verdolmetschen". Wie der Dolmetsch nicht sagen darf, was er denkt oder sich ausdenkt, sondern sich an das zu halten hat, was ihm vorgegeben wird, muss sich auch der Erzähler, erfüllt vom Respekt vor der Schöpfung, an den Gegebenheiten orientieren.

Voraussetzungen dafür, selbst ein Lebewesen betreuen zu dürfen

Konnten Kinder zumindest über eine Erzählung erfahren, wie ein im Wald lebendes Eichhörnchen zu seinem Futter kommt, werden sie angeregt, die Gelegenheit zu nützen, auch andere Tiere bei der Nahrungssuche genauer zu beobachten. Hat man den Kindern mit Hilfe einer Geschichte nahegebracht, dass es beispielsweise eine Katze nicht gerne hat, in einem Korb eingesperrt zu sein, lernen sie die Eigenart verschiedener Lebewesen achten und ihre Bedürfnisse besser verstehen. Dieses Verstehen ist aber eine Voraussetzung dafür, selbst ein Lebewesen betreuen zu dürfen, Verantwortung für Lebendiges zu übernehmen, wie dies die Geschichte „Ein Katzerl für Grete" zum Inhalt hat.
Erzählungen, in denen dies alles bedacht wird, kommen der Wissbegier und Beobachtungsfreude etwa vierjähriger Kinder entgegen, bringen die gewünschte Belehrung, sind wahr und haben dennoch eine Resonanz im Gemüthaften. Sie stärken die Achtung der Kinder vor dem, was ist, und erwecken in ihnen Anteilnahme und Verantwortungsbewusstsein für alles Lebendige.

Keine „Lektionen aus Naturkunde" erteilen!

Im Folgenden werden einige Beispiele für Erzählungen geboten, die diesen Anforderungen entsprechen. Sie sollen auch zeigen, wie man der Gefahr begegnen kann, eine die Fassungskraft und Ausdauer des Kindes übersteigende „Lektion aus Naturkunde" zu erteilen, statt eine den Interessen des Kindes entsprechende Geschichte zu erzählen.

Was im Frühling alles geschieht

Eines Morgens, der Winter war schon vorbei, merkte Peter beim Aufstehen, dass die Sonne warm durch das Fenster schien. „Heute wär's schön, im Wald zu spielen", sagte Peter. „Das ist eine gute Idee", gab Mutti zu. „Wir kommen alle mit." Nach dem Frühstück ging Mutti mit den Kindern spazieren. Seit einer Woche waren sie nicht fort gewesen, denn jeden Tag hatte es geregnet. Doch irgendetwas war inzwischen im Wald vorgegangen, eine ganze Menge war geschohen. „Da schaut her!", rief Peter. Er sah etwas auf dem Boden. Er bückte sich, um es besser sehen zu können. Die anderen Kinder kamen rasch herbei und schauten neugierig. „Eine Blume", sagte Peter. Und wirklich, es war eine schöne gelbe Blume. „Eine Schlüsselblume", sagte Mutti. „Da schaut her!", rief jetzt Michael. Er hatte etwas Weiches, Wolliges auf einem kleinen Bäumchen gesehen. „Ich weiß, was das ist", meinte Peter, „das ist ein Palmkätzchen." Und wirklich, er hatte Recht, es war ein Palmkätzchen.

Gleich darauf entdeckte Barbara im Gebüsch ein kleines Nest. Es war noch nicht fertig. „Rühr es nicht an!", sagte Mutti. „Hier baut sich ein kleiner Vogel sein Haus. Da hinein wird er seine Eier legen!" „Was ist denn das?", rief jetzt Judith. Unter einem Strauch saß ein grüner Frosch, der ganz verschlafen im Licht blinzelte. „Der ist gerade von seinem Winterschlaf aufgewacht", erklärte Mutti.

Auf Schritt und Tritt sahen die Kinder etwas Neues. Als es Abend wurde, freuten sie sich alle aufs Schlafengehen, denn sie waren müde geworden. Sie badeten, putzten die Zähne und zogen ihre Nachthemden an. Gar bald lagen sie im Bett. Mutti erzählte ihnen noch eine Geschichte, dann machte Vati das Fenster auf. Draußen war es ganz dunkel. Plötzlich hörte Peter ein Geräusch. Quak, quak, quak! Es klang nur leise, aber die Kinder hörten es doch.

„Was ist das?", fragten sie alle durcheinander. „Das sind die kleinen Frösche unten am See", sagte Vati. „Warum singen sie am Abend?", fragte Peter. „Damit wir auch am Abend nicht vergessen, dass der Frühling wieder da ist", sagte Vati.

Pearl S. Buck

Das Eichhörnchen

Erika und Peter gehen mit ihrer Mutti im Wald spazieren. Auf dem Waldweg dürfen sie ein Stück vorauslaufen und einen Platz zum Rasten suchen. Plötzlich hören sie ein leises Knacksen. Sie bleiben stehen und schauen neugierig umher. Hoch oben auf einem Tannenbaum entdecken sie ein kleines, flinkes Eichhörnchen. „Weg ist es! Da ist es wieder! Ganz oben sitzt es! Siehst du seinen roten buschigen Schwanz? Jetzt springt es auf einen Zweig herunter! Fliegt es? Schau! Dort huscht es am Stamm hinauf! Nun ist es weg!"
„Ich bin müde", sagt Peter. „Hier ist so schönes weiches Moos. Das ist wie ein gepolsterter Sessel. Hier setzen wir uns nieder!", ruft Erika. Mutter nimmt die Butterbrote aus ihrer Tasche und gibt sie den Kindern. Sie beginnen zu essen. Es ist ganz still. Klicker-klacker! Was kommt da von oben? Klicker-klacker! Noch etwas! „Peter, du hast mir ja etwas auf den Kopf geworfen!" „Nein, Erika, du hast mir etwas aufs Brot geworfen!" Klicker-klacker! Noch etwas! Was kommt da immer von oben herunter? Kleine Holzstücke.
Die Mutter nimmt die kleinen Holzstücke in die Hand: „Das sind ja Schuppen von Tannenzapfen! Wer wirft denn die herunter?" Erika und Peter schauen hinauf. Da sitzt ja das Eichhörnchen! Hoch oben in der Tanne! Es hockt auf seinen Hinterfüßen. Den buschigen Schwanz hat es erhoben. In seinen Vorderpfoten hält es einen Tannenzapfen. Es knuspert daran. Klicker-klacker – fallen die holzigen Schuppen durch die Zweige herunter. Nun entdeckt das Eichhörnchen die Kinder. Bums – lässt es den Zapfen fallen. Husch – nun ist es wieder weg!
Erika und Peter nehmen den Tannenzapfen mit nach Hause. Sie wollen ihn Vati zeigen und ihm erzählen, was das Eichhörnchen gemacht hat. Mutti ist damit einverstanden.

Alma de l' Aigle

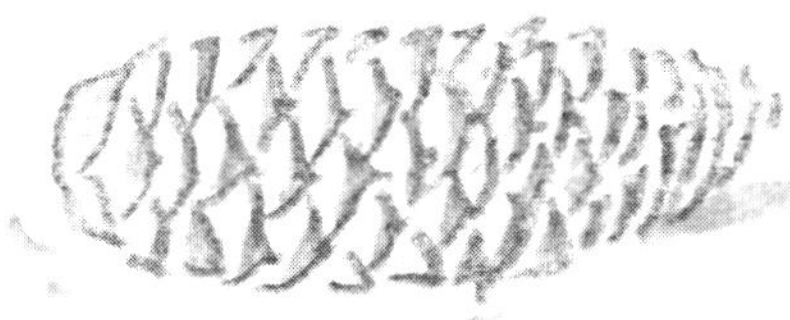

Mutter Henne

Mutter Henne saß auf ihrem Nest in einer Ecke der Scheune. Ihr Nest war in einer niederen Holzkiste voll weichem, duftendem Heu. Auf dem weichen, duftenden Heu unter der Mutter Henne lagen zehn große braune Eier. Mutter Henne saß auf ihren zehn großen braunen Eiern, um sie warm zu halten, bis die Küchlein ausschlüpften.

Jeden Morgen kam der Bauer in die Scheune, brachte ein Schälchen Wasser und streute Körner für Mutter Henne. „Da, Mutter Henne“, sagte er,„jetzt hast du nicht weit zu deinem Frühstück.“ „Gluck, gluck, danke schön“, gackerte die Henne, flog aus ihrem Nest, pickte die Körner auf und trank ein wenig Wasser. Bald saß sie wieder in ihrem Nest auf den zehn großen braunen Eiern.

Jeden Tag kam Mieze, die schwarz-weiße Katze des Bauern, auf ihren vier weißen Pfoten leise in die Scheune geschlichen und miaute: „Heute ist es im Hof so sonnig und warm. Kommst du nicht heraus, Mutter Henne?“ Aber Mutter Henne meinte: „Gluck, gluck! Ich muss auf meinen Eiern sitzen bleiben und sie warm halten.“ Mutter Henne plusterte ihr Gefieder auf und rückte sich in ihrem Nest auf den zehn großen braunen Eiern zurecht.

Auch Nero, der große schwarze Hund des Bauern, kam, tripp-trapp, auf seinen vier schwarzen Pfoten jeden Tag in die Scheune und bellte: „Wau, wau! Es ist ein schöner Tag. Willst du nicht spazieren gehen, Mutter Henne?“ Aber Mutter Henne meinte: „Gluck, gluck! Ich muss auf meinen Eiern sitzen bleiben und sie warm halten.“ Mutter Henne plusterte ihr Gefieder auf und rückte sich in ihrem Nest auf den zehn großen braunen Eiern zurecht.

Wenn Scheck, die braun-weiße Kuh des Bauern, durch die Scheune in den Stall ging, um gemolken zu werden, muhte sie: „Muh, muh! Das Gras auf der Wiese ist saftig und grün. Kommst du nicht heraus, Mutter Henne?“ Aber Mutter Henne meinte: „Gluck, gluck! Ich muss auf meinen Eiern sitzen bleiben und sie warm halten.“ Mutter Henne plusterte ihr Gefieder auf und rückte sich in ihrem Nest auf den zehn großen braunen Eiern zurecht.

Am Abend, wenn Bob, das große weiße Pferd des Bauern, durch die Scheune in den Stall zum Schlafen ging, wieherte es: „Ihaha! Du bist den ganzen Tag nicht draußen gewesen, Mutter Henne.“ „Gluck, gluck! Ich muss auf meinen Eiern sitzen bleiben und sie warm halten.“ Mutter Henne plusterte ihr Gefieder auf und rückte sich in ihrem Nest auf den zehn großen braunen Eiern zurecht.

Lange, lange Zeit saß Mutter Henne in ihrem Nest aus weichem, duftendem Heu und wärmte ihre zehn großen braunen Eier. Eines Tages aber hörte Mutter Henne unter sich ein zartes Geräusch – knack! Was glaubst du wohl, was geschehen war? – Ein kleines gelbes Kücken hatte sein braunes Ei aufgepickt und schlüpfte heraus!

„Gluck, gluck!“, sagte Mutter Henne. Kaum hatte sie das gesagt, machte es wieder knack, und noch ein kleines gelbes Kücken schlüpfte aus seinem Ei. Knack, knack, knack – noch einmal und noch einmal, bis alle großen braunen Eier aufgebrochen waren und Mutter Henne zehn gelbe Kücken in ihrem Nest hatte. „Gluck, gluck! Bleibt unter meinen Flügeln!“, sagte Mutter Henne und breitete die großen braunen Flügel über ihre kleinen gelben Kücken. „Piep, piep!“, machten die kleinen gelben Kücken und taten, was Mutter Henne wollte.

Nach einer Weile lockte Mutter Henne ihre Kücken: „Gluck, gluck! Kommt jetzt mit. Die Sonne scheint, und wir können spazieren gehen.“ Mutter Henne stieg aus dem Nest, die zehn Kücken flatterten ihr nach und piepten: „Piep, piep! Wir kommen schon!“

Mutter Henne stolzierte hinaus in den sonnigen Hof, und die zehn Kücken folgten ihr. Mieze, die schwarz-weiße Katze des Bauern, lag in der Sonne und streckte sich. Als Mutter Henne daherkam, machte sie vor Staunen die Augen weit auf und miaute: „Miau, miau! Sind das deine Kücken, Mutter Henne?“ „Gluck, gluck! Ja! Die gehören alle mir.“ „Miau, miau! Das muss ich gleich Nero erzählen“, miaute Mieze. Sie lief auf ihren vier weißen Pfoten zu Nero, dem großen schwarzen Hund des Bauern. „Miau, miau! Weißt du schon, dass Mutter Henne zehn gelbe Kücken hat?“ „Wau, wau“, bellte Nero, „das muss ich gleich Scheck erzählen.“ Nero lief auf seinen vier schwarzen Pfoten zu Scheck, der braun-weißen Kuh des Bauern. „Wau, wau“, bellte er, „weißt du schon, dass Mutter Henne zehn gelbe Kücken hat?“ „Muh, muh! Das muss ich gleich Bob erzählen!“ Scheck lief zu Bob, dem großen weißen Pferd des Bauern, und muhte: „Muh, muh! Weißt du schon,

dass Mutter Henne zehn gelbe Kücken hat?" „Ihaha", wieherte Bob, „die müssen wir uns gleich anschauen!"
Mieze, Nero, Scheck und Bob liefen alle in den Hof und sahen Mutter Henne mit ihren zehn gelben Kücken. Mieze miaute: „Miau, miau!" Nero bellte: „Wau, wau!" Scheck muhte: „Muh, muh!" Bob wieherte: „Ihaha, ihaha!", und damit meinten sie: „Mutter Henne, deine kleinen gelben Kücken gefallen uns sehr!" Mutter Henne lockte stolz: „Gluck, gluck!" Die zehn kleinen gelben Kücken liefen ihr nach und riefen: „Piep, piep! Wir kommen schon!"

Lilian McCrea

Mutter Henne, gluck-gluck-gluck,
Kücken hast du grad genug.
So ein Durcheinander!
Kennst sie auseinander?

Elly Demmer

Ein Katzerl für Grete

Grete hat allerlei Spielsachen: eine Puppe, die ihre Augen auf- und zumachen und Mama sagen kann, einen wolligen Teddybären, einen Kasperl und eine liebe, kleine Babypuppe. Aber Grete wollte dazu noch ein Katzerl haben – ein ganz kleines Katzerl zum Liebhaben. Michael, der im Nebenhaus wohnt, hat eines. Sein Katzerl ist weich wie Samt und weiß wie Milch. Manchmal sprang es über die Mauer in Gretes Garten. Dann hob Grete das Katzerl auf, streichelte sein weiches Fell und gab ihm in einem Schüsserl ein wenig Milch. Grete gefiel es, wenn das Katzerl die Milch mit seiner rosa Zunge aufleckte.
„Ich möchte so gern eine kleine Katze haben wie Michael", bat Grete eines Tages. Darauf antwortete Mami etwas, das Grete so freute, dass sie herumsprang und in

die Hände klatschte. Was war es nur? Mami hatte gesagt: „Wir wollen in die Tierhandlung gehen und schauen, ob wir ein Katzerl kaufen können." „Bitte, Mami, gehen wir gleich", sagte Grete. Mami zog ihren Mantel an. Grete zog auch ihren Mantel an, hatte es dabei aber so eilig, dass sie ihn verkehrt anzog. Mami lachte und half ihr aus dem Mantel wieder heraus und ihn richtig anziehen. Dann gingen die beiden fort, an Häusern und Geschäften vorbei, bis sie zu der Tierhandlung kamen. Dort blieben sie stehen und schauten in die Auslage. Da kugelten sich ein paar schwarz-weiße Hunderln, zwei Kaninchen nagten an einer Karotte, und eine Schildkröte kroch langsam im Sand umher. Nirgends aber war ein Katzerl zu sehen.

„Oh, Mami", klagte Grete„,sie haben kein Katzerl." „Wart ein wenig", sagte Mami, „vielleicht haben sie drinnen eines. Gehen wir hinein." Mami und Grete öffneten die Tür und gingen ins Geschäft. Da gab es Käfige mit blauen und gelben singenden Vögeln, ein Aquarium mit Goldfischen und ein Kisterl mit Meerschweinchen. Hinter dem Ladentisch stand in einem blauen Arbeitsmantel der Tierhändler.

„Guten Morgen", sagte er, „was darf ich Ihnen zeigen?" „Haben Sie, bitte, ein kleines Katzerl?" fragte Grete. „Ich will einmal nachschauen", antwortete der Tierhändler freundlich und verließ durch eine kleine Tür den Verkaufsraum. Mami und Grete warteten still, bis der Mann zurückkam. Endlich war er da. Rat einmal, was er trug! Zwei kleine Katzerln! Das eine war weiß, das andere schwarz. „So", sagte der Tierhändler und setzte beide Kätzchen auf den Ladentisch. „Oh", rief Grete, „sind die aber lieb!" Dann streichelte sie das weiche Fell des weißen Katzerls und kraulte den Hals des schwarzen Katzerls. „Jetzt musst du dir eines aussuchen", sagte Mami, „welches gefällt dir besser?" „Das weiß ich nicht", sagte Grete und schaute die zwei Katzerln an. Da miaute das kleine schwarze Katzerl: „Miau, miau." „Was hast du denn?", sagte Grete und hob es auf. Das Katzerl schmiegte seinen kleinen schwarzen Kopf unter Gretes warmes Kinn und schnurrte. „Brrr, brrr! Bitte, nimm mich!" Da lachte Grete. „Ich nehme dieses", sagte sie, „weil es bei mir bleiben will." „Gut", sagte Mami, „aber wie bringen wir das Katzerl nach Hause?" „Ich trage es", sagte Grete. „Was machst du aber, wenn es dir davonspringt, wegläuft und sich verirrt?" fragte Mami. „Ich kann Ihnen einen Korb mit einem Deckel borgen", schlug der Tierhändler vor. „Da kann es bestimmt nicht herausspringen."

Er bückte sich, holte unter dem Ladentisch einen Korb heraus und legte ein weiches weißes Tuch hinein. Dann gab er das kleine schwarze Katzerl in den Korb und machte den Deckel zu. „Danke schön", sagte Grete, „ich werde gut aufpassen beim Tragen und am Nachmittag den Korb zurückbringen." Mami bezahlte, was der Tierhändler verlangte. Er sagte: „Danke schön. Auf Wiedersehen!" „Auf Wiedersehen!", sagten auch Mami und Grete.

Als die beiden draußen waren, hüpfte Grete vor Freude. Das gefiel dem kleinen schwarzen Katzerl nicht: „Miau, miau! Du schüttelst mich so stark!“ Sofort hörte Grete zu hüpfen auf, ging ruhig neben Mami und trug den Korb ganz behutsam. Als sie zu Hause waren, öffnete Grete den Korb, und das kleine schwarze Katzerl sprang heraus. „Brrr, brrr!“, schnurrte es und schmiegte sich an Gretes Beine. „Das Katzerl freut sich, weil es aus dem Korb durfte“, sagte Grete, hob es auf, liebkoste es und streichelte sein weiches Fell. Das kleine schwarze Katzerl schnurrte: „Brrr, brrr, ich hab dich lieb!“
Mami fragte: „Wie soll das Katzerl heißen? Hast du schon einen Namen ausgesucht? Sollen wir unser Katzerl vielleicht Minki nennen?“ „Nein“, sagte Grete, „so heißt ja Michaels Katzerl!“ „Richtig! Das dürfen wir nicht tun, sonst kommen ja zwei Kätzchen gelaufen, wenn wir ‚Minki‘ rufen“, scherzte Mami. Grete dachte ein Weilchen nach, dann rief sie: „Ich weiß es schon! Wir wollen es Peter nennen, weil es so schwarz ist.“ „Ja, das passt gut“, sagte Mami, „Peter soll es heißen.“ Als Vati heimkam und das kleine schwarze Katzerl sah, meinte er: „Ja, so etwas! Was ist denn das?“ „Das ist Peter“, sagte Grete, „es ist unser Katzerl. Wir haben es heute in der Tierhandlung gekauft.“ „Ich habe mir immer schon ein Katzerl mit dem Namen Peter gewünscht“, sagte Vati, „und jetzt haben wir eines.“

Lilian McCrea

Unsere Katz heißt Mohrle

Unsere Katz heißt Mohrle, hat ein schwarzes Ohrle,
hat ein schwarzes Fell,
und wenn es was zu schlecken gibt,
dann ist sie gleich zur Stell.

Unsere Katz heißt Mohrle, hat ein schwarzes Ohrle,
Augen, die sind grün,
und abends, wenn es dunkel wird,
fangen sie an zu glühn.

Unsere Katz heißt Mohrle, hat ein schwarzes Ohrle,
Pfötchen, die sind weich,
und wenn das Kind im Schlafe liegt,
schnurrt sie durch ihr Reich.

Wilhelm Bender

Warum?

Warum ist der Hase kein Wurm?
Warum sitzt der Hahn auf dem Turm?
Warum hat das Pferd kein Geweih?
Warum legt der Kater kein Ei?
Warum ist das Wasser so nass?
Warum ist die Kiste kein Fass?
Warum ist der Sperling nicht blau?
Warum hat der Karl keine Frau?
Warum ist der Knochen so hart?
Warum hat der Max keinen Bart?
Warum sind die Sterne so klein?
Warum ist der Mann dort aus Stein?
Warum hat der Pilz einen Hut?
Was riecht an den Rosen so gut?
Warum ist es tagsüber hell?
Warum heißt Frau Müllers Hund Tell?
Warum jagt die Katze die Maus?
Warum hat die Schnecke ein Haus?
Wozu ist das Hufeisen gut?
Warum kaufst du mir keinen Hut?
Warum blühn die Bäume im Mai?
Warum kriegt das Baby den Brei?
Warum sind die Räder so rund?
Warum ist mein Ball so schön bunt?
Warum sind die Blumen verblüht?
Warum bin ich abends so müd?
Woher kommt der Traum in der Nacht?
Warum hat der Felix gelacht?
Und sag, warum stiehlt denn der Dieb?
Warum hat die Mutti mich lieb?
Warum hat die Nadel ein Öhr?
Warum ist das Eisen so schwer?
Warum ist das Kissen so weich?
Warum schwimmen Schwäne im Teich?
Warum kriegen Kinder kein Bier?
Warum wachsen Datteln nicht hier?
Warum fahren wir mit dem Bus?
Warum kommt das Ende am Schluss?
Warum ist die Hexe nicht hell?
Warum muss ich jetzt schon ins Bett?
Warum ist der Karli so dumm
und sagt immer: „Frag nicht, warum!“?

Josephine Hirsch

Pinguin Pit

Auf einer Insel im Südlichen Eismeer lebte eine fröhliche Pinguin-Kolonie. Der Jüngste unter ihnen hieß Pit, die anderen nannten ihn jedoch bloß den kleinen Tollpatsch.

„Mach dir nichts draus", sagte Pits Mama, „so werden alle kleinen Pinguine genannt, die noch zu jung sind, um ins weite Meer hinauszuschwimmen."

Wenn die anderen dann aber am Abend an Land zurückkehrten und unbeholfen zu ihren Ruheplätzen watschelten, konnte sich Pit ein Lachen nicht verkneifen. Das sah wirklich zu drollig aus! Auf Eis und Schnee bewegten sie sich genauso tollpatschig wie er.

„Ich werde ihnen schon noch zeigen, dass sich ein Pinguin auch an Land elegant bewegen kann", dachte Pit. Und von nun an übte er sich jeden Tag im Eisflossenlaufen; das machte Spaß! Er flitzte in schwungvollen Pirouetten übers Eis und – hoppla – landete dann meistens auf seinem gut gepolsterten Hintern.

Ab und zu blieben ein paar Freunde mit Pit an Land zurück; mit ihnen verbrachte er herrliche Tage! Von morgens früh bis abends spät spielten sie zusammen; sie bauten Schneepinguine und machten Schneeballschlachten. So verflog die Zeit im Nu.

Eines Tages landete eine Vogelschar auf der Insel; da kreischte, flatterte und schnatterte es. Gerade aufgerichtet stolzierte Pit durch die Vogelreihen. Er war ja sooo groß, und diese Vögelchen alle bloß so winzig. Da pfiff ihn plötzlich ein kleiner Piepmatz an: „He du, was bist du für ein komischer Vogel?" „Ich bin ein Pinguin und heiße Pit." „Freut mich, Pit, ich heiße Sven. Komm, wir machen ein Wettfliegen!" „Na, du bist gut, ich kann doch nicht fliegen." „Dann ist es höchste Zeit, dass du es lernst! Du brauchst nur kräftig mit den Flügeln zu schlagen – schau zu, das ist doch gar nicht so schwierig." Pit übte und probierte, aber über einen kleinen Luftsprung kam er nicht hinaus.

Bald waren Pit und Sven unzertrennliche Freunde. Nur mit dem Fliegen wollte es nicht klappen. Pit wünschte sich nichts sehnlicher, als Sven und die Vogelschar auf ihrem Flug ein Stück weit begleiten zu können. Doch wie er es auch anstellte, seine Startversuche endeten immer mit einer Bauchlandung.
So kam der Tag, an welchem die Vogelschar weiterfliegen wollte; daran konnte auch Sven nichts ändern. Die zwei Freunde verabschiedeten sich, und über Pits Backen kullerten große Pinguinstränen. „Sei nicht traurig, Pit, nächstes Jahr kommen wir bestimmt wieder auf diese Insel", rief Sven ihm noch zu. Pit war untröstlich, doch seine Mama wusste, wie sie ihn aufheitern konnte.
Am nächsten Morgen durfte er zum ersten Mal ins Meer hinausschwimmen. Pit war ganz aufgeregt vor Freude, nur der Kopfsprung von der Klippe bereitete ihm Bauchschmerzen. Da entdeckte er zwei Stufen am Rand der Eisscholle und stieg vorsichtig rückwärts ins Wasser. „Morgen wage ich den Kopfsprung bestimmt!", dachte Pit. Nach zwei, drei unbeholfenen Schwimmzügen verstand Pit seine Schwimmflossen immer geschickter zu gebrauchen; und bald glitt er wie ein Aal durchs kühle Wasser. Sogar das Rückenschwimmen beherrschte er im Nu! Beim Wettschwimmen und Fang-mich-Spielen zog er zwar meistens noch den Kürzeren, doch Pit war ein guter Verlierer.
Als Pit unter Wasser tauchte, konnte er sich gar nicht satt sehen an all den Fischen, Seesternchen und Pflanzen. Hinter jedem Felsen gab es wieder etwas Unbekanntes zu bestaunen.
Der Mond stand schon am Himmel, als Pit glücklich zu seiner Mutter zurückwatschelte. Er war viel zu müde, um ihr all seine Erlebnisse zu berichten; morgen war ja auch noch ein Tag. Pit schlief gleich ein und träumte von Sven, vom Meer und von seinem ersten Kopfsprung, den er morgen wagen wollte.
Schlaf gut, Pit!

Marcus Pfister

Telefonieren

Hallo! Bist du da?

Ich bin da. Bist du dort?

Hallo! Bist du fort?

Hallo!
Bist du da?

Ja!

Ich hör dich nicht recht.
Die Verbindung ist schlecht.

Ah!
Da bist du ja!

Hörst du mich nicht?

Nein, du störst mich nicht!
Es knackt in der Leitung.

Was steht in der Zeitung?

Ich hab heut noch keine gelesen!

Du hast einen neuen Besen?
Warum?

Wer ist dumm?

Nein, ich nehm dir's nicht krumm.
Ich kauf mir zwei Hasen.

Du kaufst dir zwei Nasen?

Mit rosa Ohren!

Was hast du verloren?
Ich hör dich nicht recht.
Die Verbindung ist schlecht!

Ich hör keinen Ton!

Was möchtest du? Ein Ypsilon?
Einen Schuhkarton?

Einen Luftballon!

Ach so!
Da bin ich aber froh!

(Und wie geht's weiter?)

Friedl Hofbauer

Susanne und der Fernseher

Im Wohnzimmer ist der Fernseher eingeschaltet. Die Mutter hat gerade in der Küche zu tun, und Susanne sitzt allein vor dem Apparat. Es läuft das Werbefernsehen mit Zahnpasta, Hundefutter und anderen Dingen, alles mit viel Musik.
Susanne geht zum Apparat und will die Knöpfe ausprobieren. Sie erwischt gleich den Knopf für die Lautstärke und dreht. Der Ton wird leiser und ist schließlich ganz weg.
Das ist lustig: Hübsche Mädchen bewegen den Mund, Hunde knabbern Hundekuchen, schicke Autos fahren vorbei, aber es ist kein Laut zu hören. Susanne dreht, und es geht wieder recht laut zu. Die Musik dröhnt.
„Ruhe!", ruft Susanne und stellt den Ton ab.
Eine Dame hält ein Waschmittel in der Hand, lacht, bewegt den Mund, aber es bleibt still im Zimmer, ganz still.
Am Abend wird ein Fußballspiel übertragen. Vati ist von Anfang an dabei. Susanne kommt im Nachthemd ins Wohnzimmer, um ihm Gute Nacht zu sagen. Auf dem Bildschirm ist ein Stadion mit vierzigtausend Menschen zu sehen. Die Spieler rennen dem Ball nach. Die Menschen schreien, klatschen und pfeifen. Manche haben Autohupen, Trompeten und Kuhglocken dabei. Es herrscht ein Mordslärm.
Susanne schaut ein wenig zu. Dann ruft sie „Ruhe!" und dreht den Ton weg.
Nun kann man nur noch sehen, was im Stadion los ist, aber nicht mehr hören. Ohne Ton sieht alles gar nicht mehr so toll aus.
„Susanne, dreh wieder auf!", ruft Vati.
Susanne dreht den Ton wieder auf, gibt Vati einen Gutenachtkuss und legt sich ins Bett.
Als sie so allein liegt, denkt sie: „Ätsch, wenn ich den Knopf drehe, müsst ihr alle, alle still sein!"

Werner Halle

Donner und Blitz

Es war ein sehr heißer Tag. Die Kinder und ihre Mutti verbrachten ihn am See. Sogar das Essen hatten sie mitgenommen. Sie spielten den ganzen Tag im Wasser und unter den Bäumen. Sie waren so lustig, dass niemand zum Himmel blickte. Plötzlich hörten sie einen großen Krach.

„Was ist das?“, fragte Michael erschrocken. „Das ist der Donner“, erwiderte Mutter. Sie schauten zum Himmel, der über ihren Köpfen ganz blau war, aber weit hinten, über dem Haus, standen große Wolken, die wie schwarze Berge mit silberweißen Rändern aussahen. „Das sind Gewitterwolken“, erklärte Mutti, „es wird bald regnen.“ „Ich mag den Donner nicht“, sagte Judith, und fast hätte sie zu weinen begonnen, aber tapfer hielt sie sich zurück. „Der Donner kann dir nichts anhaben“, tröstete die Mutter, „er macht nur viel Lärm.“ „Aber ich mag so einen großen Lärm nicht“, warf Peter ein. „Wenn ein Lastauto einen großen Krach macht, so hab ich das ganz gern, aber den Donner mag ich nicht“, stellte Michael fest. Auf einmal flackerte ganz kurz ein grelles Licht auf.

„Was war das?“, fragte David. „Das war ein Blitz“, antwortete Mutti. „Gleich wirst du den Donner hören.“ Und richtig, bald darauf krachte es wieder, diesmal noch lauter als zuvor. „Ich hab Angst!“ sagte Judith, klammerte sich an den Rock der Mutter und fing sogar ein bisschen zu weinen an. Mutti legte ihren Arm um sie. „Wir müssen heimgehen, denn wenn's donnert und blitzt, kommt auch bald der Regen, und wir alle werden dann durch und durch nass.“

„Was ist der Blitz?“, fragte Michael. „Der Blitz ist die Elektrizität in den Wolken“, erklärte Mutti. „Er macht das Licht in den Wolken genauso, wie wenn ihr am Abend den Schalter im Zimmer aufdreht. Aber das Licht schneidet die Wolken auseinander wie ein großes blitzendes Messer. Nachher schlagen die Wolken wieder zusammen, und den Krach, der darauf folgt, nennen wir Donner.“

„Warum zerschneidet der Blitz die Wolken?“, fragte Michael, der nun einmal das Fragen nicht lassen konnte. „Das ist eben so“, sagte die Mutter. „Schau jetzt lieber auf den Weg; wir müssen eilen, denn gleich kommt der Regen.“ Und richtig, schon begann es zu regnen. „Wieso kommt der Regen?“, fragte Michael, der immer alles wissen wollte. „Die Wolken werden so schwer, dass sie den Regen nicht mehr halten können, und so lassen sie ihn herunterfallen“, antwortete Mutti. „Aber rasch, rasch, laufen wir, sonst werden wir nass.“

Dann hörten sie, wie Vati rief: „Das ist ein starker Regen. Macht schnell, sonst werdet ihr alle pudelnass.“ Er kam ihnen entgegengelaufen. Sie fassten einander an den Händen und liefen heim – ins Trockene. Aber die Bäume, das Gras und die Blumen freuten sich über den Regen, denn er gab ihnen frisches Wasser zu trinken.

Pearl S. Buck

Vieles ist aus Holz gemacht

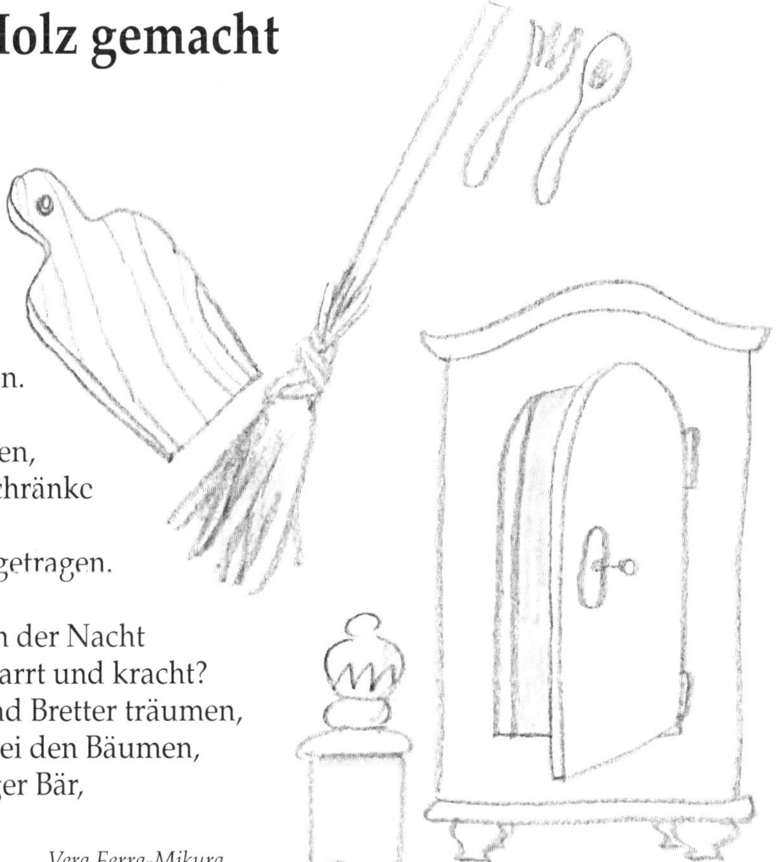

Die Wiege,
die Hühnerstiege,
das Brunnenrohr
und der Trog davor,
das Nudelbrett
und das Himmelbett,
die Türen
und die Löffel zum Rühren.
Sogar der Besen
ist einmal im Wald gewesen,
und wie die Bänke und Schränke
und wie der Leiterwagen
hat er einst grüne Blätter getragen.

Ist es ein Wunder, wenn in der Nacht
unter dem Dach etwas knarrt und kracht?
Die Kästen und Balken und Bretter träumen,
sie wären noch draußen bei den Bäumen,
und der Sturm, ein zorniger Bär,
schüttle sie hin und her.

Vera Ferra-Mikura

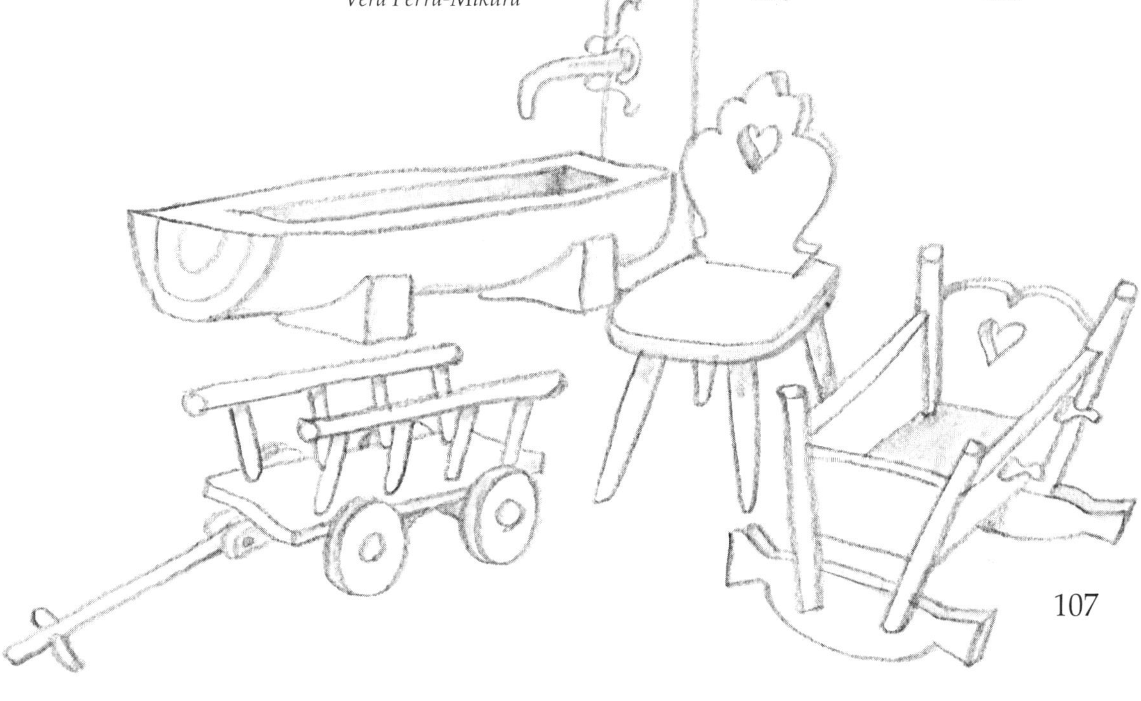

Mutter Vater Kind

Die Mutter Pferd heißt Stute, die gute.
Das weißt du schon längst?
Ihr Kind heißt Fohlen.
Und der Pferdepapa?
Heißt der I-haha?
Nein. Der heißt Hengst.

Das Kalb auf der Weide,
wir wissen es beide,
hat zur Mutter die Kuh.
Und der Stier,
wissen wir,
ist der Vater dazu.

Auch der Kater ist ein Vater,
die Katze die Mutter,
doch das Kind?
Es heißt Muschi und Mietzerl
und goldenes Striezerl.

Und der Hahn und die Henne
und das Küken, die sind
im Hof und auf der Tenne
Vater, Mutter, Kind.

Und ein Papa heißt Hans
und die Mutter Grete
oder Helga und Franz
oder Fritz und Rosemarie.

Doch das Kind, das heißt Putzerl
und Schatzerl und Wuzerl
und Binkerl und Lauserl
und Guckerl und Zauserl
und Haserl und Henderl
und Dididiwu
und Bauxerl und Fratzerl
und Mauserl und Katzerl

und das bist dann du.

Friedl Hofbauer

Die Geschichte vom Wetterhaus

Der alte Josef ist ein geschickter Mann. Er repariert Holzeisenbahnen und Staubsauger, er baut Schirmständer und Kleiderständer.
Eines Tages baut er ein kleines Wetterhaus. So, da hängt es, am Fenster, und wenn Regen kommt, kommt der Mann heraus, wenn die Sonne kommt, kommt die Frau heraus. Manchmal fliegt eine Meise daher und schaut zum Haus hinein. „Hallo", sagt die Frau, die gerade im Haus ist. „Oha!", ruft die Meise. „Ich habe geglaubt, hier gibt's Futter." „Nein, hier gibt's Leute", sagt die Frau. „Verzeihen Sie", sagt die Meise und fliegt weg. Die Frau und der Mann vom Wetterhaus lachen. „Was für ein großes Tier!", sagt die Frau.
Die Zeit vergeht. „Schau dir das an!", ruft eines Tages der Mann vom Wetterhaus. „Was denn?", fragt die Frau vom Wetterhaus. „Diesen wunderschönen Morgen!" „Wie soll ich den Morgen anschauen", sagt die Frau vom Wetterhaus, „wenn du draußen bist?" Der Mann vom Wetterhaus denkt nach. „Herrje", sagt die Frau, „das ist doch wirklich nichts Neues: Wenn du draußen bist, dann bin ich im Haus. Wenn ich draußen bin, dann bist du drinnen. Anders geht das nicht." „Ach ja", sagt der Mann, „das habe ich für einen Augenblick vergessen."
Eine Weile sind beide still. Dann fragt die Frau: „Wieso bist du überhaupt draußen? Es ist doch schönes Wetter." „Jaja", sagt der Mann. „Entschuldige, bitte. Ich habe mich geirrt. Der frühe Morgen war kühl und nebelig, aber es bleibt schön." Und er beginnt ganz langsam hineinzugehen. „Draußen oder drinnen", sagt die Frau und geht langsam hinaus. „Weißt du, was mich traurig macht: dass wir nie beisammen sein können. Nie gemeinsam in der Sonne, nie gemeinsam in der warmen Stube." „Ja, das ist traurig", sagt der Mann aus dem Haus heraus. „Aber es ist unser Schicksal." „Muss nicht sein", brummt eine tiefe Stimme. „Ach, haben Sie mich erschreckt!", ruft die Frau vom Wetterhaus und schaut in das runde Gesicht, das da plötzlich vor ihr auftaucht. „Ich bin's nur, der alte Josef. Ich hab da so eine Idee." Er nimmt das Wetterhaus vom Fenster und geht in seine Werkstatt.
Da war doch was, denkt die Meise, die gerade vorbeifliegt. Und nun ist es weg, denkt sie. Vielleicht kommt jetzt ein richtiges Futterhaus her. Ohne Leute.
Am nächsten Tag hängt jedoch wieder das Wetterhaus am Fenster. Aber! Dort, wo der Mann war, steht ein hübscher blauer Regenschirm. Er hat winzige rote Tupfen.

Dort, wo die Frau war, dort stehen sie nun beide: Mann und Frau, eng nebeneinander. Wenn die Sonne scheint, sind sie beide draußen und schauen, was sich im Garten tut. Wenn es regnet, sind sie beide drinnen und sprechen davon, was sie gesehen haben. „Na?", fragt der alte Josef. „Es ist herrlich!", seufzt die Frau vom Wetterhaus. Und der Mann vom Wetterhaus sagt: „Was jetzt noch fehlt, Herr Josef, das sind ein paar Wetterhauskinder." „Kinder?", ruft der alte Josef überrascht. „Höchstens zwei oder drei", sagt der Mann. „Nur ganz kleine", bittet die Frau. Josef kratzt sich den Kopf. „Jetzt wird es schwierig", sagt er.

Hans Domenego und Hilde Leiter

Das Schweinchen

Als der liebe Gott die Tiere geschaffen hatte, waren sie noch alle nackt. Aber noch am selben Tag wollte er sie mit Hilfe der Engel, jedes nach seiner Art und seinem Wesen, färben und kleiden. Alle standen brav und ordentlich in einer Reihe und warteten geduldig, bis sie drankamen. Aber das Schwein, gefräßig von Anfang an, war aus der Reihe weggelaufen und, an der Erde hinschnüffelnd, in den Wald geraten, wo es anfing zu schmausen und zu schmatzen an zarten, saftigen Wurzeln. Und als es gut gegessen hatte, legte es sich vor Behagen auf den Rücken und schlief ein, seine vier Beine in der Luft.

Erst als die Sonne unterging, wurde es wach und erinnerte sich plötzlich an das Bekleiden der Tiere. In aller Geschwindigkeit raste es nach dem Platz, wo das vor sich ging. Und es kamen ihm viele Tiere entgegen, schön angezogen und bemalt, alle verschieden und jedes für sich kenntlich.

Das Schaf trug ein weißes Hemdchen aus krauser Wolle, der Esel hatte einen grauen Kittel an und auf dem Rücken ein braunes Kreuz gemalt, weil er später den lieben Heiland nach Jerusalem tragen sollte. Der Löwe war bekleidet mit einer Mähne wie ein Palmbaum, die Kuh war weiß und braun gefleckt, der Tiger regelmäßig gestreift auf beiden Seiten, rechts und links ganz gleich. Sogar der Frosch, der sich nicht entschließen konnte, ob er in oder außer dem Wasser leben wollte, hatte ein knapp um die Glieder sitzendes Gummimäntelchen an, das mit allerlei sonderbaren Figuren bemalt war.

Der Hund hatte Haare, je nach Wahl, der eine kurz, der andere lang. Die Ziege trug ein Bärtchen wie ein Stadtschreiber, und der Hahn hatte viele schöne Federn, dass er gar nicht wusste, wohin damit, und deshalb die längsten am Ende seines Rückens trug; und die Vögel, all die Vögel, so schön kann man gar nicht träumen, so schön, wie die angezogen waren!

Das Schwein machte lange Beine, um auch so ein schönes Kleid zu kriegen. Außer Atem kam es auf dem verlassenen Platz an.
Aber ach, wie erschrak der liebe Gott, als er das Schwein so nackt herangetrabt kommen sah! „Du kommst zu spät", sagte er zu dem Schweinchen. „Sieh hier den Farbenkasten! Nicht mal mit dem Vergrößerungsglas findest du noch ein Tröpfchen, sogar die Pinsel haben wir im Graben ausgewaschen, und der ganze Stoff ist verbraucht! Ach, nun läufst du allein nackt herum! Schweinchen, Schweinchen, warum bist du auch aus der Reihe gelaufen!"
Das Schwein fing an zu heulen und zu quieken, zu quieken so jämmerlich, dass sein Rüssel ganz lang wurde und man die Augen nicht mehr sah: „Ich bin nackt, ich allein bin nackt! Und nicht eine einzige Verzierung habe ich am Leibe! Und ich wär schon mit wenig zufrieden!" Aber dem lieben Gott schaffte all das Geheule weder Farben noch Stoff herbei.
Vor Kummer wand sich der liebe Gott die Haare um die Finger, und da blieb eine schöne Korkzieherlocke hängen. Da fiel ihm das traurige schlappe Schwänzchen des Schweines in die Augen; ein herrlicher Gedanke schoss in ihm auf. „Komm mal her!", sagte er, nahm die Brennschere, mit der er das Schaf und andere Tiere onduliert hatte, und erhitzte sie an dem ersten Stern, der an dem blauen Himmel aufblühte, brachte das schlaffe Schwänzchen in ein zierliches und dauerhaftes Ringellöckchen. „Mehr kann ich nicht tun", sagte der liebe Gott, „ich kann doch deine Beine nicht zu Löckchen brennen!"
Und das Schwein sah sich um nach seinem Schwänzchen und fand es so schön, dass es vor Freude grunzte, und es war so stolz darauf, dass es von nun an auf Zehen ging, wie ein reiches Dämchen mit einem neuen Hut.

Felix Timmermans

Jahreszeitengeschichte

Es ist Winter. Da fragt die Oma den Toni: „Welche Jahreszeit hast du am liebsten? Den Frühling, den Sommer, den Herbst oder den Winter?" Der Toni geht zum Fenster und schaut hinaus:

Der Winter, der ist leintuchweiß
und voller Schnee und voller Eis.
Ein Schneemann steht vor unserm Haus,
er heißt Karottennasen-Klaus.
Wir rodeln und wir fahren Ski –
und langweilig ist's nie!

Die Oma sagt zum Toni: „Du denkst aber lange nach! Was ist die schönste Zeit im Jahr?"
Da sagt der Toni: „Der Winter, Oma – ist doch klar!"

Es ist Frühling. Da fragt die Oma den Toni: „Welche Jahreszeit hast du am liebsten? Den Frühling, den Sommer, den Herbst oder den Winter?" Der Toni geht zum Fenster und schaut hinaus:

Im Frühling schmilzt der Schnee davon.
Die ersten Blumen warten schon,
bevor sie aus der Erde kommen.
Die Eiszapfen sind fortgeschwommen.
Das Wasser gluckert. Aber wie!
Und langweilig ist's nie.

Die Oma sagt zum Toni: „Du denkst aber lange nach! Was ist die schönste Zeit im Jahr?"
Da sagt der Toni: „Der Frühling, Oma – ist doch klar!"

Es ist Sommer. Da fragt die Oma den Toni: „Welche Jahreszeit hast du am liebsten? Den Frühling, den Sommer, den Herbst oder den Winter?“ Der Toni geht zum Fenster und schaut hinaus:

Der Sommer, der ist sonnenheiß.
Wir schlecken Schokoladeeis.
Wir gehen baden, spielen Ball,
wir klettern auf den Hühnerstall.
Dann hab ich oft zerkratzte Knie –
doch langweilig ist's nie!

Die Oma sagt zum Toni: „Du denkst aber lange nach! Was ist die schönste Zeit im Jahr?“
Da sagt der Toni: „Der Sommer, Oma – ist doch klar!“

Es ist Herbst. Da fragt die Oma den Toni: „Welche Jahreszeit hast du am liebsten? Den Frühling, den Sommer, den Herbst oder den Winter?“ Der Toni geht zum Fenster und schaut hinaus:

Der Herbst macht alle Blätter bunt
und steckt uns Nüsse in den Mund.
Kastanien plumpsen von den Bäumen.
Die Krähen sitzen da und träumen.
Ich bastel mir Kastanien-Vieh.
Nein, langweilig ist's nie!

Die Oma sagt zum Toni: „Du denkst aber lange nach! Was ist die schönste Zeit im Jahr?“
Da sagt der Toni: „Der Herbst ist's, Oma – das ist klar!“

Da sagt die Oma: „Im Frühling sagst du, der Frühling ist am schönsten. Im Sommer sagst du, der Sommer ist am schönsten. Im Herbst sagst du, der Herbst ist am schönsten. Und im Winter sagst du, der Winter ist am schönsten. Was ist jetzt wirklich die schönste Zeit?“
Der Toni lacht und sagt zu ihr: „Ich glaube, Oma – alle vier!“

Georg Bydlinski

Was ich sehe, wenn ich gehe

Auf dem Acker frisch gepflügte Erde.
Am Himmel Wolkenpferde.
Zitternde Gräserspitzen.
Blüten in Mauerritzen.
Zwei Schmetterlinge, gelb und weiß.
Ein Kind mit einem Eis.
Eine alte Frau mit einem Buch.
Auf einer Wäscheleine ein einzelnes Taschentuch.
Eine Katze im sonnigen Gras.
Lichtsignale auf Fensterglas.
Ein Auto, das ich nicht kenne.
Eine Henne.
Einen Hahn.
Eine Wiese voll Löwenzahn.
Ein Spinnennetz ohne Spinne.
Eine verrostete Regenrinne.

Hinter der Wegbiegung liegt unser Haus.
Mein Spaziergang ist aus.

Georg Bydlinski

Wenn sich das Kind nützlich machen will,...

ermöglichen es ihm Geschichten, sich mit „Helfern" zu identifizieren.

Aus Wichtigtuern werden nach und nach „Gehilfen"

Kaum stand das Kind einigermaßen sicher auf den Beinen, konnte gewandt laufen und gehen, war es schon sein Bestreben, „immer dabei zu sein", wenn Vater und Mutter vor seinen Augen arbeiteten. Auch sprachlich verlieh das Kind diesem Wollen Ausdruck. In unmissverständlichen „Zwei-Wort-Sätzen" forderte es energisch: „Hansi arbeiten!" „Hansi helfen!" So schwierig es für die Eltern gewesen sein mag, ihre Wichtigtuer als „Gehilfen" anzunehmen, so fördernd war es für die gesamte Entwicklung des Kindes, nicht abgewiesen und weggeschickt worden zu sein, sondern Gelegenheit gefunden zu haben, spielerisch nachzuahmen, was Vater und Mutter arbeiteten. Durften Kinder auf diese Weise tätig sein, werden sie nach und nach mit wachsendem Interesse Vorgänge in ihrem Lebensbereich verfolgen und immer klarer zu erfassen vermögen, dass jedes Familienmitglied seinen Teil zum Wohlergehen aller beitragen, einer für den anderen dasein muss.

Sich im arbeitsteiligen Leben als Helfer erweisen dürfen

Als etwa Vierjährige suchen die Kinder geradezu nach Möglichkeiten, sich nützlich machen zu dürfen, sich als brauchbarer Helfer zu erweisen. Dieses Streben soll auch in Geschichten einen Niederschlag finden. So kann etwa von Kindern erzählt werden, die Einkäufe besorgen, bei der Gartenarbeit helfen oder beim Vorbereiten eines Festes, etwa einer Geburtstagsjause, das Ihre leisten.

Unter den gegenwärtigen Verhältnissen ist es besonders wichtig, Geschichten zu erzählen, die das arbeitsteilige Leben in Stadt und Land und die Möglichkeiten der Kinder, brauchbare Helfer zu sein, zum Inhalt haben. Bei der Auswahl der Geschichten gilt es jedoch bedachtsam vorzugehen, da das Wünschen und Wollen der Kinder dieses Alters ihrem tatsächlichen Können weit vorauseilt. So wäre es ein Fehler, durch eine Erzählung die Unternehmungslust und den Einsatzwillen Vierjähriger so stark herauszufordern, dass sie dazu verführt werden, in Nachahmung des „Helden" einer Geschichte sich mehr zuzumuten, als sie zu leisten vermögen.

Im freundlichen Miteinander Teilaufgaben erfüllen

Zunächst sollte sich der Erzähler darauf beschränken zu schildern, dass Kinder in einem Arbeitsablauf eine Teilaufgabe übernehmen.

Ein Beispiel dafür ist die Geschichte „Jan und Julia feiern Geburtstag", in der Vater und Mutter ein Geburtstagsfest für ihre Kinder arrangieren. Jan und Julia bemalen die Einladungen, helfen beim Kuchenbacken, wickeln kleine Geschenke ein, gießen Saft in die Becher – erfüllen also Teilaufgaben, die sie bewältigen können. Derartige Geschichten lassen die Kinder verstehen, dass es beim Arbeiten ein sinnvolles Nacheinander von Arbeitsvorgängen gibt, an das man sich halten muss.

Zum Selbständigwerden bedarf es noch mancher Lernprozesse

Will man etwa einen Kuchen backen, gilt es zu überlegen, was man dafür braucht und besorgen muss – Eier, Zucker, Mehl und Rosinen , ehe man mit der Zubereitung beginnen kann: mit dem Schaumigrühren der Butter, dem Aufschlagen der Eier, dem Verrühren von Zucker und Mehl und allem, was sonst noch der Reihe nach zu erledigen ist, bis der Kuchen auf dem Tisch steht. Durch Geschichten wie „Wumme und der Sonntagskuchen" lernen die Kinder zur Kenntnis zu nehmen, dass sie zwar erwünschte und brauchbare Helfer sind, aber doch noch manches dazulernen müssen, ehe sie selbständig arbeiten können.

Erfolgserlebnisse steigern das Durchhaltevermögen

Erzählt man Geschichten, in denen sich Kinder mit „Helfern" identifizieren können, werden sie daraus Anregungen zum Mithelfen gewinnen und dazu veranlasst, in verstärktem Maße ihre Aufmerksamkeit den wenigen Arbeitsvorgängen zu schenken, die zu beobachten ihnen im Zeitalter der Technisierung geblieben sind. Außerdem machen es solche Geschichten möglich, eindrucksvoll nachzuerleben, wie groß die Freude über ein gelungenes Werk sein kann, wie schön es ist, im freundlichen Miteinander eine bestimmte Aufgabe zu übernehmen und trotz Mühe und Plage durchzuhalten.

Der kleine rote Lieferwagen

Ruth und Tommy hatten einen nagelneuen roten Spielzeugwagen. Sie fuhren damit bergauf und bergab. Erst spielten sie Feuerwehr, dann spielten sie Taxi, und zuletzt spielten sie Bäckerauto. Aber schließlich meinte Tommy: „Jetzt habe ich keine Lust mehr. Wir denken uns etwas Neues aus!“

Im selben Augenblick hielt ein großer Lieferwagen auf der Straße. Da hatte Ruth einen Einfall. „Du, Tommy“, sagte sie, „wir spielen Lieferwagen!“ „O ja“, rief Tommy, „wir geben überall Pakete ab!“ „Aber diesmal wollen wir nicht nur spielen“, schlug Ruth vor, „wir wollen uns nützlich machen! Wir finden bestimmt jemanden, dem wir helfen können!“

Sie gingen die Straße entlang, und es schien erst, als wollte ihnen niemand begegnen. Doch da lief ja die kleine Doris mit ihrer Mutter; sie wollten zum Bus und hatten es sehr eilig. Aber Doris kam nicht recht mit, sie hatte noch kurze Beinchen. „Komm, wir bringen sie zur Haltestelle!“, rief Ruth. „Nein“, sagte Tommy, „doch nicht Doris! Ein Lieferwagen fährt nur Sachen aus, vergiss das nicht!“ „Bei unserem ist das anders“, meinte Ruth. „Das ist ein besonderer Lieferwagen, der auch Kinder fährt!“ „In Ordnung“, lachte Tommy, „komm her, Doris, wir fahren dich!“ Er hob Doris in den roten Lieferwagen und sauste mit ihr die Straße entlang. Jetzt musste die Mutter laufen, um mitzukommen. „Vielen Dank!“, sagte die Mutter. „Hättet ihr mir nicht geholfen, wir hätten es nicht geschafft!“

„So, und wem helfen wir jetzt?“ fragte Tommy, als der Bus abfuhr. „Schau“, rief Ruth, „da drüben geht Frau Müller und hat so viel zu schleppen! Das eine Paket hat schon ein Loch. Gleich stolpert sie auch über ihren Hund!“ „Ja, Frau Müller braucht unseren Lieferwagen!“ Tommy und Ruth gingen zu Frau Müller. „Guten Tag!“, sagte Tommy. „Wir fahren alles, Pakete und Kinder; stellen Sie nur Ihre Pakete in den Wagen. Alles andere besorgen wir!“

„Das ist ja fein! Vielen Dank!“, rief Frau Müller erleichtert und legte alle ihre Pakete in den roten Lieferwagen. „Na, wunderbar!“, lachte sie. „Die Pakete wurden mir ohnehin schon immer schwerer!“ „Ja, so geht es vielen“, meinte Ruth. „Deshalb haben wir ja auch unseren Lieferwagen!“ „Was hätte ich ohne euch machen sollen!“, rief Frau Müller, als sie vor ihrem Haus anhielten. „Hier habt ihr einen Apfel und vielen Dank!“

Tommy und Ruth sahen sich um, ob es wieder etwas zu tun gäbe. Da hörten sie plötzlich im Gebüsch ein Jammern und Jaulen. Was kann denn das sein? Ruth guckte in den Busch. Was fand sie da wohl? Ein liebes, kleines Kätzchen, das sich in den Zweigen verfangen hatte! „Arme Mieze“, tröstete Ruth, „nicht weinen. Wir wissen ja, dass du Frau Berger gehörst. Wir haben einen schönen roten Lieferwagen und geben dich gleich zu Hause ab!“ Kannst du dir vorstellen, wie sich Frau Berger

freute, als sie ihre Mieze sah? „Wie soll ich euch nur danken?", sagte sie, als das Kätzchen wieder im weichen Körbchen lag.
„Ach", meinten Tommy und Ruth, „helfen macht doch Spaß!" „Ja", rief Ruth, als sie heimliefen, „Feuerwehr und Taxi spielen ist prima – aber Lieferwagen spielen und anderen helfen ist am allerschönsten!" „Stimmt", sagte Tommy, „und besonders, wenn man richtige Sachen fahren kann: Kinder, Pakete und Kätzchen."

Hazel P. Cerderborg

Wenn Wuzz nicht wär

Anna wohnt mit ihren Eltern am Taubenplatz, Hausnummer acht. Die Wohnung liegt im obersten Stockwerk: drei Zimmer mit Balkon. Der Balkon ist ein kleiner Garten hoch über dem Platz. Annas Vater ist als Busfahrer bei der Stadt angestellt. Annas Mutter arbeitet am Vormittag als Verkäuferin in einem Blumengeschäft. Anna spielt im Kindergarten, bis Mutter sie abholt. Zu Hause wartet auf Mutter viel Arbeit: kochen, abspülen, waschen und bügeln, Blumen versorgen und noch vieles mehr. Anna denkt oft: „Wenn Mutter nicht wär!" Eines Tages muss Mutter für zehn Tage fort in die Klinik. Für das Baby in ihrem Bauch wird es Zeit, dass es herauskommt. „Was werdet ihr nur machen ohne mich?", sagt Mutter besorgt. „Alles wird drunter und drüber gehn!" „Ja, drunter und drüber", sagt Vater, „wenn er, der Wuzz, nicht wär!"
Am Tag darauf wird Sebastian geboren. Anna hat nun einen kleinen Bruder. Alle sind glücklich. Aber wie geht's zu Hause? Alles in Ordnung! Vater kauft ein und kocht. Alles andere macht Wuzz, wenn Anna schläft: abspülen, staubsaugen, waschen und bügeln, Blumen versorgen und noch vieles mehr – macht er!
Anna fragt den Vater: „Wie sieht er denn aus?" Vater malt Wuzz auf ein großes Blatt. So sieht er aus:

Augen grün, Nase rot,
ein Riesenmund,
der Kopf ratzekahl
und kugelrund.

In der Nacht darauf wacht Anna auf – und da sieht sie Wuzz. Die Tür zur Küche steht einen Spalt offen. Wuzz ist an der Arbeit. Er bügelt ein Hemd. Nur – Wuzz sieht genau wie Vater aus. Die Augen nicht grün, kein Riesenmund, die Nase nicht rot und der Kopf nicht rund.
„Na warte, du sollst was erleben, du Wuzz!", denkt Anna und schleicht in ihr Bett zurück.

Als Vater am folgenden Nachmittag auf dem Küchensofa eingenickt ist, lässt Anna den Staubsauger brummen. Vater wacht auf und reibt sich die Augen. Anna hat das Bild von Wuzz umgehängt und deutet auf den kugelrunden Kopf. „Aber Anna!", sagt der Vater, „was machst du denn?" „Wieso ich?", fragt Anna, „Wuzz ist am Saugen!

Augen grün, Nase rot,
ein Riesenmund,
der Kopf ratzekahl
und kugelrund.
Ein Kuddelmuddel wär hier,
wenn er,
der Wuzz, nicht wär!"

Da muss der Vater so lachen, dass er vom Sofa rollt. Als die Mutter am elften Tag nach Hause kommt, sagt sie erstaunt: „Wie hier alles blitzt!" Anna sagt:

„Kein Wunder,
naja –
Wuzz war ja da.
Eins, zwei, drei, vier –
und Wuzz bleibt auch hier."

Hans Baumann

Wumme und der Sonntagskuchen

Sabine Irmingard Anneliese Müller wird von ihrem Vater „Wumme" genannt, weil sie als kleines Kind statt „warum" immer nur „wumm" gesagt hat. Sie kann zwar mittlerweile schon ausgezeichnet sprechen und fast alles richtig. Aber der Name „Wumme" ist geblieben.
Also sagt ihr Vater weiterhin „Wumme". Wumme sagt auch nicht „Vater", sondern „Papa".
Und wie sagt ihre Mutter? Die hat früher auch „Wumme" gesagt. Jetzt aber ist sie tot. Nur ihr Bild hängt noch in Wummes Zimmer. Wumme und Papa sind allein. Schon lange.

Seit der Zeit teilen sie sich die Arbeiten, die Mama früher gemacht hat. Das ist zwar nicht immer ganz leicht. Aber es geht. Zumal Papa viele Dinge kann, die nicht jeder Vater kann. Er kann kochen. Er kann Knöpfe annähen. Er kann maschinschreiben. Und was Wumme noch besser gefällt: Er kann Kopfstand machen, auf zwei Fingern pfeifen und mit den Ohren wackeln. Und noch vieles mehr.
Wumme findet, dass ihr Papa der beste von der ganzen Welt ist. Papa lacht dann immer und zwinkert ihr zu: „Das ist leicht gesagt, Wumme. Du kennst ja die anderen Väter von der ganzen Welt gar nicht." „Aber ich kenn den Papa von der Renate", sagt Wumme, „und der kann nicht einmal kochen! Jawohl! Denn als ihre Mama das Baby gekriegt hat, ist extra ihre Großmutter zum Kochen gekommen. Sonst wären sie alle verhungert. Hat die Großmutter gesagt." „So weit wär's bestimmt nicht gekommen, Wumme." „Aber wenn er's doch nicht kann!", sagt Wumme. „Dann hätte er es vielleicht gelernt. So schwer ist es ja gar nicht." „Wie schwer denn?", erkundigt sich Wumme. „Das kommt drauf an, was man kocht." „Würstchen gehen leicht", sagt Wumme. „Da muss man nur warten, bis sie warm sind. Würstchen kann ich auch. Und Kartoffelbrei weiß ich. Das ist mit Milch. Und mit Kartoffeln." „Siehst du", sagt Papa. „So leicht ist das. Und wenn du noch größer bist und lesen kannst, brauchst du den Rest nur aus dem Kochbuch herauszulesen." „Steht da alles drin?", erkundigt sich Wumme. „Schokoladenpudding auch?" „Sicher." „Und Kuchen?" „Kuchen auch." „Kuchen mit Weinbeeren und Rosinen und solchen Sachen steht auch im Kochbuch?", bohrt Wumme weiter. „Sicher", bestätigt Papa. „Das ist Englischer Kuchen. Englischer Kuchen steht in jedem Kochbuch." „In unserm auch?", fragt Wumme und stellt sich schon mit einem Bein auf den Küchenhocker, um Mamas Kochbuch aus dem Fach zu holen. Papa muss auch nur eine Weile blättern, bis er es gefunden hat. „Siehst du, da steht es: Englischer Kuchen." „Dann machen wir den", sagt Wumme. „Wie?", fragt Papa und denkt, er hört nicht recht. „Du hast doch gesagt, man muss nur lesen – und dann geht es ganz leicht. Du liest es. Und ich helf dir schon." „Na, ich weiß nicht recht, Wumme", fängt Papa an. Aber Wumme sagt gleich: „Ich schon, Papa! Englischer Kuchen ist nämlich mein Allerliebstes von der ganzen Welt." „Ich denke Schokoladenpudding?" „Auch", gibt Wumme zu. Denn sie hat viele allerliebste Sachen. „Aber Englischer Kuchen mit Rosinen und Weinbeeren ist noch mein Allerliebsteres. Und wir haben schon so lang keinen mehr gehabt."
Das stimmt. Seit Mama nicht mehr lebt, backt niemand mehr Kuchen.
„Mach doch, Papa, bitte", bettelt Wumme. „Ich hol dir auch gleich einen Kochlöffel." „Den Schneebesen, bitte", sagt Papa und bindet Mamas Küchenschürze um. Er schlägt die Eier auf. Das Gelbe kommt mit Butter und Zucker in die Schüssel. „Rühr, Wumme! Du musst fest rühren, sonst wird er nichts! Mach nur, vorwärts! Ich wieg schon das Mehl ab." Rühren! Das ist leicht gesagt. Wumme rührt ja. Aber in der Schüssel rührt sich kaum etwas. Die Butter klebt am

Holzlöffel. Der Zucker knirscht in der Schüssel. „Das wird schon", tröstet Papa. „Du musst nur fest rühren." Wumme seufzt. Sie rührt einmal. Sie rührt zweimal. Sie rührt mindestens fünfmal, wenn nicht noch öfter. Dann seufzt sie. Dann rührt sie wieder. „Kuchenrühren ist blöd, Papa." „Findest du? Muss aber sein." „Warum?" „Weil der Kuchen sonst nicht locker wird. Du musst rühren." Wumme rührt noch einmal. „Er ist schon sehr gut!", behauptet sie, „und er schmeckt prima. Es reicht." „Aber, Wumme!", mahnt Papa, „eine gute Köchin nascht nicht." „Ich hab nicht genascht. Ich hab nur probiert. Versuch doch auch, Papa!" Wumme hält ihm den eingetunkten Finger hin.

„Gleich", sagt er. „Ich such gerade Weinbeeren und Rosinen. Da waren doch immer welche. Oder nicht? Haben wir keine Rosinen mehr, Wumme?" „Nein", sagt Wumme und schnieft ein bisschen. Das tut sie immer, wenn irgend etwas nicht ganz stimmt. Denn eigentlich müssten Rosinen da sein, wenn Wumme sie nicht aufgegessen hätte, ein paar gestern, ein paar vorgestern, ein paar irgendwann. Auf einmal waren alle weg.

Wumme schaut Papa an. Papa schaut Wumme an. „Wie find ich das?" fragt Papa und reibt sich die Nase wie immer, wenn er sich etwas überlegt. Diesmal muss er allerdings die Nase mit dem Arm reiben, weil er klebrige Hände hat. Wumme weiß gleich, er wird es nicht sehr gut finden. Das sagt er auch: „Nein, das find ich nicht sehr gut, Wumme, wenn du heimlich an die Rosinen gehst. Hast du denn Hunger gehabt?" Wumme zieht die Schultern hoch. „Oder bist du eine Maus, die in den Küchenschränken herumknabbert?" Wumme schüttelt den Kopf. „Hast du Weinbeeren und Rosinen so gern?“ Wumme nickt. „Ah, so ist das“, sagt Papa. „Schade, dass du's nicht gesagt hast. Zu dumm. Jetzt haben wir keine. Dann machen wir eben nur Müller-Kuchen.“ „Und wie geht Müller-Kuchen?“, erkundigt sich Wumme. „Wie Englischer Kuchen. Aber ohne Weinbeeren und Rosinen. „Bloß mit lauter Teig? Das find ich aber jetzt blöd“, mault Wumme. „Die Weinbeeren und Rosinen sind ja das Beste dran. Die gehören da rein!“ „Tja, wenn wir keine haben...“ Papa zuckt die Schultern. „Aber ich will welche“, sagt Wumme. „Können wir denn keine mehr kaufen?“ „Schon“, meint Papa. „Die Frau Berger hat den Laden noch offen. Aber du siehst ja, dass ich jetzt nicht weg kann.“ „Warum nicht?“ „Weil der Teig rasch fertiggerührt werden muss. Und dann müsste er gleich in den Backofen. Sonst haben wir nur einen gebackenen Pflasterstein und keinen Kuchen. So hart wird er.“ „Und wenn ich gehe?“, überlegt Wumme. „Du? Allein? Du warst noch nie allein einkaufen. Und außerdem, Wumme, jetzt sind schon drei Eier drin und eine Menge Butter und der Zucker auch. Der Kuchen wird gut genug. Wir müssen uns ja nicht arm essen.“ „Müssen wir auch nicht“, sagt Wumme. „Weil ich nämlich reich bin. Ich hab viel Geld in meiner Sparkasse.“ „Und da willst du Rosinen für uns spendieren?“ Wumme nickt. „Und einkaufen kann ich sie auch allein.“ „Ja, wenn das so ist!“

Wumme ist schon hinausgelaufen, um ihr Sparschwein zu holen. Ihr Sparschwein ist ein Sparbär mit einem Schlitz oben zum Geldeinwerfen und einer Klappe unten zum Geldherausnehmen. Sie schließt sie auf und lässt das Geld, das sie drin hat, herausfallen.

„Reicht das für Weinbeeren und Rosinen?“, erkundigt sich Wumme. Denn mit Geld weiß sie noch nicht ganz Bescheid. Papa wirft einen Blick darauf: „Das reicht. Ich würde nur ein Zwei-Mark-Stück mitnehmen.“ „Das Silberne?“, fragt Wumme. „Mhm. Das mit dem Haken drauf. Das heißt ‚zwei'.“ „Muss ich das ganz hergeben?“, erkundigt sich Wumme. Papa denkt nach: „Ich weiß nicht genau. Am besten ist, du sagst einfach zur Frau Berger: Für ungefähr zwei Mark Weinbeeren und Rosinen. Meinst du, du kannst das besorgen?“ „Klar“, schreit Wumme und ist schon an der Tür. Sie schwenkt einen Einkaufsbeutel und singt vergnügt die Treppe hinunter: „Für ungefähr zwei Mark Weinbeeren und Rosiiinen – für ungefähr zwei Ma-ark . . .“ Als Wumme ankommt, ist sie nicht die einzige Kundin im Laden. Es sind schon zwei Frauen da. Die werden zuerst bedient.

Wumme stellt sich hinter sie und murmelt, damit sie es nicht vergisst: „Für ungefähr zwei Mark Weinbeeren und Rosinen.“ Schließlich ist die Reihe an ihr. Gerade will Wumme anfangen zu sagen: „Für ungefähr zwei Mark Weinbeeren und Rosinen“, da schiebt eine Frau Wumme beiseite und sagt: „Du hast es wohl nicht so eilig.“ „Doch“, sagt Wumme und reckt ihre Nase über den Ladentisch, dass die Frau Berger sie endlich sieht. „Ich hab's sehr eilig.“ „Na, so was“, sagt die Frau. „Was du schon versäumst!“ „Mein Papa wartet auf mich zu Hause. Wir machen einen Englischen Kuchen", verkündet Wumme stolz. „Was du nicht sagst!", staunt die Frau Berger. „Das kann dein Papa? Englischen Kuchen?" „Und Müller-Kuchen kann er auch. Aber mir ist Englischer Kuchen lieber." Und dann holt sie tief Luft und bestellt. „Für ungefähr zwei Mark Weinbeeren und Rosinen." „Das kannst du haben", sagt die Frau Berger. Wumme bekommt zwei Tüten: eine mit Weinbeeren und eine mit Rosinen. Und einen Zettel bekommt sie auch, auf dem steht, was alles zusammen kostet. Da rein wickelt sie das Wechselgeld, steckt alles wieder in ihren roten Geldbeutel, stopft den Geldbeutel in die Hosentasche, sagt noch „auf Wiedersehen" und geht.

„Wunderbar!", lobt Papa, als sie ihm die Tüten gibt. „Was du alles kannst! Richtig groß wirst du! Und gescheit! Ist es gut gegangen?" Wumme erzählt es genau, während Papa noch rasch Rosinen und Weinbeeren in den Teig rührt. Nun überlegt sie, was mit den übrigen Weinbeeren und Rosinen geschehen soll. Papa braucht sie nicht alle. „Soll ich sie in den Schrank tun, Wumme? Oder geht da wieder eine kleine Hausmaus dran?" Wumme lacht und schnieft ein bisschen und meint: „Eine kleine Hausmaus isst furchtbar gern Rosinen." Papa schmunzelt auch: „Jaja, das haben Mäuse so an sich. Weißt du, was wir machen?" „Nein", sagt Wumme. Papa aber weiß es: „Wir stellen eine kleine Schüssel auf für unsere kleine Schleckermaus, Wumme. Und da kommt der Rest hinein. Und noch ein paar Nüsse dazu. Nüsse essen Mäuse doch auch gern, nicht wahr?" Wumme nickt und lacht. „Und die Schleckerschüssel stellen wir – ja – wo stellen wir denn die Schleckerschüssel hin, damit unsere Schleckermaus gut dran kann?" „Da hin!" bestimmt Wumme und deutet auf ihren Essplatz.

Ernestine Koch

Pudding-Lied

Himbeerpudding,
zitterst ja!
Sind doch keine
Feinde da…
Fürcht dich nicht
und lass dir schwörn:
ich
hab dich
zum Fressen gern!

Ernst A. Ekker

Jan und Julia feiern Geburtstag

Jan hat nur einen Tag nach Julia Geburtstag. „Zuerst wird mein Geburtstag gefeiert“, sagt Julia. „Und dann gleich meiner“, meint Jan. Papa und Mama sagen: „Wir feiern ein Fest für euch beide gemeinsam.“ „Ja, prima“, rufen Jan und Julia. Mama fragt: „Wen wollt ihr einladen?“ „Ich lade Michel, Birgit und Christian ein“, sagt Jan. „Und ich lade Doris, Jochen und Suse ein“, sagt Julia. Mama schreibt für jedes Kind eine Einladung. Jan malt auf jede Einladung bunte Blumen. Dann steckt Julia jede Einladung in einen Briefumschlag.
Mama sagt: „Ein Fest macht viel Arbeit.“ Jan und Julia wollen helfen. Sie backen einen Kuchen. Julia gibt die Zutaten in die Schüssel. Jan rührt mit dem Mixer. Mama passt auf. Dann sehen sie durch das kleine Fenster im Herd, wie der Kuchen groß und braun wird.
Jan und Julia räumen auf. In Julias Zimmer wollen sie spielen. Sie schmücken es mit bunten Papierschlangen. Mama hat auch kleine Geschenke besorgt. Die wickeln sie in Papier ein und knoten sie an eine Leine. Die Leine ist durch das Zimmer gespannt. In Jans Zimmer decken sie den Tisch. Auf der Papierdecke kann ruhig etwas umfallen. Mama bringt Teller und Becher. Julia legt die Löffel zurecht. Jan verteilt seine Buntstifte. Wer will, kann die Tischdecke bemalen.
Gleich ist es soweit. Jan und Julia sind sehr aufgeregt. Da klingelt es, und die Gäste kommen. Sie haben Geschenke für Jan und Julia mitgebracht.
Michel will sich gleich an den Tisch setzen. Aber Jan hat sich etwas ausgedacht. Er hat Tierbilder zerschnitten. Eine Hälfte liegt auf jedem Teller, die andere in seiner Mütze. Jedes Kind darf einmal ziehen. Dann muss es die Hälfte suchen, die zu seinem Bild passt. Bald hat jeder seinen Platz gefunden.
Jan verteilt den Kuchen. Julia gießt immer wieder Saft in die Becher. Bald sind alle Kinder satt. Michel ruft: „Jetzt wollen wir aber spielen!“ Zuerst spielen sie Topfschlagen. Nacheinander bekommt jedes Kind die Augen verbunden. Es muss versuchen, mit dem Holzlöffel einen Topf zu treffen, der irgendwo im Zimmer steht. Aber Michel trifft nur Julia am Bein. Sie will gerade zu weinen anfangen, aber dazu hat sie jetzt keine Zeit. Denn nun ist sie dran.
Sie spielen noch Sackhüpfen, Eierlaufen und Bandaufrollen. Wer sein Band am schnellsten um einen Stock wickelt, hat gewonnen. Dann darf sich jedes Kind ein Päckchen von der Leine abnehmen.
Mama kommt mit einem Tablett und fragt: „Gibt es hier Kinder, die gern Eis essen?“ „Ja“, rufen alle, obwohl sie noch satt vom Kuchen sind.
Auch Papa will etwas für das große Fest tun. In den Türrahmen spannt er eine Decke. Aus Taschentüchern knotet er Puppen. Dann spielt er ein lustiges Theaterstück. Darüber müssen alle lachen.

Mama sagt: „Jetzt ist das Fest zu Ende." „Nein, noch nicht", rufen die Kinder. Papa setzt sich Jans Mütze auf und fragt: „Wer will mit meiner Taxe fahren?" Das wollen alle. Und Papa bringt die Gäste mit dem Auto nach Hause.
„Das war ein schönes Geburtstagsfest", sagen Jan und Julia. Sie liegen im Bett, aber sie sind noch gar nicht müde. Papa und Mama sagen: „Gute Nacht" und machen das Licht aus. Und schon sind Jan und Julia eingeschlafen.

Margret Rettich

Was ich von meinen Tanten zum Geburtstag bekam

Von Tante Wilhelmine
eine Mandarine,
von Tante Grete
eine Trompete,
von Tante Adelheid
ein Sommerkleid,
von Tante Beate
eine Tomate,
von Tante Liane
eine Banane,
von Tante Isabell
ein weißes Bärenfell,
von Tante Veronika
eine Harmonika,
von Tante Emilie
eine Lilie,
von Tante Kunigunde
zwei lustige Hunde,
zuletzt von Tante Erika
eine Karte aus Amerika.

Tante Walpurga, auf die
sich nichts reimt,
hat mein zerbrochenes
Holzpferd geleimt.

Vera Ferra-Mikura

Ein Garten für Peter und Pauline

Peter und Pauline sind Zwillinge. „Ihr seid jetzt schon groß“, sagte Vati, „ratet einmal, was für eine Überraschung ich für euch habe!“ „Ich weiß nicht“, sagte Peter. „Ich weiß nicht“, sagte Pauline. „Ich will es euch sagen“, antwortete Vati. „Ihr bekommt einen eigenen kleinen Garten.“ Als Peter und Pauline das hörten, freuten sie sich so sehr, dass sie einander umarmten und umhersprangen. „Kommt mit, ich will euch zeigen, wo in unserem großen Garten euer kleiner Garten ist!“ Nach einer Weile blieb Vati stehen und sagte: „Schaut, dort ist euer Garten!“ Peter und Pauline schauten hin und sahen einen grünen Zaun mit einem kleinen Tor. „Vati“, sagten sie, „hast du den Zaun aufgestellt? Gestern war er noch nicht da.“ „Ja“, sagte Vati. „Gestern, als ihr schon im Bett gewesen seid, habe ich ihn aufgestellt. Ich wollte euch überraschen.“ Peter und Pauline liefen zum Zaun, öffneten die kleine Tür, gingen hinein und waren nun in ihrem eigenen kleinen Garten. „Ihr könnt anbauen, was ihr wollt“, sagte Vati, „Erdäpfel oder Gemüse, Gras oder Blumen.“ „Wir wollen Blumen pflanzen!“, riefen Peter und Pauline wie aus einem Munde. „Gut“, meinte Vati, „aber jetzt will ich euch nicht aufhalten, ihr habt viel zu tun.“

Dann ging er durch das kleine grüne Tor zurück ins Haus. „Zuerst müssen wir umstechen", sagte Peter, „komm, holen wir eine Stichschaufel." Beide liefen zum Werkzeugschuppen. Dort fanden sie in einer Ecke eine Stichschaufel und einen großen Rechen. „Ich weiß etwas", sagte Peter, „du nimmst den Rechen, und ich nehme die Stichschaufel. Während ich umsteche, kannst du rechen und die Erde schön glatt machen." „Gut", sagte Pauline. Sie trug den Rechen, und Peter trug die Stichschaufel in den eigenen kleinen Garten. Sofort begannen sie zu arbeiten. Peter stach die harte braune Erde um, und Pauline rechte sie schön glatt. Dann machten sie in der Mitte des Gartens mit der Stichschaufel einen kleinen Weg. „Hurra! Wir sind fertig!", rief Peter. „Jetzt können wir Samen aussäen." „Aber wir haben doch keinen", sagte Pauline, „wir müssen Mami fragen, wo man Samen bekommt." Rasch liefen sie ins Haus. „Mami", riefen sie, „wir haben in unserem Garten umgestochen, und jetzt brauchen wir Samen! Wo können wir welchen bekommen?" „Ihr werdet ihn kaufen müssen", sagte Mami. „Jeder von euch darf zehn Schilling aus seiner Sparbüchse herausnehmen. Geht in das Blumengeschäft in unserer Straße und schaut, was ihr dort bekommen könnt. Bleibt auf dem Gehsteig!", rief Mami den Kindern besorgt nach. „Ja, Mami, gewiss!", sagten Peter und Pauline und liefen zum Blumengeschäft. Dort kauften sie zweierlei Samen: Ringelblumen und Türkische Nelken. Dann liefen die Kinder, so schnell sie konnten, wieder nach Hause, und Vati zeigte ihnen, wie man die Samen in die weiche braune Erde streut.
Sonne und Regen ließen die Samen wachsen. Jeden Tag gingen Peter und Pauline zu ihrem eigenen kleinen Garten, um nachzuschauen. Endlich entdeckten sie kleine grüne Triebe, die aus der Erde guckten. Aus den grünen Trieben wurden zarte Blätter und kleine Knospen. Von Tag zu Tag wurden sie größer und größer. Nach einem warmen Regen brachen die Knospen auf, und nun warteten schöne goldgelbe und rotbraune Blumen auf die Kinder.
Als die Sonne wieder schien, liefen Peter und Pauline in ihren Garten. „Schau doch", rief Peter, „unsere Blumen sind endlich aufgeblüht!" „Sie sind wunderschön!", rief Pauline. „Komm, pflücken wir ein paar Blumen für Mami." Und die Kinder pflückten zwei Blumen von jeder Art, zwei goldgelbe, zwei rotbraune, und brachten sie Mami. „Oh, was für schöne Blumen!", sagte sie. „Wo habt ihr denn die her?" „Die sind aus unserem Garten", sagten Peter und Pauline. „Vati wird sich freuen, wenn er sie sieht", sagte Mami, suchte eine schöne, kleine Vase, füllte sie mit Wasser, steckte die Blumen hinein und stellte sie mitten auf den Tisch. Als Vati heimkam, sah er sofort die Vase mit den schönen Blumen. „Wo habt ihr denn die her?", fragte er. „Ich habe selten so schöne Blumen gesehen." Mami lächelte und antwortete: „Das sind die ersten Blumen aus dem Garten von Peter und Pauline." Vati lachte, gab Peter und Pauline ein Busserl und sagte: „Ich habe doch zwei tüchtige Kinder."

Lilian McCrea

Der kleine Briefträger und Petronella

Eines Tages klopfte es heftig an die Tür des kleinen Briefträgers. „Herein", rief er. Da betrat eine dicke Frau das Zimmer. Der kleine Briefträger hatte sie nie zuvor gesehen. „Das muss anders werden!", rief sie. „Der Briefkasten ist zu klein!" „Aber er war immer so", meinte der kleine Briefträger. „Ich will etwas verschicken", sagte die dicke Frau. „Und das passt nicht hinein." „Ist es ein Brief?", fragte der kleine Briefträger. „Oder ist es vielleicht ein Päckchen?" Die Frau griff in ihre Tasche und holte ein gestreiftes Kätzchen hervor. „Es heißt Petronella", erklärte sie, „und ich will es der Frau Heimchen schicken. Die Frau Heimchen ist nämlich furchtbar einsam. Und nachts hat sie kalte Füße. Dagegen ist ein Kätzchen gut." „Hm", machte der kleine Briefträger, und er versuchte, das Kätzchen in ein großes Kuvert zu stecken. „Nein, ein Brief ist es nicht. Dann muss ich es zu einem Päckchen verschnüren."
Aber sobald das Kätzchen die Kordel sah, fing es an, damit zu spielen, und der kleine Briefträger konnte kein Päckchen aus ihm machen. Da wurde es dem kleinen Briefträger zu dumm. Er klebte dem Kätzchen drei Briefmarken auf den Kopf und steckte es in seine Posttasche.
„Danke schön", sagte die dicke Frau. „Auf Wiedersehen." Sie rückte ihren Hut gerade und ging.
Auch der kleine Briefträger machte sich auf den Weg. Eigentlich wohnte die Frau Heimchen ja ganz in der Nähe. Aber weil das Kätzchen Petronella dem kleinen

Briefträger so gut geflel, nahm er es noch ein Weilchen mit. Endlich aber waren alle Briefe ausgetragen, und da musste er zu Frau Heimchen gehen. „Die Morgenpost!", rief er, und er zog das Kätzchen hervor und setzte es auf den Küchentisch. „Huch!", schrie die Frau Heimchen. „Ich will kein Kätzchen!" „Sie sind einsam", sagte der kleine Briefträger. „Und nachts haben Sie kalte Füße. Dagegen ist ein Kätzchen gut." „Ich bin nicht einsam", erwiderte die Frau Heimchen ärgerlich. „Ich besitze einen Gummibaum. Und außerdem habe ich keine kalten Füße, sondern Zahnschmerzen. Dagegen hilft ein Kätzchen überhaupt nicht." Das sah der kleine Briefträger ein, und darum nahm er Petronella wieder mit. „Ich muss sie der dicken Frau zurückgeben", dachte er.

Aber leider hatte er den Absender nicht vermerkt. Das darf natürlich einem Briefträger eigentlich nicht passieren. Und weil er nun nicht wusste, wo die dicke Frau wohnt, schaute er in die Fenster aller Häuser und suchte sie. Aber überall erblickte er nur dünne Frauen, Männer und Kinder. Da wurde der kleine Briefträger sehr fröhlich.

„Petronella", sagte er, „nun muss ich dich behalten."

Und es fiel ihm ein, dass er manchmal auch ein bisschen einsam war, und es war auch schon vorgekommen, dass er kalte Füße hatte. Der kleine Briefträger und das Kätzchen Petronella sind sehr glücklich miteinander geworden. Morgens, mittags und abends sind sie glücklich, und nachts in ihren Träumen auch.

Gina Ruck-Pauquèt

Die Geschichte von Puntschinello und seiner Katze

Puntschinello ist der lustigste Clown im ganzen Zirkus. Er ist auch der glücklichste Clown. Er wohnt in einem kleinen gelben Wohnwagen mit blitzblank geputzten Rädern. In dem Wohnwagen wohnt auch Puntschinellos Freundin: eine kleine graue Katze. Sie heißt Tilika.
Alle Zirkusleute haben Puntschinello gern. Alle Zirkusleute haben auch Tilika gern. Alle Zirkusleute – nur nicht der Zirkusdirektor. Er mag keine Katzen.
Der Zirkusdirektor hat eine laute Stimme. Wenn er vorübergeht an dem gelben Wohnwagen, dann brüllt er so laut wie ein Löwe: „Puntschinello! Puntschinello!" Wenn Puntschinello diese Stimme hört, dann hält er sich mit beiden Händen die Ohren zu. Er will das Gebrüll ein wenig leiser machen. Und wenn Tilika diese Stimme hört, dann versteckt sie sich unter dem gestrickten Bettüberwurf.
„Puntschinello!", ruft der Zirkusdirektor. „Ich habe gehört, du hast eine Katze. Wir können im Zirkus keine Katze brauchen." „Aber warum denn nicht?", fragt Puntschinello und steckt seinen Kopf durch das Fenster. „Tilika ist eine sehr nette Katze." „Wir können im Zirkus keine Katze brauchen, weil die Leute keine Katze sehen wollen", sagt der Zirkusdirektor. „Eine Katze kann keine Kunststücke wie ein Bär oder ein Affe." „Aber Tilika ist ein sehr liebes Kätzchen", meint Puntschinello.

„Das ist schon möglich", antwortet der Zirkusdirektor. „Aber Tilika hat nicht zwei Schwänze, und ihr Fell ist nicht rosa. Wenn sie zwei Schwänze hätte, oder wenn ihr Fell rosa wäre, dann würden die Leute herbeiströmen und sie ansehen wollen. Aber Tilika ist ja nur eine ganz gewöhnliche Hauskatze. Es gibt Hunderte kleiner grauer Katzen. Niemand will eine kleine graue Katze im Zirkus sehen."

Puntschinello aber will seine kleine graue Katze nicht wegschicken. Er versucht ihr Kunststücke beizubringen, so wie den Zirkushunden. Aber das einzige, was Tilika macht: Sie reibt ihren weichen Kopf an seinen Pluderhosen.

Der dicke Mann, der den Seehunden zeigt, wie man einen Ball auf der Nasenspitze balanciert, zeigt Tilika, wie sie einen Ball auf ihrer Nase balancieren muss. Aber Tilika läuft dem Ball nur nach und stupst ihn mit ihrer weißen Pfote.

Der dünne Mann, der den Löwen beibringt, wie man ruhig auf Schachteln sitzt, will Tilika beibringen, wie man auf Hinterfüßen steht und tanzt. Aber Tilika geht auf ihren vier Pfoten und hält ihren Schwanz kerzengerade in die Luft.

Der kleine schwarze Mann, der die Elefanten lehrt, im Kreis zu gehen und sich gegenseitig mit den Rüsseln die Schwänze zu halten, will Tilika lehren, durch einen Papierreifen zu springen. Aber Tilika leckt nur ihre Pfoten mit ihrer rosigen Zunge und putzt sich ihr Gesicht.

„Das ist sehr schlimm", sagen alle zu Puntschinello und seufzen. „Tilika kann keine Kunststücke. Und weil sie nicht zwei Schwänze hat und ihr Fell nicht rosa ist, wird niemand in den Zirkus kommen, um sie zu bewundern. Tilika ist eine ganz gewöhnliche kleine graue Katze. Und überall in der Welt gibt es kleine graue Katzen."

Aber Puntschinello hat eine Idee: Bei der nächsten Vorstellung hüpft er ohne rote Troddeln und ohne seinen Tschako und ohne lange, flache Riesenschuhe in die Zirkusarena. Statt dessen kommt der größte Korb, der je geflochten wurde. Unter dem Korb – stöhnend und ächzend, denn er ist sehr schwer – stolpert Puntschinello daher.

„Was ist denn in dem Korb?", ruft der Zirkusdirektor. „Heben Sie den Deckel hoch und schauen Sie nach", sagt Puntschinello. Der Zirkusdirektor hebt den Deckel hoch und zieht noch einen Korb heraus. Der ist ein bisschen kleiner. „Was ist in diesem Korb?", fragt er. „Sehen Sie nach", sagt Puntschinello. Der Zirkusdirektor findet wieder einen Korb und dann noch einen und noch einen. Bald sind lauter Körbe über die Zirkusarena verstreut. Und die Kinder stehen von ihren Sitzen auf und recken die Hälse. Sie wollen sehen, was in dem nächsten Korb drinnen ist. Dann kommt ein Korb, der ist nicht sehr groß und auch nicht sehr hoch. Der Zirkusdirektor hebt den Deckel hoch. Drinnen im Korb sitzt Tilika und putzt sich ihren Schnurrbart. „Pah!", sagt der Zirkusdirektor. „Oh!", rufen die Kinder, und ihre Münder sind so rund wie Orangen. „Was für eine herzige kleine graue Katze", rufen sie. Und andere rufen: „Mach es noch einmal! Mach es noch einmal!" Und

anstatt böse zu sein, setzt der Zirkusdirektor ein Lächeln auf, von einem Ohr zum andern.
Und bald darauf glaubt er sogar, es wäre seine Idee gewesen, dass Tilika in diesem wunderschönen Spiel die Kinder überrascht. Aber niemandem macht das was aus.
Und so darf Puntschinello seine kleine graue Katze behalten.

Jean Chapman

Hereinspaziert

„Liebe Eltern und Kinder!",
ruft der Mann im Zylinder.
„Hereinspaziert! Hereinspaziert!
Hier wird ein Nilpferd vorgeführt.
Der Mann mit der Peitsche ist ein Dompteur
und der mit den Ringen ein Jongleur.
Der Schwarze mit dem Messer
ist sogar ein Feuerfresser!"

„Liebe Eltern und Kinder!",
ruft der Mann im Zylinder.
„Das kleine Mädchen tanzt auf Spitzen
und wird auf einem Tiger sitzen.
Aus dem Hut des Clowns wachsen Trauben,
aus seinem Hemd fliegen Tauben.
Er wird Geige spielen und singen
und euch alle zum Lachen bringen."

Max Bolliger

Wenn das Kind Kontakt mit Gleichaltrigen sucht,...

können Geschichten dazu beitragen, das Wünschen und Wollen anderer mit den eigenen Plänen in Einklang zu bringen.

Das Kind – ein Anfänger in der Gestaltung des Miteinander

Wie man in der Familie, in der Nachbarschaft und auf dem Spielplatz immer wieder beobachten kann, sind etwa Vierjährige geradezu erpicht darauf, Kontakt mit ungefähr Gleichaltrigen zu bekommen, sie als Spielkameraden zu gewinnen. In der Gestaltung des Miteinander sind sie aber noch richtige Anfänger. Je nach Eigenart und Temperament geraten sie nur zu leicht in Streit, verspotten und verklagen einander, kritisieren und tun sich prahlerisch hervor. Keinesfalls vermögen sie es, von sich aus längere Zeit sinnvoll und geordnet miteinander zu spielen, freundlichen Kontakt zu halten. Sie sind nicht imstande, Wünschen und Wollen ihrer Partner zur Gänze zu verstehen, zu respektieren und mit dem eigenen Planen in Einklang zu bringen. Kinder dieses Alters haben ein noch viel zu geringes Selbstgefühl, eine zu schwache Selbstsicherheit, um gelegentlich zurücktreten, nachgeben zu können.

Im Wechsel von Anpassen und Durchsetzen zum Gemeinschaftswesen werden

Will man, dass aus kleinen Egoisten Gemeinschaftswesen werden, bedarf es mancherlei Hilfen. So muss man es den Kindern ermöglichen, mit etwa Gleichaltrigen spielen zu dürfen, muss ihnen Spielzeug bereitstellen und – ohne aufdringlich zu sein – mancherlei Spielanregungen geben. Keinesfalls aber darf man sich allzu rasch in die Auseinandersetzungen der Kinder einmischen, um ihnen nicht die Gelegenheit zu nehmen, sich „zusammenzuraufen“.

Durch das Erzählen von Geschichten ein geordnetes Miteinander fördern

Das geordnete Miteinander von Geschwistern und Nachbarskindern kann aber auch durch Geschichten gefördert werden, die einerseits dem Interesse am Zusammensein entgegenkommen und andererseits zeigen, wie sehr man auf die Hilfe anderer angewiesen ist, wie schön es sein kann, etwa mit der Freundin einen Schneemann zu bauen, mit den Geschwistern einen Ausflug zu machen, in der Gesellschaft der Schwester selbst Tage des Krankseins fröhlich zu verbringen. Geschichten wie „Wenn's lustig wird“ zeigen darüber hinaus auch dem Erwachsenen einen Weg, widerstreitende Wünsche und Vorhaben von Kindern lediglich dadurch auf einen Nenner zu bringen, dass er ihnen die Folgen der Uneinigkeit vor Augen führt – „wenn wir nicht einig werden, können wir nirgends hingehen ...“, „... fahren wir bloß immerzu im Kreis herum“ –, und dass er zuwarten kann, bis die Kinder selbst einen Lösungsvorschlag bringen, der alle zufriedenstellt.

Auszählreime mit ihren Spielregeln erleichtern es, auch eine unerwünschte Rolle zu übernehmen

Wo Kinder in Gruppen spielen, fehlen auch altbekannte Auszählreime nicht, die durch Rhythmus, vorgegebene Aussagen und Bewegungen gekennzeichnet sind. Beim Bemühen, ein geordnetes Miteinander ungefähr gleichaltriger Kleinkinder zu erreichen oder wenigstens einzuleiten, können erste Auszählreime dienlich sein, die den Kindern zum Beispiel das Ausscheiden aus der Gruppe zumuten oder ihnen den Auftrag zur Übernahme einer besonderen Aufgabe: „Du musst suchen!“ erteilen. Dass einem diese oft unerwünschte Rolle nicht willkürlich zugesprochen wird, sondern auf Grund einer Spielregel zufällt, erleichtert die Situation sehr, gelingt es doch etwa Vierjährigen allmählich, derartige Regeln als verpflichtend anzuerkennen.

Gesungene und getanzte Geschichten: eine Einheit von Rhythmus, Liedform und Bewegung

Von Wort, Rhythmus und Singsang getragene Gemeinschaftsspiele, die mit dem Ringelreigen beginnen, können bei wohlüberlegter Führung immer mehr zu gesungenen und getanzten Geschichten ausgebaut werden. Diese Art von Geschichten sprechen durch ihre Einheit von Rhythmus, Liedform und Bewegung ganzheitlich an. Mehr als es das Wort allein vermag, lassen sie den Zusammenhang von Denken und Tun leicht erkennen, stärken Einfühlungsvermögen, Kontaktfähigkeit und Selbstsicherheit. Sie tragen aber auch dazu bei, dass Kinder ihre Schüchternheit überwinden, leicht und gern den Spielregeln folgen – sie sind also weit mehr als nur ein Mittel der Gemeinschaftserziehung.

Quelle der Poesie

Gesungene und getanzte Geschichten nehmen Kinder bis etwa zum achten Lebensjahr gefangen, beschwingen ihr Tun und ziehen sie in den Zauberkreis der Poesie.

Aufräumen

Familie Sander wohnt am Rande der Stadt in einem kleinen Haus. Frau Sander arbeitet halbtags in einem Büro. Herr Sander ist Bauführer bei einer großen Baufirma.

Die beiden haben zwei Kinder: Jan und Jule. Jule wird Knispel genannt. Den Namen hat sie schon als Baby bekommen. Da „knispelte“ sie nämlich immer mit den Fingernägeln über die Bettdecke, wenn sie aufwachte. Das hörte sich ganz komisch an.

Familie Sander hat einen dicken Kater. Der heißt Krümel, weil er noch ganz winzig war, als er zu ihnen kam. Außerdem gibt es noch Mucki, den Hamster, und die acht Goldfische im Wasserbecken hinter dem Haus.

Streit gibt's bei Sanders oft wegen Knispels Unordnung. Sie soll ihr Zimmer aufräumen und tut es nicht. Schuhe und Socken, Bücher und Spielsachen, alte Taschentücher, Papierschnipsel vom Basteln, alles liegt auf dem Fußboden. Auch der Tisch ist voll davon.

Frau Sander bittet freundlich aufzuräumen, Knispel verspricht es, – und macht nichts. Mutter schimpft, Knispel ist beleidigt und tut erst recht nichts.

So geht es fast jeden Tag. Manchmal heulen am Ende beide. Jan hilft Knispel manchmal, aber Jans Ordnung ist anders als Knispels Ordnung.

Schließlich machen Frau Sander und Knispel einen Vertrag: Knispel muss nur noch jeden Montag und Donnerstag aufräumen – aber ohne Murren, damit die Mutter am Dienstag und Freitag das Zimmer saubermachen kann. Dafür lässt Frau Sander an den anderen Tagen Knispel mit dem Aufräumen in Ruhe. „Und wenn Besuch kommt?“, fragt Jan. „Da räum' ich nur auf, wenn ich den Besuch leiden mag!“, beschließt Knispel.

Eva Simon

Jan und Julia im Kindergarten

Ehe Jan und Julia auf der Welt waren, hat Mama im Büro gearbeitet. Weil Jan und Julia nun groß genug sind, möchte sie das wieder tun. Deshalb meldet Mama die beiden im Kindergarten an. Jan freut sich. Julia freut sich gar nicht.
Morgens müssen Jan und Julia nun genauso früh aufstehen wie Mama und Papa. Mama sagt: „Niemand darf trödeln." Jan beeilt sich. Schon sitzt er am Tisch und frühstückt. Julia möchte am liebsten im Bett bleiben. Papa muss sie anziehen. Mama hängt Jan und Julia Frühstückstaschen um. Darin sind Brote und Obst. Jan stopft noch seinen Teddy hinein, der soll auch in den Kindergarten. Dann fahren sie mit dem Auto los.
„Wie nett, dass ihr kommt", sagt die Kindergärtnerin. Sie heißt Ingrid und sieht sehr freundlich aus. Trotzdem will Julia nicht, dass Mama weggeht. Aber Mama und Papa müssen zur Arbeit. Ingrid zeigt Jan und Julia, wohin sie ihre Mäntel hängen sollen. Jedes Kind hat seinen Haken. Darüber ist ein Bild mit einem kleinen Tier. Jan bekommt die Ente, Julia bekommt das Pony.
In einem großen Raum spielen die Kinder. Jan macht gleich mit. Er lässt seinen Teddy in der Eisenbahn fahren. „Was willst du denn spielen, Julia?", fragt Ingrid. „Nichts", flüstert Julia. „Auch gut", sagt Ingrid.

Julia hat sich im Garten versteckt. Die Kinder rennen umher, doch niemand findet sie. Sie rufen: „Julia, wo bist du?“ Da macht Julia: „PIEP.“ Nun verstecken sich die anderen, und Julia muss suchen. Die Kinder rufen: „PIEP.“ Julia lacht.
Im Garten gibt es eine Schaukel, eine Wippe, einen Sandkasten und ein Klettergerüst. Ingrid kennt viele lustige Spiele. Wer mag, kann mitmachen. Julia will immer bei Ingrid sein. Jan hat Lust zu schaukeln.
Später gibt es Frühstück. Alle trinken Kakao mit Strohhalmen. Sie essen Brote und Obst aus ihren Frühstückstaschen. Aber danach wollen sie gleich wieder spielen.
Ein paar Kinder malen das längste Bild der Welt auf eine Tapetenrolle. Da macht Julia mit. Zu Hause hat sie auch Fingerfarben. Aber zusammen mit anderen Kindern macht Malen mehr Spaß.
Ingrid und die größeren Kinder spielen mit bunten Plättchen. Sie suchen die gleichen Farben, die gleichen Formen und die gleichen Größen heraus. Das ist gar nicht so einfach. Jan sagt: „Es ist fast wie in der Schule.“
„Gleich ist Schluss für heute!“, ruft Ingrid. Sie liest noch eine Geschichte vor vom Häschen und dem dicken Hund. Julia will das Häschen sein. Da beißt ein Junge Julia und macht „Wau“. Er ist der dicke Hund.
Mama wartet vor dem Kindergarten. Sie fragt: „Wie hat es euch gefallen?“ „Gut“, sagt Jan. „Mein Teddy ist gleich dageblieben.“ Julia winkt zurück und ruft: „Morgen komme ich wieder, Ingrid.“

Margret Rettich

Wann Freunde wichtig sind

Freunde sind wichtig
zum Sandburgenbauen,
Freunde sind wichtig,
wenn andre dich hauen.

Freunde sind wichtig
zum Schneckenhaussuchen,
Freunde sind wichtig
zum Essen von Kuchen.

Vormittags, abends,
im Freien, im Zimmer…
Wann Freunde wichtig sind?
Eigentlich immer!

Georg Bydlinski

Es hat geschneit

Die ganze Nacht fiel leise der Schnee in großen, federleichten weißen Flocken. Liesl erwachte. Gleich schaute sie zum Fenster hinaus. Alles war weiß: die Dächer der Häuser, die Straße, der Rasen, die Bäume und die Hecken. „Oh, ist das schön!", rief sie und klatschte in die Hände. „Ich will mich rasch anziehen und frühstücken, damit ich hinausgehen und im Schnee spielen kann." Liesl zog sich schnell an und lief zur Mutter. „Hier bin ich, Mami!", rief sie. „Warst du aber heute flink", lobte Mami. „Ja, weil ich hinausgehen und im Schnee spielen will", sagte Liesl. „Nun gut", antwortete Mami, „komm, iss dein Frühstück, dann kannst du deine Freundin Lotte fragen, ob sie mit dir im Garten spielen will." Liesl setzte sich zum Tisch, aß ihr Butterbrot und trank ihre warme Milch. Dann sagte sie: „Danke schön, Mami", stand auf und zog ihren warmen Mantel, die Handschuhe und die Gummistiefel an. Endlich war sie damit fertig. „Auf Wiedersehen!", rief sie, öffnete die Türe und lief hinaus. Erst draußen setzte Liesl ihre Wollmütze auf.

Auf dem Gartenweg lag der Schnee so tief, dass Liesl richtig stapfen musste. Das war lustig! Aber – bumm! Jetzt kam ein Schneeball geflogen. Liesl drehte sich um und entdeckte Lotte. „Fein, dass du kommst! Machen wir einen Schneemann?", schlug Liesl vor. Lotte war einverstanden. Sie machte einen Schneeball und rollte ihn im Schnee umher; Liesl half ihr dabei. Der Schneeball wurde immer größer und größer. Als er zu einer riesigen Kugel geworden war, sagte Lotte: „Die ist groß genug. Jetzt brauchen wir noch eine kleinere Kugel für den Kopf." Bald war sie fertig. Liesl und Lotte mussten sich sehr plagen, bis der Kopf fest auf der großen Schneekugel saß. Dann liefen sie zu Mutti, weil sie für die Augen, den Mund und die Knöpfe des Schneemanns Kohlenstückchen brauchten. Für die Nase schenkte ihnen Mutti eine Karotte. Lotte sagte: „Unser Schneemann braucht auch einen Hut!" „Ich werde euch einen alten Hut vom Vati geben", sagte Mami. „Hier ist er." „Fein, danke schön", riefen Liesl und Lotte, „der passt gerade!" Sie liefen in den Garten, machten den Schneemann fertig und drückten ihm den Hut auf den runden weißen Kopf. Der Schneemann war so schön, dass Liesl und Lotte um ihn herumtanzten, in die Hände klatschten und sangen:

Schneemann, Schneemann, tanz mit mir,
beide Hände reich ich dir.

Die Kinder waren in ihr Spiel ganz vertieft und bemerkten nicht, dass Vati durch den Garten auf sie zukam. Plötzlich hörten die beiden seine Stimme: „Guten Tag, Herr Schneemann! Was für einen schönen Hut Sie haben!" Liesl und Lotte drehten sich um. „Oh", sagte Liesl, „grüß dich Gott, Vati, wir haben dich gar nicht kommen gehört. Gefällt dir unser Schneemann? Er hat deinen alten Hut auf!" „So etwas!", lachte Vati. „Jetzt dreht euch einmal um und schaut nicht her!" Während sich Liesl und Lotte umdrehten und ihre Augen mit den Händen zuhielten, griff Vati in die Tasche, holte ein Sackerl hervor und versteckte es unter dem Hut des Schneemanns. „Jetzt dürft ihr schauen“, sagte er, „ich glaube, der Schneemann hat etwas für euch unter seinem Hut.“ Die Kinder guckten neugierig unter den Hut. Auf dem runden weißen Kopf des Schneemanns lag ein Sackerl. Sie schauten hinein und fanden vier schöne Mandarinen! „Dürfen wir die essen?“ „Sie sind ein Geschenk vom Schneemann“, sagte Vati, „aber jetzt sollt ihr sie nicht verspeisen, weil es Zeit zum Mittagessen ist. Kommt mit, wir wollen sehen, was Mami gekocht hat. Lotte darf auch bei uns bleiben. Ich werde ihre Mutti um Erlaubnis bitten.“ Die Kinder stapften Hand in Hand durch den Schnee in das Haus. Als sie drinnen waren, sagte Liesl: „War das nicht lieb vom Schneemann, dass er uns gerade vier Mandarinen geschenkt hat? Eine für Vati, eine für Mami, eine für Lotte und eine für mich.“

Lilian McCrea

Der Bratapfel

Kinder, kommt und ratet,
was im Ofen bratet!
Hört, wie's knallt und zischt!
Bald wird er aufgetischt,
der Zipfel, der Zapfel,
der Kipfel, der Kapfel,
der gelbrote Apfel.

Kinder, lauft schneller,
holt einen Teller,
holt eine Gabel!
Sperrt auf den Schnabel
für den Zipfel, den Zapfel,
den Kipfel, den Kapfel,
den goldbraunen Apfel.

Sie pusten und prusten,
sie gucken und schlucken,
sie schnalzen und schmecken,
sie lecken und schlecken,
den Zipfel, den Zapfel,
den Kipfel, den Kapfel,
den knusprigen Apfel.

Fritz und Emilie Kögel

Drei Wanderbären tauchen auf

Gustav Bär hat ein gemütliches weiches Bett. Ein richtiges Bärenbett, in dem er sich wohl fühlt. Denn Gustav ist ein Langschläfer und ein Dauerschläfer und ein Winterschläfer. Kaum ist die Sonne untergegangen, kuschelt er sich unter seine Decke und schläft einen tiefen Bärenschlaf.
Eines Abends aber, als Gustav die Bettdecke zurückschlägt, liegt da schon jemand drunter. Gustav brummelt und schaut: Drei fremde kleine Bären liegen da und blinzeln ihn an. Liegen einfach in seinem Bett und blinzeln. „Ja wer…? Ja woher…? Ja wieso…?“, stottert Gustav. Aber die drei kleinen Bären wissen schon, was er fragen will. Sie antworten: „Wir heißen Cilli, Bim und Mocke. Wir sind Wanderbären.“ Bim sagt: „Wir wandern durchs Land, mal dahin, mal dorthin.“ Mocke sagt: „Wo's uns gefällt, da bleiben wir.“ Und Cilli sagt: „Bei dir gefällt's uns.“
Gustav schnauft und wiegt den Kopf. So schnell kann er das gar nicht begreifen. „Wanderbären seid ihr?“, wiederholt er. „Und es gefällt euch bei mir? Wirklich?“ Die Wanderbären nicken mit den Köpfen. Dann sagt Mocke: „Außerdem bist du so allein. Das ist doch langweilig, oder? Da haben wir uns gedacht, wir könnten deine Freunde sein.“ „Meine Freunde?“ Gustav Bär strahlt. „Freunde habe ich mir schon immer gewünscht. Mit Freunden kann man spielen. Mit Freunden kann man lachen. Mit Freunden kann man Dummheiten machen . . .“ „Und mit Freunden muss man alles teilen“, sagt Mocke. „Teilen?“, fragt Gustav. „Was denn teilen?“

„Zum Beispiel", sagt Cilli und blinzelt„ „zum Beispiel das Bett." Gustav Bär sagt eine ganze Weile gar nichts. Er brummelt nicht einmal. Er schaut nur vor sich hin und zieht die Stirn in Falten. „Teilen?", fragt er schließlich. „Mein Bett?" Die drei Wanderbären setzen sich auf und schauen Gustav an. Ganz lieb schauen sie ihm in die Augen. „Teilen!", sagt Cilli. „Bett!", sagt Bim. „Freunde!", sagt Mocke. Dann streicheln sie ihm die Bärentatzen, wie ihm noch nie jemand die Tatzen gestreichelt hat. Da wird es Gustav ganz warm ums Herz. Er schaut hinunter auf Cilli, Bim und Mocke, die sich so behaglich in sein Bett gekuschelt haben, und er sagt: „Also gut, wir teilen."

Damit sind Gustav und die drei kleinen Wanderbären Freunde. „Und jetzt", erklärt Gustav, „will ich schlafen." „Jetzt", sagt Mocke, „musst du uns eine Geschichte erzählen." „Eine Gute-Nacht-Geschichte", sagt Bim. „Ohne Gute-Nacht-Geschichte können wir nicht einschlafen", sagt Cilli. Gustav ist müde. Er wäre so gern in sein Bett gekrochen und hätte einfach die Augen zugemacht. Aber er will nicht, dass seine neuen Freunde traurig werden. Also setzt er sich an den Bettrand und sagt: „Na gut, ich erzähle euch eine Geschichte."

„Was soll ich euch denn erzählen?", fragt er. „Erzähl, wie es war, als du klein warst", verlangt Cilli. „Als ich klein war?", wiederholt Gustav. „So was hören wir nämlich am liebsten", erklärt Bim. „Also gut", sagt Gustav Bär, „ich fange an: Es war einmal ein kleiner Bär . . ." „Und das warst du!", ruft Mocke dazwischen. „Richtig", sagt Gustav. „Der kleine Bär wohnte mit seinem Vater, seiner Mutter und mit Tante Lillibär in einer warmen Bärenhöhle. Dort roch es so gut wie nirgendwo sonst auf der Welt. Nach Bärenfell roch es und nach Honigplätzchen.

Eines Tages sagte der Vater: ‚Unser kleiner Bär ist jetzt alt genug. Er muss lernen, wie es die großen Bären machen. Ich will ihm zeigen, wie er stark und geschickt und mutig wird.' Der Mutter war das recht, denn sie wollte gern ein starkes, geschicktes, mutiges Bärenkind. Nur Tante Lillibär war dagegen. Tante Lillibär lag den ganzen Tag auf dem Sofa und aß Honigplätzchen. Sie war kugelrund wie ein Fässchen. Aber sie fand sich gerade richtig und schön. ‚Lass doch unser Gustavchen in Ruhe!' rief Tante Lillibär. ‚Warum muss ein kleiner Bär schon soviel lernen? Er soll lieber Honigplätzchen essen, davon wird er auch stark.' Der kleine Bär wollte aber lernen, wie es die großen Bären machen. Also zog er mit seinem Vater los in den Wald.

‚Zuerst will ich dir zeigen, wie man auf Bäume klettert', sagte der Vater. ‚Stell dich dicht an den Stamm! Arme hoch, Tatzen in die Rinde krallen, Hinterteil nachschieben und mit den Beinen festklammern! Dann wieder Arme hoch, Tatzen in die Rinde krallen, Hinterteil nachschieben und mit den Beinen festklammern!' Leicht war das nicht. Zuerst rutschte der kleine Bär immer wieder ab. Bald taten ihm seine kleinen Tatzen weh. Deshalb sagte sein Vater: ‚Schluss! Das war für den Anfang schon sehr gut.'

Als sie nach Hause kamen, rief der kleine Bär schon von weitem: ‚Mami, Mami, ich kann schon auf Bäume klettern!' Die Mutter betastete seine Arme und sagte: ‚Wirklich! Du hast schon ganz kräftige Muskeln bekommen.' Auch Tante Lillibär ließ sich von ihrem Sofa rollen und betrachtete Gustavs Pfoten: ‚Richtig wundgescheuert hat er sich', jammerte sie. ‚Ich sage doch, das ist noch nichts für Gustavchen. Dafür ist er viel zu klein.' Und sie schob dem kleinen Bären rasch ein Honigplätzchen in den Mund. Der kleine Bär hat gekaut, geschluckt und dann gelacht. ‚Morgen, Tante Lillibär, morgen lerne ich noch viel mehr.'
An diesem Abend ist der kleine Bär freiwillig ganz früh ins Bett gegangen. So müde war er."
Gustav Bär steht vom Bettrand auf. Er gähnt ganz schrecklich und sagt: „So ist das gewesen, als ich klein war. Und jetzt will ich endlich meine Ruhe haben. Macht Platz!" Cilli, Bim und Mocke rutschen zur Seite. Gustav kriecht unter die Bettdecke und fällt sofort in einen tiefen Bärenschlaf.

Tilde Michels

Das fröhliche Krankenzimmer

Lisa und Lena sind fünf Jahre alt. Sie sind Zwillinge. Als sie am Donnerstag aus dem Kindergarten nach Hause kamen, hatten sie Kopfschmerzen und waren schrecklich müde, obwohl es erst zwei Uhr war. Mama legte die Hand auf ihre Stirn und sagte: „Ich glaube, ihr habt Fieber. Gleich ins Bett mit euch! Ich werde eure Temperatur messen." Lisa hatte 38,5 Grad und Lena hatte 38,5 Grad. Die Kinder krochen unter die Decke. Sie konnten nicht einmal die Butterbrote essen, die Mama für sie gemacht hatte; sie wollten nur schlafen. Und sie schliefen den ganzen Nachmittag und den ganzen Abend und die ganze Nacht.
Lena war am nächsten Morgen zuerst wach. Sie setzte sich im Bett auf und sah zu Lisa hinüber. „Lisa!", rief sie. „Schnell, wach auf, du hast lauter rote Tupfen im Gesicht!" Lisa sah verschlafen zu Lena hinüber. „Du auch", sagte sie. Dann riefen sie nach der Mutter.
Mama kam aus dem Badezimmer herbeigelaufen. „Nein, Kinder, wie seht ihr aus!" „Geht das wieder weg?", fragte Lena ängstlich. „Oder bleiben wir nun immer getupft?", fragte Lisa. „Das ist in wenigen Tagen wieder weg", sagte die Mutter. „Es ist irgendeine Kinderkrankheit. Ich rufe gleich Doktor Berger an, der wird uns sagen, was es ist."
Doktor Berger kam um elf Uhr. Er horchte bei Lena an Brust und Rücken, und er horchte bei Lisa an Brust und Rücken. Er sah Lisa in den Hals, und er sah Lena in den Hals. Er tastete bei Lena unter den Ohren, und er tastete bei Lisa unter den Ohren. Zum Schluss sagte er: „Das sind die Röteln, da besteht kein Zweifel. Aber es

ist nur ein leichter Fall. Heute müsst ihr ganz ruhig liegen. Morgen dürft ihr im Bett sitzen und spielen, wenn ihr euch Jacken anzieht. In ein paar Tagen seid ihr wieder auf den Beinen." Während Lisa und Lena aßen und ihre Milch tranken, durften sie sich aufsetzen. Aber als sie fertig waren, mussten sie sich gleich wieder hinlegen.

„Wie langweilig ist das!", sagte Lena. „Das finde ich auch", sagte Lisa. Sie riefen nach der Mutter. Die kam mit dem Staubtuch in der Hand, denn sie war gerade bei der Hausarbeit. „Wir wissen nicht, was wir tun sollen", sagte Lena. „Nein, denn wir können ja nicht spielen, wenn wir liegen müssen", sagte Lisa. „Ihr könnt mit euren Tieren spielen", sagte die Mutter. Sie gab ihnen die Tiere, die auf der Fensterbank saßen.

Als die Mutter wieder aus dem Zimmer gegangen war, sagte Lisa: „Wirf deinen Affen herüber!" Lenas Affe machte eine Flugreise und landete auf Lisas Decke. Einen Augenblick später tauchte ein kleiner hellblauer Elefant auf. „Sieh, da ist ja Jumbo!", rief Lenas Affe. „Darf ich ein bisschen auf dir reiten?" Das durfte er. „Nun bin ich an der Reihe mit dem Theaterspielen", sagte Lena. Lisa warf ihre Tiere hinüber, und dann sah sie den Kunststücken zu, die Lena vorführte. Die Zwillinge vergaßen ganz, dass sie ruhig unter den Decken liegen sollten. Sie lachten und schrien, sodass die Mutter herbeigelaufen kam, um zu sehen, was los ist. „Nein", sagte sie, „man kann es wirklich nicht glauben, dass ihr krank seid!" „Ja, aber wir sind krank, Mama!", sagte Lena. „Wir haben doch die Röteln!", sagte Lisa. Mama hob die Tiere vom Fußboden auf. Sie schüttelte für Lisa und Lena die Kissen zurecht. „Bald kommt Papa nach Hause, dann essen wir", sagte sie. „Bleibt jetzt brav liegen!"

Nach dem Essen, als Lisa und Lena sich gewaschen und die Zähne geputzt hatten, erzählte Papa ihnen noch eine Gutenachtgeschichte. Er erzählte aus der Zeit, als er noch ein kleiner Junge war und zu Hause bei Großmutter und Großvater wohnte. Als die Geschichte zu Ende war, schliefen die Zwillinge ein. So verging der zweite Tag, an dem Lisa und Lena die Röteln hatten.

Am nächsten Morgen war das Fieber verschwunden, und die roten Tupfen im Gesicht waren verschwunden. Nur am Körper hatten sie noch einige rote Flecken. Nach dem Frühstück stopfte die Mutter den Kindern Kissen hinter den Rücken, denn nun durften sie schon im Bett sitzen. Zuerst zeichneten und malten sie. Sie malten ein Sommerhaus, ein Boot, einen Hund und eine Ziege, Vater und Mutter, Lisa und Lena. Jedes Mal, wenn sie etwas besonders Schönes fertig hatten, riefen sie nach der Mutter; sie sollte es auch sehen.

Mittags um zwei Uhr klingelte es an der Haustür. Es war der Postbote mit zwei Paketen. Für Fräulein Lena Huber, Glückstraße 4, 3. Stock links, stand auf dem einen. Und auf dem anderen stand: Für Fräulein Lisa Huber, Glückstraße 4, 3. Stock links.

Die Pakete kamen von der Großmutter. In jedem Paket lagen eine Puppe und ein Brief und mehrere Stücke Stoff für Puppenkleider. „Nun könnt ihr für eure Puppen nähen“, sagte Mama. Lisa und Lena freuten sich. Mama gab ihnen Nähnadeln und Garn und Scheren. Sie musste auch die Sachen zuschneiden, denn das konnten die Zwillinge noch nicht. „Ich werde zuerst eine Hose nähen“, sagte Lisa. „ich auch“, sagte Lena. Aber das war schwierig. Der Stoff zog sich zusammen, und die Hosen wurden viel zu klein für die Puppen. „Dann werden es eben Hüte!“, sagte Lisa.

Nachher half ihnen Mama, Hosen zu nähen, die passten. Die Puppen bekamen auch Blusen und Röcke. „Oh, die sind aber fein!“, sagte Papa, als er nach Hause kam. Die Puppen durften die Kleider auch in der Nacht anbehalten, denn Nachthemden hatten sie noch nicht. Und so verging der dritte Tag, an dem Lisa und Lena die Röteln hatten.

„Dürfen wir heute aufstehen?“, fragten die Zwillinge am nächsten Morgen. „Ja, nach dem zweiten Frühstück“, sagte die Mutter. „Ich will nur vorher saubermachen und einkaufen.“ Lisa und Lena konnten es beinahe nicht mehr aushalten, noch länger im Bett zu liegen. Sie zeichneten ein wenig und schnitten ein wenig aus, spielten ein wenig Theater mit den Tieren und mit ihren neuen Puppen. Alle Augenblicke riefen sie nach der Mutter und fragten: „Gibt es nicht bald etwas zu essen?“ „Wir essen um zwölf Uhr“, sagte die Mutter. „Das dauert noch eine halbe Stunde.

 Legt euch hin und schlaft, dann vergeht die Zeit schneller.“

Die Zwillinge legten sich brav hin. Sie versuchten wirklich zu schlafen, sie konnten es nicht. „Wir können ja zählen“, sagte Lena.
Zuerst zählte Lena bis hundert, dann zählte Lisa bis hundert. Nun war Lena wieder an der Reihe. Als sie „siebenundachtzig“ sagen wollte, flog ihr Lisas Kissen an den Kopf. Sie warf das Kissen zurück in Lisas Bett – und im nächsten Augenblick flogen Kissen und Affen und Elefanten und Teddybären und Giraffen zwischen den Betten hin und her.
Plötzlich kam Mama mit einem Tablett zur Tür herein. „Nun sehe ich, dass ihr wieder gesund seid“, sagte sie und hob den kleinen hellblauen Elefanten auf, der bei Lisas Bett auf dem Fußboden lag. Dann ging Mama zu dem Schrank, holte die Kleider der Zwillinge hervor und legte sie auf den Sessel. „Wenn ihr gegessen habt, dürft ihr aufstehen“, sagte sie.
Als Lisa und Lena sich angezogen hatten, gingen sie ins Wohnzimmer. Mama lag auf dem Sofa. Es sah aus, als ob sie schliefe. „Hoffentlich ist sie nicht krank“, sagte Lena. „Vielleicht hat sie die Röteln bekommen“, sagte Lisa.
Sie legten ihre Hände auf Mamas Stirn. Aber Mama öffnete die Augen und lachte. „Nein“, sagte sie, „ich habe die Röteln gehabt, als ich klein war. Mir fehlt nichts. Ich bin nur furchtbar müde, weil ich auf euch kleine Quälgeister aufpassen musste.“
„Ach so, sonst nichts!“, sagten Lisa und Lena, und sie schlichen in ihr Zimmer zurück. Sie schlossen die Tür und waren lange Zeit sehr leise, damit Mama sich ausruhen konnte.

Grete J. Hertz

Wenn's lustig wird

Auf dem Berg steht ein Haus. Drin wohnen fünf Kinder mit Vater und Mutter. Das Haus, in dem die Kinder wohnen, steht nicht auf dem Gipfel des Berges, aber auch nicht an seinem Fuß. Es liegt genau in der Mitte, am Hang. Wenn die Kinder bergab gehen, kommen sie bald zu einem See, wenn sie aber bergauf steigen, haben sie nicht weit zu einem großen Baum.
Eines Tages wollten die Kinder im Freien spielen. „Gehen wir auf den Berg zum großen Baum", sagte Judith. „Nein, gehen wir lieber hinab zum See", meinte David. „Nein, ich mag nicht", entgegnete Judith. „Ich aber mag!", rief David.
Da kam Vati heraus, um mitzuspielen. „Wohin gehen wir?", fragte er. „Auf den Berg zum großen Baum", antwortete Judith. „Nein, wir gehen hinunter zum See", sagte David. Da meinte der Vater: „Wenn wir nicht einig werden, können wir nirgends hingehen." Er setzte sich auf die Türschwelle und wartete. Auch die Kinder saßen da, warteten und machten betrübte Gesichter.
Da hatte Michael einen guten Einfall: „Zuerst steigen wir auf den Berg zum großen Baum, dann laufen wir schnell hinunter zum See." „Das ist eine ausgezeichnete Idee!", rief Vati und fragte Judith: „Bist du einverstanden?" „Ja", antwortete Judith. „Mir ist's auch recht", stimmte David zu. „Dann sind wir uns ja alle einig?" fragte Vati. „Ja!", riefen alle Kinder zugleich.
So stiegen sie zuerst auf den Berg zum großen Baum und freuten sich darüber. Dann liefen sie alle hinunter zum See, an dessen Ufer ein Ruderboot lag. Vati und die Kinder stiegen ein. Drei saßen hinten, das waren die Buben, die zwei anderen, die Mädchen, saßen vorn. In der Mitte aber saß Vati und ruderte. Seeaufwärts führte es zum Wald, seeabwärts zum Wasserfall. „Wohin wollen wir rudern?", fragte

Vati. „Seeaufwärts!“, riefen die Mädchen. „Nein, seeabwärts!“, forderten die Buben. „Wenn ich beides zugleich tue“, meinte Vati lächelnd, „fahren wir bloß immerzu im Kreis herum.Wohin soll ich also zuerst rudern?“ „Seeaufwärts“, sagten die Mädchen. „Nein, seeabwärts“, sagten die Buben. Sie waren sich wiederum nicht einig. Vati aber ruderte das Boot im Kreis herum, und sie kamen daher nicht vom Fleck, und niemand hatte etwas davon.

„Wir wollen doch zum Wald!“, klagte Barbara. „Und wir wollen zum Wasserfall!“, trotzte Michael. „Ihr müsst euch einig werden“, sagte der Vater und ruderte immerfort im Kreis herum.

Die Mädchen sahen die Buben an, die Buben sahen die Mädchen an, und Vati wartete und wartete. Mit der Zeit wurde den Kindern dieses Im-Kreis-Herumfahren langweilig. Da hatte Peter einen ausgezeichneten Einfall: „Der Wind wird uns sagen, wohin wir zuerst fahren sollen.“

„Das ist eine gute Idee“, sagte Judith. „Ist's euch recht?“, fragte Vati die Mädchen. „Ja!“, riefen sie alle zugleich. „Ist's euch auch recht?“, fragte Vati die Buben. Mit einem kräftigen „Ja“ stimmten sie zu. „Dann schaut auf die Wolken“, sagte Vati, „und gebt Acht, wohin der Wind sie treibt.“

Da schauten alle hinauf zum Himmel. Und sie sahen den blauen Himmel, auf dem eine Anzahl kleiner weißer Wolken dahineilte. Und siehe da, sie flogen alle seeaufwärts zum Wald. „Was sagt der Wind?“, fragte Vati. „Er sagt, dass wir zum Wald fahren sollen“, erwiderte Barbara. „Gut, dann fahren wir eben zum Wald!“, stimmten die Kinder zu. „Also, jetzt wird's lustig!“, rief Vati. „Zuerst fahren wir zum Wald und dann zum Wasserfall.“

So geschah es auch. Sie fuhren zuerst zum Wald, dann zum Wasserfall, und alle unterhielten sich dabei aufs beste.

Pearl S. Buck

Auszählreime und Einzählreime

Mäuschen keck
möcht gern Speck.
Kätzlein grau
ist gar schlau,
springt hinzu,
fängt's im Nu.
Frisst die Maus – du bist
drauß'.

Volksgut

Zipfel, Zapfel,
Birn und Apfel,
Birn und Nuss,
suchen musst!

Volksgut

Eins, zwei, drei,
Butter in den Brei,
Salz auf den Speck,
du musst weg.

Volksgut

Die Mutti in der Küche,
der Pappi trinkt sein Bier,
die Omi vor dem Fernsehkasten,
und wer spielt mit mir?

Wolf Harranth

Pfli pfla pflaum,
im Garten steht ein Purzelbaum.
Im Garten steht ein Wurzelhaus.
Und du musst raus!

Georg Bydlinski

Ricki, racki, rocki, ru,
schicki, schacki, schocki, schu,
spicki, spacki, spocki, speck,
wicki, wacki, wocki, weg!

Josephine Hirsch

Bitzel, betzel,
wer bäckt Brezel?
Wer bäckt Kuchen?
Du musst suchen.

Volksgut

Auf der Leiter sitzt ein Hahn,
der ruft lustig: Du bist dran!

Volksgut

Hitzel, hutzel, Kuckucksuhr,
fitzel, futzel, Angelschnur,
zicke, zacke, meck, meck, meck,
bicke, backe, du musst weg!

Josephine Hirsch

Wi wa weck,
ich esse gerne Speck,
ich esse gerne Knofelzehn –
und du musst gehn.

Georg Bydlinski

Bi bu ba,
ich fahr nach Kanada;
dort reit ich auf der Haselmaus,
und du darfst raus.

Georg Bydlinski

1, 2, 3, 4, 5, 6, 7,
heute gibt es blaue Rüben,
morgen violetten Speck,
wer nicht mitisst, der muss weg!

Josephine Hirsch

Li la lind,
der Peter kriegt ein Kind.
Wer will das Kind vom Peter sein?
Ja, der (die) darf rein!

Mi ma meisel,
ich dreh mich wie ein Kreisel.
Ich wackle wie ein Wackelstein!
Und du darfst rein!

Schicke schacke scheckig,
mein Wasserball ist eckig.
Der Riese, der ist winzigklein!
Und du darfst rein!

Ernst A. Ekker

Anne,
Pfanne,
Badewanne.
Erdbeerkuchen –
du musst suchen!

Paul Maar

Gesungene und getanzte Geschichten

Es tanzt ein Bi-Ba-Butzemann

Volksgut

Ein Kind – der Butzemann – hüpft mit einem Säckchen im Kreis herum und wirft dieses (dem Text entsprechend) hinter sich. Das Kind, vor dem das Säckchen liegt, darf nun den Butzemann spielen *(Elisabeth Salzer)*.

Jetzt steigt Hampelmann

2. Jetzt wäscht Hampelmann, jetzt wäscht Hampelmann
   sein Gesichtchen ab. Oh . . .
3. Jetzt zieht Hampelmann . . . seinen Pulli an. Oh . . .
4. Jetzt zieht Hampelmann . . . seine Hose an. Oh . . .
5. Jetzt zieht Hampelmann . . . seine Jacke an. Oh . . .
6. Jetzt setzt Hampelmann . . . sich sein Hütchen auf. Oh . . .
7. Jetzt geht Hampelmann . . . mit seiner Frau spazier'n. Oh . . .

Volksgut

Die Kinder bewegen sich entsprechend dem Liedtext. Bei der Wiederholung „Oh, du mein Hampelmann . . .“ hüpfen die Kinder wie ein Hampelmann und bewegen die Arme und die Beine dazu *(Elisabeth Salzer).*

Komm, wir wollen tanzen

2. – stampfen mit dem Fuß . . .
3. – nicken mit dem Kopf . . .
4. – winken mit der Hand . . .
5. – springen in die Höh . . .
6. – fallen in die Knie . . .

Wilhelm Bender und Inge Kittel

Der Sandmann ist da

Volksgut

Die Kinder bilden eine Gasse. Sie stehen in zwei gleich langen Reihen gegenüber. Alle klatschen zum Singen. Der Klatschrhythmus passt sich dem Lied an. Zu dieser schwungvollen „Begleitmusik" tanzt das äußerste Pärchen im Galoppschritt seitwärts mit gefassten Händen durch die Gasse und schließt am anderen Ende der Gasse sofort wieder an. Das nächste Paar tanzt im Galoppschritt seitwärts durch die Gasse usw. *(Christa Gauster).*

Bi-ba-bu

1. Bi-ba-bu.
Jetzt hör mir mal gut zu.
Wir steigen in ein Flugzeug ein,
das ist nicht groß, das ist nicht klein,
und fliegen mit Gebrumm
am Himmel rundherum –
und jeder sagt: Nanu!
Bi-ba-bu.

2. Bi-ba-bu.
Jetzt hör mir mal gut zu.
Wir steigen in ein Schiff hinein,
das ist nicht groß, das ist nicht klein,
wir segeln übers Meer
und schaukeln hin und her –
und jeder sagt: Nanu!
Bi-ba-bu.

3. Bi-ba-bu.
Jetzt hör mir mal gut zu.
Wir steigen in ein Auto ein,
das ist nicht groß und ist nicht klein,
wir fahren Autobahn,
so schnell das Auto kann –
und jeder sagt: Nanu!
Bi-ba-bu.

4. Bi-ba-bu.
Jetzt hör mir mal gut zu.
Geht uns zum Schluss der Treibstoff aus,
dann wandern wir zu Fuß nach Haus;
die Füße in den Schuhn,
die wollen auch was tun
und freuen sich: Nanu!
Bi-ba-bu.

Mira Lobe (Text) und Christa Gauster (Melodie)

Rätselraten

Welche Hüte passen auf keinen Kopf?
Volksgut

Kein Anfang und kein Ende,
doch schmückt es dir die Hände?
Volksgut

Ich möcht wohl wissen, wer das ist,
der immer mit zwei Löffeln frisst.
Volksgut

Ich gehe alle Tage aus
und bleibe doch in meinem Haus.
Volksgut

Wie heißt das Ding dort an der Wand?
Es schlägt und hat doch keine Hand,
es hängt und geht doch fort und fort.
Es geht und kommt doch nicht vom Ort.
Volksgut

Ich komme aus den Wolken her,
ich tränk' das Land und füll' das Meer,
ich bring der Erde Segen.
Wer bin ich wohl? Der ...

Bruno Horst Bull

Es ist ganz rund. Du wirfst damit,
triffst immer, überall.
Das Ding, das da so lustig fliegt,
das ist ein roter ...

Josephine Hirsch

Wenn abends du zu Bette gehst,
dann gibst du ihn nicht her.
Er kuschelt sich ganz weich an dich,
dein kleiner ...

Josephine Hirsch

Im tiefen See bin ich zu Haus,
und holt man mich von dort heraus,
komm ich gebraten auf den Tisch.
Du kennst mich doch? Ich bin der ...

Bruno Horst Bull

Er passt auf das Haus auf,
verjagt alle Diebe,
ist treu und verlässlich,
verdient meine Liebe.
Komm ich nach Hause,
dann weiß er's genau,
er rennt mir von weitem
entgegen – wau, wau!

Josephine Hirsch

Er schüttelt
und rüttelt
an Bäumen und Ästen,
er zerrt an den Mänteln,
den Röcken, den Westen,
er rast wie wild durch unsern Ort
und trägt dem Fritz die Mütze fort.

Josephine Hirsch

Er hat keinen Stamm. Er hat kein Geäst.
Er blüht nicht. Er rauscht nicht. Er steht nirgends fest.
Er wächst nicht im Garten, nicht in der Allee,
er trägt keine Früchte, er trägt keinen Schnee.
Ein Baum ohne Krone, ein Baum ohne Wurzeln,
und dennoch ein Baum – du musst ihn nur purzeln!

Vera Ferra-Mikura

Ein Herr stolziert durchs grüne Gras
und watet durch die Sümpfe;
hat einen Schnabel, lang und spitz,
und lange rote Strümpfe.
Und klappern kann er – horch!
Mir scheint, das ist ein . . .

Mira Lobe

Was bin ich:
Ich bin ein großes, schönes Haus.
Wer mich besitzt, der hat es gut;
der sitzt auf einem goldnen Stuhl,
trägt auf dem Kopf 'nen goldnen Hut,
schläft nachts in einem goldnen Bett
und isst aus goldner Schüssel.
Doch steck ich auch in deiner Tür
und in mir steckt der Schlüssel!

Paul Maar

Er hängt an der Dachrinne und weint, wenn die Sonne scheint.
(Eiszapfen)

Wie heißt der Vogel, saget an, der nur seinen Namen rufen kann?
(Kuckuck)

Ich komme aus dem Wolkenfass und mache alles nass.
(Regen)

Die Schale ist hart, doch gut ist der Kern. Im Herbst und im Winter zerknackst du sie gern.
(Nuss)

Welcher Schuh passt auf keinen Fuß?
(Handschuh)

Wer schluckt mit einem Schlauch allen Staub in seinen Bauch?
(Staubsauger)

Ich schwimme im Wasser bald da und bald dort. Will man mich fangen – husch, bin ich fort!
(Fisch)

Sitzt einer auf dem Dach und raucht, der weder Pfeife noch Tabak braucht.
(Rauchfang)

Welcher Mann hat Angst vor der Sonne?
(Schneemann)

Die Kätzchen, die ich meine, die schnurren nicht und miauen nicht. Die Kätzchen, die ich meine, die haben keine Beine, kein Schwänzchen, kein Gesicht.
Ihr Fellchen glänzt wie Seide, da draußen auf der Weide, im hellen Sonnenlicht.
(Palmkätzchen)

Volksgut

Wenn das Kind fabuliert, willkürlich kombiniert und handelt, allerlei befürchtet und dennoch wissen will, was recht ist,...

schätzt es Geschichten, die der Fantasie Raum geben, zugleich aber auch richtige Sachverhalte erkennen lassen.

Aufgrund ihrer lebhaften Fantasie sind Kinder – zumal etwa Vierjährige – gelegentlich zu unternehmungslustig, zu wagemutig, zu großsprecherisch. Dadurch geraten sie in manch ausweglose Situation, müssen dann und wann ihre Unzulänglichkeit erleben, leiden unter ihrem Versagen und sind zuweilen sogar ängstlich. Aufgabe der Erziehung ist es, Kinder erst gar nicht in solche Situationen hineingeraten zu lassen. Dies kann gelingen, wenn man immer wieder darauf bedacht ist, den Kindern gelegentlich auf angemessene Weise bewusst zu machen, dass es verschiedene Ebenen des Geschehens gibt.

Durch lebhafte Fantasie gerät das Kind in manch schwierige Situation

Es gibt ein Geschehen in der Welt, dem mehr und mehr die Wissbegier des Kindes gilt – die Realität des Außen. Dieser Welt steht das Geschehen in der Innerlichkeit des Menschen gegenüber, die Welt, in der dem Wünschen und Wollen Raum gegeben ist, in der man sich etwas ausdenken, in der man die Sachgesetzlichkeiten ein wenig ignorieren, ungestraft übertreiben, willkürlich kombinieren und fabulieren kann. Auch diese Geschehnisebene ist etwa Vierjährigen nicht mehr unbekannt, wurde sie doch vor allem im Spiel des öfteren durchlebt. Das Verständnis dafür, dass es auch noch eine dritte Ebene des Geschehens gibt, erschließt sich dem Kinde erst, wenn es Gleichnishaftes zu verstehen beginnt.

Der Realität der mit den Sinnen erfassbaren Welt steht das Geschehen in der Innerlichkeit gegenüber

Im allgemeinen unterscheidet das Kind sehr klar zwischen der Welt des Außen und der Welt seiner Innerlichkeit. Nur dann, wenn es sich zu sehr von seiner Fantasie tragen lässt, sein Können zu stark überschätzt, vermag es nicht mehr so klar zu beurteilen, was wirklich, was ausgedacht ist oder befürchtet wird. Trifft dies zu, ist es notwendig, den Kindern zu helfen, aus derartigen Situationen herauszufinden. Bei der Erfüllung dieser Aufgabe bewähren sich unter anderem auch Geschichten, durch die es gelingt, als bedrohlich empfundene Situationen und erschreckende Begebenheiten klarzustellen, die wahren Sachverhalte darzulegen. Geschichten wie „Wenn es dunkel wird" und „Der-von-der-Schrankwand" lassen das Kind nach und nach erkennen, dass man aus Angst ein glänzendes Holzstück für ein Gespenst hält, dass die Dunkelheit auch Ruhe und Geborgenheit zu schenken vermag.

Als bedrohlich empfundene Situationen durch Darlegen des wahren Sachverhaltes klarstellen

Darüber hinaus können Geschichten auch Erfolg versprechende Erziehungshilfen sein, die durch Vorbildwirkung oder ein abschreckendes Beispiel, heiter oder humorvoll übertrieben, eindeutig zum Ausdruck bringen, was Kinder tun sollen und was sie lassen müssen: die moralisierenden Geschichten. Diese schenken dem Kinde etwa die Einsicht, wie wichtig es ist, Ordnung zu halten, auch dann manierlich zu sein, wenn man eine Weile allein gelassen wird, wie erlösend es ist, Hilfe in der Not zu erfahren, und welche Befreiung es schenkt, etwas wieder gutzumachen.

Geschichten, die ein Vorbild oder Gegenbild zum Inhalt haben, sind Erfolg versprechende Erziehungshilfen

Was raschelt da am Bauernhof

Es war einmal eine kleine gelbe Henne, die sich immer fürchtete. Besonders fürchtete sie sich, wenn sie allein war. Eines Nachts wachte sie erschrocken auf. Was raschelte da draußen vor der Tür? „Ich fürchte mich nachzuschauen", sagte die kleine gelbe Henne zu sich selbst. „Am Ende ist es eine Maus, und vor Mäusen fürchte ich mich ganz besonders. Ich wecke lieber den Hahn, der ist stärker als ich. Soll der Hahn einmal nachsehen."

Also schlich die kleine gelbe Henne zum anderen Ende des Hühnerstalls. Dort weckte sie den Hahn. „Wach auf!", flüsterte sie. „Ich höre jemanden draußen vor der Tür. Gewiss ist es eine Ratte." „Oho", sagte der Hahn, „da rufen wir lieber den Truthahn. Der ist größer als ich. Soll der Truthahn einmal nachsehen."

Also schlichen die kleine gelbe Henne und der Hahn zur Hintertür hinaus und liefen zu dem Verschlag, in dem der Truthahn schlief. „Wach auf!", sagte der Hahn. „Es schleicht jemand im Hühnerhof herum. Gewiss ist es ein Igel." „Oho", sagte der Trutbahn, „da rufen wir lieber den Hasen herbei. Er ist älter als ich. Soll der Hase einmal nachsehen."

Also schlichen die kleine gelbe Henne, der Hahn und der Truthahn hinüber zum Hasenstall. „Wach auf!", sagte der Truthahn, „es ist jemand im Hof. Man kann ihn knurren hören. Gewiss ist es ein Fuchs." „Oho", sagte der Hase, „da rufen wir lieber den Hund. Der ist mutiger als ich. Soll der Hund einmal nachsehen."

Also schlichen die kleine gelbe Henne, der Hahn, der Truthahn und der Hase leise zur Hundehütte hinüber. „Wach auf!", sagte der Hase, „es ist jemand im Hof. Man

kann ihn schnauben und heulen hören. Gewiss ist es ein Wolf." „Oho", sagte der Hund, „da wecken wir lieber unseren Herrn, den Bauern, der ist klüger als ich. Soll der Bauer einmal nachsehen."
Also liefen die kleine gelbe Henne, der Hahn, der Truthahn, der Hase und der Hund, so leise sie konnten, hinüber zum Bauernhaus. „Wach auf, Bauer, und komm schnell heraus", sagte der Hund, „ein großer brauner Bär ist in unserem Hof. Man kann ihn trampeln und brummen hören." „Oho", sagte der Bauer und kratzte sich auf dem Kopf. Und weil da niemand war, den er hätte schicken können, nahm er seine Flinte vom Haken und ging schnell hinaus, um nachzusehen.
Vorsichtig ging er im Hof herum. Hinter ihm ging die Bäuerin. Und hinter der Bäuerin ging der Hund. Und hinter dem Hund ging der Hase. Und hinter dem Hasen ging der Truthahn. Und hinter dem Truthahn ging der Hahn. Und hinter dem Hahn ging die kleine gelbe Henne. Aber so sehr der Bauer auch suchte, er konnte niemanden finden.
Da sah er einen winzigen Hügel auf dem Boden. Er griff mit einer Hand hinein, und ein kleiner Maulwurf steckte seinen Kopf heraus und sagte: „Kann man denn nicht einmal bei Nacht seine Ruhe haben?" Da lachte der Bauer und rief: „Das ist also das gefährliche Tier im Hof! Ein Maulwurf! Ein winziger Maulwurf! Und vor dem habt ihr euch alle so gefürchtet!"

Minna Lachs

Der-von-der-Schrankwand

David liegt im Bett. Neben seinem Bett steht ein Schrank. David will nicht hingucken. Er zieht die Decke über den Kopf. Er hält den Atem an. Dann blinzelt er doch wieder zum Schrank. An der Schrankwand, da steht einer. Einer mit großen Ohren und Haarbüscheln darin. Einer mit einem Mund, der von einem Ohr bis zum anderen reicht. Einer mit riesigen Händen. David sieht ihn. Er sieht ihn jeden Abend.

Die Mutter sagt, da ist keiner. Die Mutter sagt, das ist nur das Muster im Holz. Die Mutter sagt, Bäume wachsen anders in trockenen Jahren und anders in nassen Jahren. Sie wachsen anders in kalten Jahren und anders in warmen Jahren. Davon, sagt die Mutter, kommt das Muster im Holz. David hat die Mutter lieb. Er möchte ihr gern glauben. Aber er kann nicht. Er sieht doch Den-an-der-Schrankwand. Und der sieht ihn auch! David hat Angst. Jeden Abend bettelt er, ob er noch aufbleiben darf. Aber irgendwann muss er dann doch ins Bett. Und dann kommt die Angst.

Der Großvater hat zu David gesagt: „Wenn du ihn auslachst, geht er weg. Wirklich!“ David versucht, Den-an-der-Schrankwand auszulachen. Aber es gelingt ihm nicht. Es kommt nur ein Gurgelton heraus. Das klingt schrecklich. Das klingt so, dass David gleich die Decke über den Kopf ziehen muss.

Heute ist es besonders schlimm. Heute ist David ganz allein zu Hause. Er verkriecht sich unter der Decke. Plötzlich hört er ein Surren. Das Surren kommt näher. David muss unter der Decke vorblinzeln. Eine große Brummfliege surrt zickzack durch sein Zimmer. Sie fliegt zum Schrank. Sie landet auf Dem-an-der-Schrankwand! Sie krabbelt über seinen Kopf. Sie krabbelt über seine großen Ohren mit den Haarbüscheln. Sie krabbelt in die Ohren. Eine Fliege im Ohr! Das muss aber kitzeln. David fängt an zu lachen. Er erschrickt. Er hält sich die Hände vors Gesicht. Er wartet. Er wartet lange. Nichts geschieht.

Endlich schiebt David zwei Finger auseinander und guckt zum Schrank. Da ist keiner! Da ist Holz, gemasertes Holz, glänzendes Holz. Aber da ist wirklich keiner. Da ist nur mehr die große Brummfliege, die ihre blauschillernden Flügel putzt.

Renate Welsh

Laura und Martin

„Ja, wie schaut es denn hier aus!“, ruft die Mutter. „So ein Durcheinander! Die Spielsachen und die Bücher, alles auf dem Boden!“ „Das hat der Martin getan“, sagt Laura. Im Kinderzimmer ist nur Laura, sonst niemand.

Die Mutter sagt: „Na, dann wird der Martin das sicher auch wieder aufräumen.“

„Nein, das tut der nicht, der macht keine braven Sachen, nur lauter schlimme.“

„Schade", meint die Mutter, „da bleibt dir die Arbeit. Fang einmal an, ich komm dir helfen."

Der Martin macht viele Dummheiten: Matsch aus der Sandkiste ins Zimmer tragen; Saft in die Suppe schütten; ausprobieren, ob ein Glas wirklich zerbricht, wenn es auf den Boden fällt; dem Stoffhasen ein Ohr ausreißen; die Wand ankritzeln ... Und immer sagt Laura: „Das war der Martin."

Auf dem Boden ist Plastilin zertreten, ganz festgeklebt und schmutzig. Die Großmutter meint, da hätte Laura besser aufpassen sollen. Aber Laura sagt: „Das war der Martin, der hat das Plastilin hinuntergeworfen und ist draufgestiegen." Die Großmutter will wissen, wer Martin ist. „Das ist mein Freund." Und wie er ausschaut, fragt die Großmutter auch. „Ganz lila." Lila ist Lauras Lieblingsfarbe. Die Großmutter macht sich Sorgen. „Der Martin ist ein armer Bub. Der wird doch sicher oft geschimpft. Wer tröstet ihn?" „Ich tröste ihn", sagt Laura. „Jeden Abend tröst ich ihn." Damit ist die Großmutter zufrieden.

Bald darauf übersiedelt Laura mit ihren Eltern. In der neuen Wohnung geschieht gleich etwas: Alle Legosteine sind auf dem Boden verstreut. Die Schachtel liegt ausgeleert daneben. Die Mutter fragt: „Hat das der Martin getan?" „Nein", sagt Laura. „Das war ich. Der Martin ist nicht übersiedelt. Der ist in der alten Wohnung geblieben."

Dann kommt Laura in den Kindergarten. Zuerst ist sie noch scheu. Alle sind fremd, die Tante und die anderen Kinder. Aber jeden Tag lernt sie die Buben und Mädchen besser kennen. Und jeden Tag macht es Laura mehr Freude, dass sie jetzt schon ein Kindergartenkind ist. Sie wird ja auch schon bald vier Jahre.

Und einmal, als der Vater sie abholt, da läuft ihm Laura ganz aufgeregt entgegen und ruft: „Papa, hier gibt's einen Martin, einen richtigen Martin! Komm, ich zeig ihn dir. Der ist jetzt mein Freund. Er macht lauter schlimme Sachen, und ich hab ihn schon zu meinem Geburtstag eingeladen!"

Elisabeth Hellmich

Keine Angst vor Nachtgeräuschen

Ein Weilchen wird der Igel noch
im Raschellaub rumoren,
ein Weilchen wird der Holzwurm noch
in seinem Balken bohren.

Ein Weilchen wird die Mücke noch
um unsere Lampe sirren,
ein Weilchen wird der Vater noch
im Haus mit Schlüsseln klirren.

Ein Weilchen nur, dann kommt der Mond
am Himmel still gegangen,
und wo ein müdes Kindlein wohnt,
küsst er's auf Stirn und Wangen.

Christine Busta

Wenn es dunkel wird

Eines Tages unterhielten sich die Kinder vor dem Haus mit ihren Wagen und Dreirädern. Das war so lustig, dass sie nicht bemerkten, wie die Zeit verging. Als es dunkel wurde, kam die Mutter aus dem Hause und rief: „Es wird Abend, Kinder. Versorgt eure Wagen und Dreiräder und kommt ins Haus!"
Michael, der dies nicht gern hörte, erwiderte: „Ich will nicht, dass die Nacht kommt, ich möchte weiterspielen." „Ich mag noch nicht ins Bett gehen", schrie David. Peter aber sagte gar nichts, er sah bloß, dass die Sonne vom Himmel verschwunden war und wie es unter den Bäumen finster wurde. Auch der Mond schien heute nicht, sodass man nicht einmal den See sehen konnte. Da beeilte sich Peter, stellte sein Dreirad in den Schuppen und lief zur Mutter, die vor der Haustüre wartete. „Gehen wir ins Haus", sagte er. „Gleich, gleich", antwortete Mutti, „wir müssen noch auf die anderen warten." Nach kurzer Zeit kamen sie, und alle gingen nun ins Haus. Peter drehte das Licht an. Zuerst im Hausflur, dann im Stiegenhaus, dann im Kinderzimmer, überall, wo er hinging, drehte er das Licht an.
Dann wurde gebadet und gegessen, Vati und Mutti mussten ihnen noch Geschichten erzählen, und nach dem Gutenachtkuss krochen sie ins Bett. Zuerst drehte Vati das Licht im Mädchenzimmer aus und sagte: „Gute Nacht, Mädchen." „Gute Nacht", antworteten Judith und Barbara. Dann drehte Vati das Licht im Bubenzimmer aus. „Gute Nacht, Buben." „Gute Nacht", antworteten David und Michael.

Danach kam Vati in Peters Zimmer; Peter hatte nämlich ein kleines Zimmer für sich allein. Er lag im Bett, zugedeckt bis ans Kinn. „Vati, bitte dreh das Licht nicht aus“, bat er ganz verzagt.
Vati war erstaunt. „Warum, Peter“, fragte er, „warum soll ich das Licht nicht ausdrehen?“ „Weil ich nicht will, dass das Dunkel in mein Zimmer kommt“, antwortete Peter. Er sprach so leise, dass Vati ihn kaum verstehen konnte. „Aber Peter, hast du denn Angst vor der Dunkelheit?“, fragte er. „Ja!“, wisperte Peter ganz, ganz leise. Vati setzte sich auf einen Sessel neben dem Bett, dachte nach und sagte: „Pass auf, Peter! Als ich noch ein kleiner Bub war wie du, hatte ich auch Angst vor der Dunkelheit.“ „Und jetzt, jetzt hast du keine Angst?“, fragte Peter. „Nein“, antwortete Vati, „jetzt brauche ich keine Angst mehr zu haben, ich weiß, was das Dunkel ist.“ „Was ist es denn?“, fragte Peter. „Die Sonne geht nur weg, damit wir ruhig schlafen können“, sagte Vati. „Wenn die Sonne nicht weggehen würde, dann könnten wir nicht schlafen, weil es zu hell wäre. Wenn wir nicht schlafen könnten, dann würden wir auch nicht spielen oder arbeiten können, weil wir zu müde wären. Auch die Tiere und Pflanzen wären zu müde und könnten nicht wachsen. Deshalb geht die Sonne jeden Tag fort und lässt uns im Dunkel schlafen.“ „Und das ist alles?“, fragte Peter. „Das ist alles“, erwiderte Vati. „Soll ich jetzt das Licht ausdrehen?“ „Ja“, sagte Peter, und gleich darauf schlief er schon, und die gute, stille Dunkelheit hüllte ihn ein.

Pearl S. Buck

Was uns die Angst nimmt

Vater und Mutter und vertraute Gesichter,
im Dorf und in der Stadt die Lichter.
Die Sonne, die uns am Morgen weckt,
das Kätzchen, das sich in unserm Arm versteckt.
Im Bett Teddybären und Puppen,
Sterne, die durchs Fenster gucken.
Bruder, Schwester, Neffen und Nichten
und in der Schule die schönen Geschichten.
Alles, was jeden Tag mit uns lebt,
und am Abend das Gutenachtgebet.

Max Bolliger

Ich kann Ordnung machen

So ein Durcheinander!
Wer hat meine Schuhe in den Kühlschrank gestellt?
Wie ist meine Zahnbürste unter den Esstisch gekommen?
Warum liegt mein Auto im Abwaschbecken?
Ich werde es nie schaffen. Nie werde ich meine Sachen an ihrem Platz haben.
O weh, mein armes Zimmer! Hier wegräumen?
Das nimmt kein Ende.
Das kann ich nicht. Ich bin zu klein.
Aber wer wird es tun?
Vielleicht fang ich einmal an. Vielleicht kann ich es doch? Aufheben. Wegräumen.
Ordnung machen. Aufheben! Wegräumen!
Eins nach dem anderen.
Schau! Ich hab wirklich Ordnung gemacht.
Ich kann es! Ich hab es geschafft!

Karen Erickson

Die Geschichte von der Kuh

Einmal hat einer Kuh das Gras nicht mehr geschmeckt. Sie wollte lieber etwas anderes fressen, nicht immer nur Gras.
Zuerst hat sie am Zaun geknabbert. Aber das Holz war so hart und so trocken, es hat der Kuh nicht geschmeckt.
Da hat sie die Wäscheleine hinter dem Zaun gesehen. Sie hat ihren Hals lang gemacht, sie hat die Zunge weit aus dem Maul gestreckt, und dann hat sie ein Hemd von der Leine gezogen.
Aber das Hemd hat nach Seife geschmeckt, die Kuh hat es nur halb aufgefressen. Sie hat sich umgesehen, und da hat sie im Gebüsch einen alten Schuh gefunden. Die Kuh hat lange an dem Schuh herumgekaut.
Aber das Schuhband ist ihr ums Maul gebaumelt, das hat die Kuh geärgert, und das Leder hat nach Schuhwichse geschmeckt. Die Kuh hat den alten Schuh wieder ausgespuckt.
Sie hat sich in den Schatten gelegt, sie hat ein bisschen geschlafen, und dann hat sie den anderen Kühen zugesehen. Die anderen Kühe haben Gras mit Pusteblumen und Margeriten gefressen.

Die Kuh wollte auch etwas davon haben, die anderen Kühe sollten ihr nicht alles wegfressen!
Sie ist wieder aufgestanden, sie hat Gras mit Blumen gefressen, und das hat ihr jetzt so richtig gut geschmeckt.

Ursula Wölfel

Hört einmal zu!

Hört einmal zu!
Ich bin eine wirklich bescheidene Kuh.
Was brauche ich schon zur Zufriedenheit?
Eine saftige Wiese zur Sommerszeit
und ein Plätzchen im Stall, wenn es stürmt und schneit.

Ich geb euch für Wasser, für Gras und für Heu
Milch zum Trinken und Milch für den Brei,
und ein Kalb mit seidigem Haar
schenk ich euch einmal im Jahr.

Was ich noch sagen wollte:
Hört einmal zu!
Ich bin zwar eine bescheidene Kuh,
doch zu Leuten,
die Dosen und Flaschen,
Fetzen und Plastiktaschen,
Müll und rostiges Eisen
einfach auf meine Wiese schmeißen,
sag ich nicht einmal „Muh!“.

Vera Ferra-Mikura

Wem gehört das Streifenhörnchen?

Ravi lebt in Indien. Dort gibt es viele Streifenhörnchen. Sie springen und spielen in den Baumkronen wie bei uns die Eichhörnchen. Sie leben nicht nur im Wald, sondern auch in Parks und Gärten – überall, wo es Bäume gibt.
An einem Abend sieht Ravi ein größeres und ein kleines Streifenhörnchen auf dem Ast eines Mangobaumes sitzen. Sie halten eine reife Mangofrucht in den Vorderpfoten und knabbern gemeinsam daran. Gewiss ist es eine Hörnchenmutter mit ihrem Kind, denkt Ravi.
Ravi hebt leise einen Stein auf und wirft ihn nach den Streifenhörnchen. Die Hörnchenmutter erschrickt und lässt die Mangofrucht fallen. Aber ihr Junges ist noch ungeschickt. Es klammert sich an die Frucht und plumpst mit ihr zu Boden. Das Kleine versucht davonzulaufen. Aber Ravi erwischt es und läuft mit ihm nach Hause. Noch lange hört er die Hörnchenmutter nach ihrem Kind rufen. Ravi freut sich über das kleine Streifenhörnchen. Jetzt gehört es ihm! Er wird es lieb haben und als Haustier pflegen. Er baut ihm einen Käfig und hängt ihn in sein Schlafzimmer. Er weiß auch, was das Tierchen zu essen braucht: Ein bisschen Puffreis und eine Schüssel mit Wasser stellt er in den Käfig. Dann läuft er hinaus, um zu spielen.
Als Ravi heimkommt, ist es dunkel. Gleich schaut er nach seinem Streifenhörnchen. Aber das kleine Tier ist nicht allein. Neben dem Käfig sitzt ein großes Hörnchen: die Mutter. Als Ravi ins Zimmer tritt, springt sie durch das offene Fenster davon. Ravi schaut in den Käfig. Das kleine Streifenhörnchen hat den Puffreis nicht gefressen. Aber einige Mangostücke liegen im Käfig. Die muss die Hörnchenmutter ihrem Kind gebracht haben.
Ravi will nicht, dass die Hörnchenmutter ins Zimmer kommt und ihr Kind füttert. Es ist doch jetzt sein Streifenhörnchen! Er schließt das Fenster und geht zum Abendessen. Als er zurückkommt, sieht er die Hörnchenmutter draußen auf dem Fenstersims sitzen. Er läuft hin, um sie zu verjagen. Als er das Fenster öffnet, verschwindet sie.
Ravi setzt sich auf einen Sessel und beginnt ein Buch zu lesen. Immer wieder schaut er zum Fenster. Und wirklich: Schon sieht er, wie sich draußen etwas bewegt. Die Hörnchenmutter ist wieder da!

Ravi will sie vertreiben. Er nimmt einen Stock und springt mit einem Satz zum Fenster. Aber das Streifenhörnchen ist verschwunden, ehe er dort ist. Ravi schlägt mit dem Stock gegen den Fensterrahmen. Das wird die Hörnchenmutter verscheuchen, falls sie noch in der Nähe ist. Dann geht er zu seinem Sessel zurück. Aber schon ist sie wieder am Fenster. Ravi wird zornig. Er läuft zum Fenster. Aber das Streifenhörnchen ist zu schnell. Schon ist es in der Dunkelheit verschwunden.
Ravi möchte die Hörnchenmutter mit dem Stock treffen, sodass sie nicht mehr zurückkommt. Er versteckt sich hinter dem Vorhang und wartet geduldig. Aber jetzt kommt sie nicht. Lange Zeit steht er da. Ravi wartet und wartet. Aber sie kommt immer noch nicht. Es ist spät geworden. Wahrscheinlich traut sich die Hörnchenmutter nicht herein, solange er hier steht. Also geht er zu Bett und lässt das Licht brennen. Von Zeit zu Zeit schaut er zum Fenster. Er kann heute nicht einschlafen.
Endlich! Nach langer Zeit hüpft die Hörnchenmutter auf das Fensterbrett. Jetzt will Ravi sehen, was sie tun wird. Er rührt sich nicht und ist ganz still. Eine Weile bleibt sie auf dem Fensterbrett sitzen und schaut sich vorsichtig um. Dann beginnt sie mit leisen Lauten ihr Kind zu locken. Das kleine Streifenhörnchen antwortet ihr mit einem Schrei. Ein paar Minuten lang ist es still. Dann ruft die Hörnchenmutter wieder. Und das Kleine antwortet ihr. Da springt sie ins Zimmer und klammert sich an den Käfigrand. Durch die Gitterstäbe drängt sie sich ganz dicht an ihr Kind. Sie lockt es immer wieder mit zärtlichem Knurren! Und das Kleine antwortet ihr. Nach und nach wird das Hörnchenkind still. Es ist eingeschlafen. Aber die Hörnchenmutter hält Wache. Von Zeit zu Zeit knurrt sie leise, damit ihr Kind weiß, sie ist da. Stunden vergehen. Ravi kann nicht einschlafen. Immer wieder beobachtet er die beiden. Er liegt wach bis zum Morgen.
Es ist schon hell. Als Ravi aufsteht, flieht die Hörnchenmutter mit einem Sprung durch das offene Fenster. Das Kleine erwacht und sieht, dass seine Mutter fort ist. Es schreit und schreit, um sie zurückzurufen.
Da wird Ravi traurig. Das Kleine tut ihm leid. Hätte er es nur nicht von seiner Mutter fortgenommen! Er hat beide unglücklich gemacht. Dann gibt er sich einen Ruck. Er nimmt das kleine Streifenhörnchen aus dem Käfig und trägt es zum Mangobaum. Vorsichtig klettert er hinauf und setzt das Tierchen auf einen Ast. Dann rutscht er hinunter und versteckt sich in der Nähe.
Nach kurzer Zeit kommt die Hörnchenmutter. Ravi sieht sie den Stamm hinauflaufen und auf den Ast zu ihrem Kind springen. Er staunt, wie die beiden einander beschnuppern und liebkosen. Sie haben einander lieb.
Ravi seufzt. Das Kleine ist nicht mehr sein Tier. Aber er ist doch froh, dass er es seiner Mutter zurückgegeben hat. Denn die beiden gehören zusammen.

Hübsch, Artig und Brav

Sabine hatte drei Kätzchen. Die drei Kätzchen hießen Hübsch, Artig und Brav. Einmal wollten die Kätzchen gar nicht aufhören, sich schön zu machen. Sie fuhren sich mit den Vorderpfoten über das Gesicht und leckten mit der Zunge das Fell glatt. Das bedeutet, dass Besuch kommt, dachte Sabine.

Sie breitete ein schneeweißes Tischtuch mit langen Fransen über den Tisch. Dann holte sie rote Nelken aus dem Garten und stellte sie in einer schönen Vase darauf. Zum Schluss rief sie noch ihre drei Kätzchen und sagte: „Hübsch, Artig und Brav, so heißt ihr. Hübsch, artig und brav, so seid ihr. Stimmt's?" Hübsch, Artig und Brav sagten der Reihe nach: „Miau!" Das bedeutet: „O ja!" Dann ging Sabine auf den Bahnhof, um zu schauen, wer da kommt.

Die drei Kätzchen balgten sich zum Spaß auf dem Boden, sodass sie oft nur noch ein einziger wolliger Knäuel waren. Als sie davon genug hatten, sahen sie einander an. Was tun wir nun? Hübsch sagte: „Ich weiß etwas Schönes. Wir hängen uns an die Fransen vom Tischtuch und schaukeln." Artig sagte: „Wenn wir das tun, dann sind wir gar nicht mehr hübsch, artig und brav!" Brav sagte: „Aber es wäre doch so lustig!" Und dann sagten sie alle miteinander: „Und wir tun es ja auch nur ein ganz kleines bisschen!"

Die drei Kätzchen hängten sich mit ihren zierlichen Krallen an die Fransen und schaukelten. Das war wirklich sehr, sehr lustig, und je fester sie schaukelten, desto lustiger wurde es. Auf einmal rutschte die ganze Tischdecke hinunter, und es machte einen großen Krach. Die schöne Vase war auch hinuntergefallen, und jetzt lag sie in hundert Scherben auf dem Boden. Hübsch sprang vor Schrecken hinter den Ofen. Artig kletterte auf die Kommode und schlüpfte unter Sabines Sommerhut. Brav versteckte sich im Nähkörbchen.
Als Sabine eintrat, sagte sie zu ihrer Freundin Christa, die mit dem Zug aus Salzburg gekommen war: „Schau, wie schön ich es hier habe!" Aber dann rief sie gleich: „O weh! Wer hat das Tischtuch auf den Boden geworfen? Wer hat die schöne Vase zertrümmert? Waren das vielleicht Hübsch, Artig und Brav? Aber nein, Hübsch, Artig und Brav tun so etwas nicht!"
Jetzt rief Sabine nach ihren Kätzchen. Sie rief und rief, aber keines ließ sich blicken. „Gewiss ist ein böses Tier gekommen", schluchzte Sabine. „Das böse Tier hat mein Tischtuch samt der schönen Vase auf den Boden geworfen. Und dann hat es Hübsch, Artig und Brav auch noch gefressen! Es hilft alles nichts mehr. Jetzt will ich für uns Kakao kochen." „Kochst du den Kakao immer mit Salz?", fragte Christa, als sie den Kakao tranken. Aber dass der Kakao so salzig schmeckte, kam nur von den vielen Tränen, die Sabine beim Zubereiten hineingefallen waren.
Als sie fertig waren, erzählte Christa von Salzburg. Auf einmal war es Abend. Sabine sagte: „So, jetzt muss ich aber meinen Kätzchen geschwind Milch geben!" Doch da fiel ihr ein, dass leider ein böses Tier gekommen war und Hübsch, Artig und Brav gefressen hatte. Sie sagte: „Nun wollen eben wir beide die Milch trinken, sonst wird sie nur sauer!"
Als die Kätzchen hörten, dass Sabine mit Christa alle Milch allein trinken wollte, da kam Hübsch hinter dem Ofen hervor. Artig schlüpfte aus dem Sommerhut. Brav kroch aus dem Nähkörbchen und zog noch einen langen roten Wollfaden hinter sich her. „Ei, da seid ihr ja wieder!", rief Sabine voller Freude. Aber dann sagte sie: „Hübsch, Artig und Brav, so heißt ihr. Hübsch, artig und brav, so seid ihr. Stimmt's?" Die drei Kätzchen senkten ihre Köpflein. „Habt ihr vielleicht die Vase hinuntergeworfen?", fragte Sabine. Die drei Kätzchen sagten der Reihe nach kläglich: „Miau!" Das bedeutet: „O ja." „Soll ich wieder lieb zu euch sein?", fragte Sabine. Die Kätzchen sagten: „Miau, miau!" und bewegten die Schwänzchen hin und her. Das bedeutet: „Bitte, bitte!"
Dann bekamen die Kätzchen ihre Milch. Christa hatte für jedes eine kleine Stoffmaus als Spielzeug mitgebracht. Diese Stoffmäuse konnte man ziehen, denn sie liefen auf Rädern, und außerdem hatte jede ein silbernes Glöcklein um den Hals. Hübsch bekam eine rote Stoffmaus. Artig bekam eine grüne Stoffmaus. Brav bekam eine blaue Stoffmaus. Und dann verlebten sie alle miteinander noch einen vergnügten Abend.

Josef Guggenmos

Markus und die Angst

Markus hatte sich die kleine Schwester so sehr gewünscht. Und jetzt war alles anders. Niemand hatte Zeit für ihn, niemand schien sich um ihn zu kümmern. Die Mutter war jetzt den lieben langen Tag mit dem Baby beschäftigt. Und kam der Vater abends nach Hause, fragte er zuerst: „Wie geht es meiner kleinen Tochter?“ Und wenn die Großmutter zu Besuch war, schien auch sie nur mehr die Schwester zu sehen.

Markus war unglücklich und traurig. Am Abend im Bett dachte er lange nach. Alles war so trostlos. Früher, da war die Mutter noch eine Weile an seinem Bett gesessen, manchmal hatte sie ihm auch eine Geschichte vorgelesen. Markus lag da und starrte in die Finsternis. Die Eltern waren längst zu Bett gegangen. Er aber konnte nicht einschlafen. Das Baby lag in seinem Korb im Schlafzimmer der Eltern, und er musste hier ganz allein sein. Früher war er so stolz auf sein eigenes Zimmer gewesen, jetzt wollte er auch bei den Eltern sein. Warum sollte er nicht? Er schlüpfte aus seinem Bett und schlich ins Zimmer nebenan. Die Eltern schliefen, auch Monika rührte sich nicht. Markus tappte in der Finsternis zum Bett der Mutter und zupfte sie am Nachthemd. „Was ist los, Markus? Ist dir nicht gut?“ „Ich kann nicht schlafen, Mutter, ich habe Angst!“ „Angst? Wovor hast du Angst?“ „Weiß ich nicht!“, sagte Markus. Er stand da und wartete, dass ihn die Mutter zu sich ins Bett nehmen würde. Doch die Mutter seufzte und sagte: „Einmal gibt die Kleine Ruhe, dann kommst du daher und lässt mich nicht schlafen!“ „Ich habe Angst!“, wiederholte Markus. „Du bist ein großer, gescheiter Bub! *Buben dürfen keine Angst haben!* Geh zurück in dein Bett! Sei lieb, Markus, und gib Ruh, ich möchte so gerne schlafen.“ Markus ging langsam in sein Zimmer, legte sich ins Bett, weinte ein bisschen und schlief ein.

In der nächsten Nacht wurde Markus wach, weil das Baby schrie. Er hörte, wie die Mutter auf die Schwester einredete: „Ist ja schon gut! Ich werde dich umwickeln!“ Und als die Kleine immer noch weinte, nahm die Mutter sie zu sich ins Bett. Bald war es wieder still im Zimmer nebenan. Markus aber schlüpfte wieder aus dem Bett und rüttelte die Mutter wach: „Monika hat mich aufgeweckt. Ich kann nicht mehr einschlafen. Ich habe Angst!“ Die Mutter war verzweifelt: „Markus, du warst doch immer ein vernünftiger Bub! Geh in dein Bett und schlaf jetzt! Du weckst sonst das Baby wieder auf!“ Markus schlich zurück in sein Zimmer, weinte ein bisschen und schlief ein.

So ging das Nacht für Nacht. Markus stand mit seinem „Ich habe Angst“ vor dem Bett seiner Mutter. Der Vater sprach mit dem Buben: „Die Mutter wird noch krank, wenn sie keine Nacht schlafen kann.“

 Markus sah den Vater trotzig an. „Ich habe Angst!“, sagte er. „Aber Markus, du kommst bald in die Schule. Du bist ein Bub! Buben haben keine Angst!" „Ich fürchte mich", beharrte Markus. „Wovor?", wollte der Vater wissen. Markus zuckte nur die Schultern. Der Vater versprach, am Sonntag mit ihm in den Tiergarten zu gehen, wenn er die Mutter endlich wieder schlafen ließ. Markus nahm sich das ganz fest vor, aber in der Nacht wurde er wach, ging zum Bett der Mutter und riss sie mit seinem „Ich habe Angst" aus dem Schlaf. Die Mutter wurde ungeduldig. „Geh sofort in dein Bett zurück, sonst wecke ich den Vater!", flüsterte sie ihm zu, drehte sich um und beachtete ihn nicht mehr. Markus stand da, und die Tränen liefen über seine Wangen, fielen auf seine nackten Zehen. Er war so müde und so unglücklich, und er wollte nicht in sein Zimmer zurück. So legte er sich auf den Teppich neben das Bett der Mutter, weinte noch ein wenig, dann schlief er ein. Die Mutter war nicht schlecht erstaunt, als sie morgens mit den Füßen nach ihren Hausschuhen tastete und gegen etwas Weiches stieß. „Markus", rief sie, „ja bist du denn von allen guten Geistern verlassen!"

Markus wurde zu einer Kinderärztin gebracht. Er gab auf alle Fragen artig Antwort. Als aber die Frau Doktor wissen wollte, wovor er sich fürchtete, sagte er: „Das weiß ich nicht." Die Ärztin meinte nach der Unterredung mit Markus: „Der Bub ist nur eifersüchtig auf die kleine Schwester. Schenken Sie der ganzen Sache nicht zu viel Beachtung!"

Markus lag nicht jede Nacht, aber bestimmt jede zweite oder dritte vor dem Bett seiner Mutter. Oft wusste er gar nicht mehr, wie er dorthin gekommen war. Die Mutter war ratlos und verzweifelt. Markus war viel stiller und ernster als früher, er schien an nichts mehr die rechte Freude zu haben.

Da wurde die Großmutter krank. Sie hatte schon längere Zeit einen bösen Husten, nun bekam sie noch hohes Fieber dazu. Der Arzt stellte eine Lungenentzündung fest. Tagsüber sah eine Nachbarin nach der Kranken, in der Nacht sollte die Großmutter nicht allein sein, bis es ihr nicht wieder besser ging. So beschloss die Mutter, ein paar Nächte bei ihr zu bleiben.

In der Nacht hörte Markus die Kleine schreien, aber niemand kümmerte sich um Monika. Da fiel Markus ein, dass die Mutter nicht da war. Und der Vater schlief wohl so fest, dass ihn das Schreien der kleinen Schwester nicht weckte. Plötzlich tat Markus das Baby Leid. Sicher hatte Monika Angst und kam sich jetzt so verlassen vor wie er, wenn er nachts wach wurde. Er lief zum Korb der Kleinen, nahm sie vorsichtig hoch – sie war ganz schön schwer – und trug sie in sein Bett. Er redete auf Monika ein, wie er es von der Mutter immer gehört hatte und strich mit dem Finger vorsichtig über ihre Wange, und wirklich, das Kind beruhigte sich und schlief ein. Markus lag nun in seinem Bett, aber er hatte keine Angst, das Baby war ja bei ihm!

In der Früh weckte ihn der Vater. „Wieso liegt Monika in deinem Bett? Ich bekam einen schönen Schreck, als ich aufwachte und den leeren Korb sah!", sagte er.

Markus erklärte: „Monika hat in der Nacht ganz laut geschrien, aber du wurdest nicht wach. Da nahm ich sie ganz einfach zu mir ins Bett!"
Als die Mutter nach Hause kam und der Vater ihr erzählte, was in der Nacht passiert war, lachte sie. „Du bist mir ein schöner Babysitter!", sagte sie. „Wenn wir Markus nicht hätten, müsste die Großmutter nächste Nacht allein bleiben." Der Vater wiederholte: „Wenn wir Markus nicht hätten –" und ganz ernst fügte er hinzu: „Das wäre sehr schlimm!" Der Bub hörte nichts anderes als „wenn wir Markus nicht hätten", und sein Herz klopfte vor Freude und Glück. Er blickte die schlafende Schwester lange an und fand, dass sie recht lieb aussah.
Als die Mutter wieder am Abend zur Großmutter ging, fragte sie: „Markus, darf ich den Korb mit Monika in dein Zimmer stellen? Der Vater hört sie ja doch nicht, wenn sie weint!" Markus bekam ganz große Augen vor Stolz und Wichtigkeit. „Ja, Mutter", sagte er, „ich werde ganz gewiss wach, wenn die Kleine schreit!" In der Früh wurde Markus wach, es war heller Tag. Monika lag friedlich in ihrem Korb. Und ihr Babysitter hatte die ganze Nacht durchgeschlafen. Markus fühlte sich so wohl und glücklich wie vor langer, langer Zeit. Da hörte er auch schon die Mutter. „Markus, hat dich die Kleine oft geweckt?" Markus schaute die Mutter fröhlich an. „Aber nein, wir haben beide die ganze Nacht geschlafen." Die Mutter setzte sich an sein Bett und sagte: „Du warst mir wirklich eine große Hilfe. Und der Oma geht es auch wieder besser. Nächste Nacht kann ich schon daheim bleiben. Dann bist du den Quälgeist wieder los!"
Als es Abend wurde, fragte Markus zaghaft: „Mutter, kann Monika nicht in meinem Zimmer schlafen? Du weißt doch, ich höre, wenn sie weint!" Die Mutter überlegte nicht lange. „Gut, Markus", sagte sie, „wir können es ja versuchen. Und dabei blieb es. Markus schlief wieder tief und fest. Wenn die kleine Schwester weinte, kam die Mutter gelaufen und beruhigte das Kind. Und die Angst? Wo war seine Angst geblieben? Von der war keine Rede mehr.

Stefanie Neugebauer

Über das Heulen von Eulen

Es sitzt die Eule in dem Turm
Und heult so schaurig wie der Sturm.
Sie jammert laut: Huhuu! Huhuu!
Da hält man sich die Ohren zu
Und schließt geschwinde alle Fenster
Und sieht vor lauter Angst Gespenster.

Hast du noch nie gedacht, mein Kind,
Dass Eulen auch mal hungrig sind?
Die Eule nämlich in dem Turm
Schreit nur nach einem Regenwurm.

Eva Rechlin-Bartoschek

Tino hört es knacksen

Tino liegt im Bett. Tino möchte einschlafen.
Es knackst.
Tino setzt sich auf und horcht.
Jetzt knackst es wieder.
Es knackst unter dem Bett.
Es knackst hinter dem Kasten.
Es knackst über den Fußboden hin und her.
Tino bekommt kalte Hände.
Tino will rufen, aber auf einmal hat er keine Stimme mehr.
Es knackst rund um Tinos Bett, einmal dort und einmal da.
Tino springt aus dem Bett und holt eine Zeitung.
Er raschelt mit der Zeitung – er raschelt noch einmal.
Tino horcht.
„Es hat zu knacksen aufgehört“, sagt Tino. „Es fürchtet sich.“

Lene Mayer-Skumanz

Eine Apfelgeschichte

Zwei Kinder haben in einem ganz fremden Garten hoch oben auf einem Apfelbaum vier knallrote Äpfel gesehen. Die Kinder haben gedacht:
Die vier hat man vergessen zu pflücken. Aber jetzt sind sie schön reif, und sie schmecken sicherlich gut. Wir wollen sie holen, dann bekommt jeder zwei.
Die Kinder sind durch die Hecke in den Garten gekrochen, und dann haben sie vorsichtig nach rechts und nach links geschaut. Es war aber niemand zu sehen. Die Kinder sind zu dem Baum gerannt und haben versucht, ihn zu schütteln. Doch der Apfelbaum hat sich nicht schütteln lassen. Jetzt wollten die beiden hinaufklettern. Aber der Apfelbaum ist kein Baum zum Klettern gewesen. Da haben die Kinder Steine gesucht, und sie haben damit nach den Äpfeln geworfen. Aber die Äpfel sind nicht heruntergekommen. Nur der Mann ist gekommen, der, dem der Garten gehört hat. Er ist plötzlich im Garten gestanden und hat einen langen Stock in der Hand gehabt.
„He, ihr!“, hat der Mann laut gerufen.
Die Kinder sind so erschrocken gewesen, dass sie nicht weglaufen konnten. Der Mann ist mit großen und sehr schnellen Schritten nähergekommen. Er hat seinen Stock durch die Luft zischen lassen und zu den Kindern gesagt: „Wartet ihr beiden, ich . . . helfe euch.“ Dann hat er mit dem Stock an die Apfelbaumzweige geschlagen, und die Apfel sind auf den Rasen gefallen.

Elisabeth Stiemert

Das wunderbare Bettmobil

Das war gar kein besonderer Abend. Die Menschen in ihren Wohnungen hatten die Lampen angeknipst. Es sah aus, als würden die Fenster leuchten. In den Zimmern las man, sah fern oder erzählte.
Herr Hinzel aus dem vierten Stock lag schon im Bett. Ein großes, gemütliches Ding war das. Wenn er sich hineinlegte, quietschte es zur Begrüßung ein wenig. Die beiden mochten sich, der Herr Hinzel und das Bett.
Manchmal konnte er nicht gleich einschlafen. Dann lag er da und dachte sich etwas aus, genau wie heute. Schade, dass ich nur nachts im Bett liege, war ihm eingefallen. Ich würde mich auch am Tag in diesem weichen, warmen Ding wohl fühlen.

Und dann hatte Herr Hinzel eine Idee. Erst war sie winzig klein. Später füllte sie seinen ganzen Kopf. Hin und her drehte er sie. Dann lächelte er, denn sie gefiel ihm rundum gut, seine Idee. Er lag da und war verliebt in sie.

Nach einer halben Stunde sah man immer noch Licht bei Herrn Hinzel. Er konnte nicht einschlafen. Seine Idee ließ ihm keine Ruhe.

Aber schließlich wurde es auch im vierten Stock dunkel. Da war er endlich eingeschlafen, der Herr Hinzel mit seiner Idee im Kopf.

„Guten Morgen, Idee!", sagte Herr Hinzel beim Aufwachen. Er mochte sie noch genauso gerne wie am Abend davor. Und deswegen ließ er bald darauf sein gemütliches Bett rnit Seilen zum Hof hinunter. Die Nachbarn halfen ihm dabei.

Erstaunt sahen sie ihn an und fragten: „Willst du ausziehen?" Er schüttelte den Kopf. Dann lächelte er und legte seinen Zeigefinger auf den Mund. „Pssst", sagte er, „bisher ist alles nur eine Idee. Ich verrate nichts. Wartet bitte noch."

Den ganzen Tag suchte Herr Hinzel auf Schrottplätzen. Alles Mögliche trug er zusammen. Spät kam er zurück. Er schleppte Räder, Schrauben, Stangen, Propeller, Lampen, einen alten Motor, eine Batterie, einen Tank, einen Auspuff und noch viel mehr.

Die Nachbarn schliefen schon, als Herr Hinzel begann, an seinem Bett zu basteln. Sie schliefen sehr tief. Niemand hörte, wie Herr Hinzel klopfte, schweißte, hämmerte, sägte, feilte und zusammenfügte. Schließlich hatte er auch das letzte Rad angeschraubt. Jetzt war er endlich zufrieden mit seinem neuen Bett. Er legte sich hinein, gleich darauf schlief er.

Auch als die Zeitungsfrau kam, schlief er noch. Ein seltsames Ding steht da, dachte sie. Und der Herr Hinzel liegt darin. Der lächelt sogar im Schlaf. Eigentlich sieht das gar nicht so aus wie ein Bett. Ob man damit fahren kann? überlegte sie. Aber wozu dienen die Propeller?

Die Zeitungsfrau schüttelte den Kopf. So etwas hatte sie noch nie gesehen. Leise ging sie weiter. Der Himmel über den Häusern sah schon ein wenig heller aus. Bald würden die ersten Menschen aufstehen.

Als Herr Hinzel aufwachte, schliefen die Nachbarn noch. Er gab Gas. Und dann rollte er im Bett bis zur Kreuzung. Auf der Hauptstraße fuhren schon viele Menschen zur Arbeit. Die meisten hatten es eilig. Sie schimpften und hupten, als sie das Verkehrshindernis sahen. Herr Hinzel schmunzelte nur, warf den Propeller an und ging mit dem Bett in die Luft. Über den Hausdächern flog er spazieren. „Mein neues Bett ist wunderbar!", jubelte Herr Hinzel. Er flog bis zu den Wolken hinauf. Tauben setzten sich zu ihm und ruhten sich aus.

Bis ans Meer wollte er fliegen. Und er schaffte es wirklich. Nach einem langen Flug sah er den Strand unter sich. Hier war es weich genug für die beiden, hier wollte er landen.

Vorsichtig setzte Herr Hinzel das Bett im Sand auf. Es quietschte ein wenig. Vielleicht sollte ich es doch einmal ölen, dachte er. Dann rollte es noch ein Stück und blieb stehen.
Wie ein großer Lampion hing die Abendsonne am Himmel. Herr Hinzel sah weit über das Meer bis zu den letzten Wellen. Er mochte den Sand, das Wasser und den Geruch hier. Lange stand er da. Dann dachte er: Eigentlich möchte ich jetzt aufs Meer hinausschwimmen.
Ruhig schwamm das Bett. Immer weiter steuerte er es von der Küste weg. Seine Beine baumelten im Wasser. Und er ließ sich von der Sonne wärmen.
Es wurde dunkler. Immer höher stiegen die Wellen. Immer lauter heulte der Wind. Herr Hinzel band sich am Bett fest. Dann lachte und schrie er mit dem heulenden Sturm um die Wette. Eine wildere Karussellfahrt hatte er noch nie erlebt.
Herr Hinzel landete an einem Strand. Ein wenig ratlos saß er neben seinem beschädigten Bett im weißen Sand. Glatt sah das Meer jetzt aus wie vor dem Sturm. Hier wirkte alles fremd für ihn. Fremde Menschen kamen und bestaunten das Bett. Jemand schenkte ihm ein buntes Tuch. Er wickelte sich darin ein. Dann fragten sie, ob sie ihm helfen könnten. Herr Hinzel nickte, und sie zogen sein Bett in ihre Stadt. Die Fremden besorgten alles, was er brauchte.
Dann reparierten sie gemeinsam das Bett. Der Sturm hatte es mächtig verbogen und verbeult. Lange klopften, feilten und hämmerten sie, bis es wieder gerade und fest aussah. Herr Hinzel war sehr froh, dass ihm die fremden Menschen geholfen hatten.
Da stand das Bett nun. Herr Hinzel trat einige Schritte zurück und betrachtete es. Es sah genauso schön aus wie vorher. Mit dem bunten Tuch vielleicht sogar noch schöner.
Eigentlich wollte er seinen Helfern etwas schenken. Irgend etwas Schönes. Aber leider besaß er hier nichts, was er verschenken konnte. Hin und her überlegte er. Dann sprang er plötzlich auf und rief: „Ich lade euch alle ein! Wenn es dunkel ist, feiern wir ein Bettfest."
Einer sagte es dem anderen. Alle lachten und freuten sich. Viele Dinge wurden zum Bett geschleppt. Es sollte genug zum Essen und Trinken geben. Holz für ein großes Feuer brachten die Menschen. Alle warteten auf den Abend und Herrn Hinzels großes Bettfest.
Endlich konnte das Fest beginnen. Herr Hinzel stieg ins Bett. Er schaltete die Scheinwerfer an und startete. Hoch hinauf ging es. Die Zuschauer erkannten nur noch einen leuchtenden Bettpunkt.
Gleich darauf raste er im Sturzflug zurück zur Erde. Knapp über den Köpfen der Zuschauer flog er. Herr Hinzel drehte das Bett sogar in der Luft. Die Räder zeigten in den Nachthimmel. Sehr still standen die Menschen da und sahen atemlos zu ihm hinauf.

Später landete er. Als das Bett aufsetzte, quietschte es wieder. Niemand hörte das. Alle riefen durcheinander. Und sie lobten sein wunderbares Bett. Herr Hinzel wurde ein wenig rot. So sehr freute er sich. Danach setzten sich alle zusammen. Sie kamen sogar ins Bett. Das Feuer brannte. Es wurde getanzt, gesungen, gegessen und getrunken. So viele Freunde hatte Herr Hinzel noch nie gehabt.

Von zu Hause erzählte er, wie er lebt, wie die Menschen dort sind, was sie sagen und tun. Er erzählte auch, dass sie es immer sehr eilig haben. „Vor lauter Eile können sie morgens nicht einmal über ein Hinzelbett staunen", sagte er. „Aber trotzdem wohne ich gerne dort. Wahrscheinlich haben daran meine ziemlich netten Nachbarn Schuld." Bei den fremden Menschen gefiel es ihm sehr gut. Und vielleicht freute sich Herr Hinzel am meisten darüber, dass sie gar nicht mehr fremd für ihn waren.

Es tat ihm ein wenig weh, wenn er an zu Hause und an die Menschen dort dachte. Und deswegen wollte er gleich nach dem Fest wieder zurückfahren. Seine Nachbarn kannten das Reisebett ja noch gar nicht, war ihm eingefallen. Er musste es ihnen unbedingt vorführen.

Bis zum Morgen saßen sie alle zusammen. Ein schöneres Fest hatten sie noch nie erlebt. Als der Himmel heller wurde, löschten sie das Feuer. Das Fest war zu Ende, und sie verabschiedeten sich voneinander: „Bis bald, ihr Lieben", sagte Herr Hinzel. „Besucht mich bald! Oder vielleicht komme ich im nächsten Jahr wieder bei euch vorbei."

Er stieg ins Bett. Erst fuhr er ein Stück am Strand entlang, dann steuerte er ins Meer hinaus. Die Menschen winkten ihm noch lange nach. Und er winkte lange zurück. Ein heißer Wind blähte das Tuch zum Segel. Herr Hinzel wurde in seinem Bett so durch die Wüste getrieben, dass der Sand unter den Reifen knirschte. Später durchquerte er weite Täler. Einmal ruhte er sich zwischen Bergen auf einer Wiese aus. Er dachte an das Fest und die vielen Freunde, die er zurückgelassen hatte. Aber immer häufiger fielen ihm auch die Nachbarn zu Hause ein. Er freute sich sehr darauf, sie wiederzusehen.

Und dann, spät an einem Abend, kam er endlich nach Hause. Die Nachbarn waren begeistert von Herrn Hinzels Reisebett. In Schlafanzügen und Morgenmänteln standen sie auf dem Hof und fragten ihn aus. „Unsere Zeitungsfrau hat uns von deinem Bett erzählt", sagten sie. „Aber es ist noch viel schöner, als wir es uns vorstellten." „Ich möchte auch so verreisen", wünschte sich jemand. „Ich auch! Ich auch! Wir bauen uns Reisebetten." Aufgeregt redeten alle durcheinander. Und ein Nachbar sagte zu Herrn Hinzel: „Mein Bett müsste außerdem noch unter Wasser schwimmen können. Hilfst du mir, ein Unterwasserbett zu bauen?" Herr Hinzel fand die Idee prima. Er versprach, dem Nachbarn zu helfen. Aber vorher wollte er schlafen. Er gähnte und wickelte sich fest in sein buntes Tuch. „Gute Nacht", wünschte er allen. Dann legte er sich zurück. Das Bett quietschte ein wenig. Morgen werde ich dich endlich ölen, dachte er noch. Dann schlief er. Auf Zehenspitzen schlichen die Nachbarn zurück in ihre Wohnungen.

In dieser Nacht wurden die Lampen in den Zimmern spät ausgeknipst. Man erzählte noch lange von Herrn Hinzels Bettreise.

Achim Bröger

Wenn das Kind an allerlei Dingen und Vorgängen interessiert ist und näher informiert werden will,...

verlangt es nach Geschichten, die es ihm ermöglichen, sich eingehender mit der Umwelt und allerlei Problemen auseinanderzusetzen.

Kindern, denen die Meisterung der Probleme der Alltagsroutine – Manierlichsein beim Essen, Waschen, Schlafengehen, Selbständigsein beim An- und Auskleiden, Ordnunghalten in den Spielsachen – kaum mehr Schwierigkeiten macht, bleibt viel Kraft dafür, konzentrierter zu beobachten, ausdauernder zuzuhoren, zu spielen, im Miteinander mit Gleichaltrigen etwas besser auszukommen. Mit gesteigertem Interesse halten sie Umschau, was es in der näheren und weiteren Umwelt neu zu entdecken gibt und zu beachten gilt. In noch höherem Maße als bisher sind solche Kinder – im Allgemeinen sind es etwa die Fünfjährigen –, weil sie ruhiger, weniger sprunghaft in ihren Zielsetzungen und Betätigungen, selbstsicherer und auch selbstzufriedener geworden sind, an sachlichen Informationen interessiert. Unverkennbar wächst, gleichsam von Tag zu Tag, ihre Bereitschaft, genauer mit Dingen und Vorgängen vertraut gemacht zu werden.

Das Kind ist an sachlichen Inforrmationen in hohem Maße interessiert

Diese bedeutsame Entwicklung kann auch durch das Erzählen geeigneter Geschichten gestützt und gefördert werden. Im Vergleich zu solchen für jüngere Kinder müssen informierende Geschichten für etwa Fünf- und Sechsjährige gar nicht andersartig, wohl aber inhalts- und handlungsreicher sein. Genügte es bisher beim Erzählen von Geschichten entweder nur eine Episode auszumalen oder Episode an Episode lose aneinander zu reihen, sind Kinder nunmehr fähig, Geschichten zu erfassen, deren Geschehen sich über eine größere Zeitspanne erstreckt, an verschiedenen Orten – auch an weit entfernten – spielt und in denen das Nacheinander des Geschehens in einem tieferen Zusammenhang steht als lediglich dem der zeitlichen Aufeinanderfolge.

Inhalts- und handlungsreiche informierende Geschichten kommen den Interessen der Kinder entgegen, stützen und fördern die Entwicklung

Viele Kinder unserer Zeit sitzen Stunde um Stunde vor dem Fernsehapparat, machen nicht selten mit ihren Eltern Ferienreisen ins Ausland, wo sie sehen, wie Kinder in anderen Ländern wohnen, sich kleiden, was sie essen, wie sie spielen und arbeiten. Dabei erfahren sie aber auch, dass diese fremden Kinder Freude und Leid erleben und – wie etwa das „fremde Mädchen" – verstanden werden wollen, Freunde suchen.

Durch Geschichten Kinder fremder Länder verstehen lernen

Kinder unserer Zeit werden zuweilen auch mit Gegenwartsproblemen konfrontiert, die zu verarbeiten sie nicht imstande sind, wenn sie dabei allein gelassen werden. Wenn es Erzählern gelingt, derartige Probleme in Geschichten aufzubereiten, kann dies dazu beitragen, Lösungen für manch Unbegreifliches, Verwirrendes, Ängstigendes aufzuzeigen. Geschichten solcher Art sind beispielsweise „Kippeltasse und Struppelbesen" (Auseinandersetzung mit traditionellen Arbeitsweisen und technischer Errungenschaft), „Die Kinderbrücke" (Friedensproblematik), „Der kleine schwarze Weißfellkater" (Integration eines Außenseiters) und „Der Apfel" (Grenzen der Machbarkeit).

Durch Geschichten zur Aufarbeitung von Gegenwartsproblemen beitragen

Der Erzähler wird vor allem dann aufmerksame Zuhörer finden, wenn er bei der Auswahl informierender Geschichten an die Erfahrungen und Erlebnisse der Kinder anknüpft und auf ihr stets wachsendes Interesse an Dingen und Vorgängen eingeht, ohne sich dazu verleiten zu lassen, möglichst viele Beobachtungs- und Forschungsbereiche des Kindes abzudecken.

Beim Erzählen an Erfahrungen und Erlebnisse der Kinder anknüpfen

Beim Zebrastreifen

Die Ampel ist rot:
das heißt Gehverbot.
Die Ampel, die gelbe,
sagt noch dasselbe.
Aber bei Grün
darfst du ziehn.

Friedl Hofbauer

Dem Vater ins Handschuhfach

Manches Mal, da muss man fort
an diesen oder jenen Ort.
Dazu weiß ich einen Reim:
Gib acht auf dich und komm gut heim.

Friedl Hofbauer

Vik, der Stadthund

Vik war ein Stadthund. Er wohnte immer in der Stadt – als er ganz klein war, als er heranwuchs und als er ein großer Hund geworden war. Eigentlich hieß er Viktor, weil er in der Viktorstraße wohnte. Aber Toni nannte ihn Vik. Das kann man rasch und leicht sagen. Vik wohnte bei Toni und seinen Eltern in der Viktorstraße Nummer 6. Vik hatte braune Augen, einen glänzend schwarzen Kopf und einen schönen weißen Schwanz. Am Bauch und am Rücken war Vik schwarz-weiß gefleckt. Toni gab sehr Acht auf Vik, brachte ihm gute Knochen und knusprige Hundekuchen zum Fressen und ging jeden Tag mit ihm in die Stadt. „Kommst du mit spazieren, Vik?“, sagte Toni. Der Hund verstand das immer und sprang vor Freude um Toni herum, wedelte mit dem weißen Schwanz und bellte: „Wau, wau!“ Das heißt sicherlich: Ja, gerne gehe ich mit! Ich warte schon darauf! Vik kannte die Stadt ganz genau. Er lief nie auf die Fahrbahn, denn er wusste, dass er da allen möglichen großen Fahrzeugen in den Weg kommen könnte: den ratternden Lastautos, den klingelnden Fahrrädern und der lärmenden Straßenbahn. Deshalb blieb Vik lieber auf dem Gehsteig und hielt sich dicht an Tonis Beinen. Vik ging gerne auf dem Gehsteig, denn da konnte er durch Gitter gucken, in Torwege laufen und die Haustore beschnuppern.

Manchmal ging Toni mit Vik in den Park. Das gefiel Vik besonders gut. Im Park gab es eine große Wiese, in die man hineinlaufen durfte. Toni sagte immer: „Komm, Vik, lauf mit mir um die Wette!“ Und die beiden liefen über die Wiese. Vik sauste hinter Toni her und bellte: Wuff, wuff! Ich hole dich schon ein!
Ja, Vik kannte die Stadt sehr gut und liebte sie. Eines Tages aber sagte Mutti: „Onkel Hans will gerne, dass Vik zu ihm aufs Land kommt.“ „Oh, Mutti, ich möchte das nicht“, bat Toni. „Aber Onkel Hans wohnt ganz allein und ist so einsam in seinem Haus“, antwortete Mutti. Toni dachte an den armen, einsamen Onkel Hans, mit dem den ganzen Tag niemand redet, und sagte: „Gut, Vik soll bei ihm wohnen. Aber gelt, ich darf ihn dann oft besuchen, Mutti?“ „Ja“, stimmte Mutti zu, „jeden Samstag.“
Gleich am nächsten Tag nach der Jause kam Onkel Hans mit seinem Auto angefahren, um Vik mitzunehmen. Toni legte seine Arme um Vik, drückte ihn an sich und flüsterte: „Leb wohl, Vik, ich werde dich bald besuchen kommen!“ „Ich werde gut auf deinen Vik aufpassen“, versprach Onkel Hans, stieg in sein Auto und rief: „Komm, Vik!“ Vik sprang auf den Sitz neben Onkel Hans – fort waren sie.
Als sie das Landhaus erreicht hatten, war Vik traurig; sogar sein Futter ließ er stehen. Onkel Hans bot ihm ein Stück Hundekuchen an, aber Vik drehte seinen

Kopf weg, rollte sich auf dem Teppich vor dem Ofen zusammen und schlief ein. Er schlief die ganze Nacht.

Am Morgen streckte sich Vik, ging zur Tür und bellte: Wau, wau! Ich möchte hinaus. Onkel Hans sagte: „Gut, Vik!“ und öffnete die Tür. Als Vik draußen war, blieb er stehen und schaute sich um. Er konnte weder die Straße noch einen Weg, noch andere Häuser sehen. Er sah nur Gras! Auf einmal hob er den Schwanz und sauste davon. Weiter und weiter lief Vik, schneller und schneller. Plötzlich aber musste er stehenbleiben, denn vor ihm war eine hohe grüne Hecke. Wau, wau, bellte Vik, da kann ich nicht drüberspringen, das ist zu hoch! Ich muss ein Loch suchen, durch das ich kriechen kann. Und Vik suchte ein Loch in der hohen grünen Hecke, das gerade groß genug war, um durchschlüpfen zu können. Nun stand er auf der Landstraße! Wau, wau, bellte er, jetzt weiß ich, wo ich bin. Ich laufe heim zu Toni.

Vik wanderte sehr lange auf der harten, steinigen Straße. Er lief immer am Straßenrand, um nicht den Autos und Fahrrädern in den Weg zu kommen. Bald begannen seine Pfoten zu schmerzen, und Vik humpelte auf drei Beinen, weil ihm eine Pfote so weh tat, dass er damit nicht mehr auftreten konnte. Er wurde sehr müde und staubig. Was glaubst du, wohin er endlich kam? In die Viktorstraße! Beim Haus Nummer 6 kratzte Vik an der Tür. Wau, wau, wau, bellte er. Toni, bist du da? Ich bin es! Dann hörte Vik, wie jemand zur Tür lief und sie öffnete. Es war Toni. Vik sprang an ihm hinauf und leckte ihm das Gesicht und bellte: Wau, wau, ich bin wieder da! Freust du dich? Toni drückte seinen Vik an sich, streichelte und tätschelte ihn: „Armer Vik, wie hast denn du heimgefunden?“ Dann rief er: „Mutti, Vati! Schaut! Vik ist heimgekommen!“ Mutti und Vati kamen herbeigelaufen. „Also, so etwas“, sagten sie, „wie hat denn Vik vom Land heimgefunden?“ Vik hob seine arme, schmerzende Pfote in die Höhe. Toni sagte: „Da schaut her, er muss zu Fuß gelaufen sein. Er ist ganz staubig, und die Pfote tut ihm weh!“

Im selben Augenblick hörte man ein Auto anhalten. „Wer ist denn das?“, fragte Toni und lief zur Tür. Da stieg Onkel Hans aus seinem Auto. „Vik hat sich verlaufen!“, rief er. „Ich kann ihn nirgends finden!“ „Freilich nicht, denn er ist heimgelaufen“, erzählte Toni. Onkel Hans ging in das Haus. Richtig! Da war Vik! „Ja, Vik!“, sagte er, „hat es dir auf dem Land nicht gefallen?“ Wau, wau! Nein, gar nicht, bellte Vik. Dann schaute Onkel Hans Toni an und fragte: „Soll ich Vik noch einmal auf das Land mitnehmen? Er wird doch wieder nach Hause laufen.“ „Nein“, bat Toni, „ich glaube, du sollst dir einen eigenen kleinen Hund kaufen.“ „Ja“, antwortete Onkel Hans, „das werde ich wohl tun müssen.“

Onkel Hans kaufte einen kleinen Hund, der bald ein großer Hund wurde, dem es auf dem Lande geflel. Nun war Onkel Hans nicht mehr einsam. Für Toni und Vik aber war es jetzt doppelt schön, miteinander in der Stadt zu wandern und auf der Parkwiese um die Wette zu laufen.

Lilian McCrea

Der Polizist und das Kind

Am frühen Abend ist der Verkehr am stärksten. Dann wollen alle Leute nach Hause. Der Polizist steht an der großen Kreuzung. Er lässt die Autos rechts und links an sich vorüberfahren, passt auf die Fußgänger auf und sieht zu, dass auch der alte Meckel mit seinem Pferd und dem Bierwagen durchkommt. Einmal, an einem Tag, an dem ganz besonders viel Trubel herrschte, sah der Polizist plötzlich mitten im Gewühl ein Kind. Das Kind trug rote Hosen, hatte strubbeliges Haar und weinte. Da hielt der Polizist alle Autos, Motorräder und Fahrräder an und nahm das Kind zu sich auf die Verkehrsinsel. „Bist du ganz allein?“, fragte er. „Ja“, sagte das Kind, und die Tränen stürzten ihm aus den Augen. „Bleib erst einmal bei mir“, sagte der Polizist, „nachher sehen wir weiter.“ „Wie heißt du denn?“, fragte er dann, während er mit der linken Hand die Autos vorbeiwinkte. „Ich ...“, schluchzte das Kind. „ich ...“ „Na ja“, sagte der Polizist, „ist ja nicht so schlimm. Ich werde dich Peter nennen. Du kannst jetzt aufhören zu weinen. Ich bin ja bei dir. Halt dich einfach an meiner Jacke fest.“ Und das tat der Peter in den roten Hosen dann auch. Langsam ließ der Verkehr ein bisschen nach. „Na“, fragte der Polizist, „wie gefällt es dir denn bei mir?“ „Gut“, sagte das Kind und zog die Nase hoch. „Ich habe einen schönen Beruf“, sagte der Polizist. „Was willst du denn später werden?“ „Krankenschwester“, sagte das Kind. „Aber Peter!“, sagte der Polizist. „Ein Junge kann doch nicht Krankenschwester werden. Wie wär es denn mit Lokomotivführer, Professor oder Elektriker?“ „Aber ich ...“, sagte das Kind. „Oder Radrennfahrer“, schlug der Polizist vor. Das Kind sah ihn schweigend an.

In demselben Augenblick kam eine Frau gelaufen. Sie war sehr aufgeregt. „Inga!" rief sie. „Da bist du ja, mein kleines Mädchen!" Und sie nahm das Kind auf den Arm und bedankte sich bei dem Polizisten. Der Polizist stand ganz verdattert da „Auf Wiedersehen", stotterte er, „auf Wiedersehen, Peter – äh, Inga." „Auf Wiedersehen!", rief das Kind. „Wenn ich groß bin, werde ich Polizist! Ganz bestimmt!" Der Polizist dachte nach. Warum auch nicht, dachte er. Warum denn eigentlich nicht?

Gina Ruck-Pauquèt

Autobahnlied

Wir fahren auf der Autobahn
Autobahn Autobahn
so schnell man Auto fahren kann
fahren kann fahren kann
Vordermann Hintermann
Autobahn Autobahn
Autobahn Autobahn
Laster stinkt
vor der Nas
Dieselgas
Dieselgas
schnell geblinkt
Laster rollt
Räderräderräderräder Räderräderräderräder
ü
ber
holt!

Wir fahren auf der Autobahn
Autobahn Autobahn
so schnell man Auto fahren kann
fahren kann fahren kann
links ist grün, rechts ist grün
Leitplanken Leitplanken
irgendwann irgendwann
irgendwann irgendwann
müssen wir auch tanken.

Zitternadel Zitternadel
LiterLiterLiterLiter
Nitterzadel Nitterzadel
Zatterniedel Natterziedel
Lenkrad
immer grad
Vordermann
Vordermann
Räderräderräderräder
jetzt bin ich der Erste
auf der Autobahn

Autobahn Autobahn
Brausewind Sausewind
links grün rechts grün
Leitplanken
Zitternadel
Lenkrad
immer grad
Autobahn Autobahn
Autobahn Autobahn
Autobahn

Hoffentlich kommt jeder
an.

Friedl Hofbauer

Bumfidel möchte telefonieren

Bumfidel möchte so gern mal telefonieren. Das hat er nämlich noch nie getan. Die Mutter hat ja kein Telefon.
Bumfidel hat sich schon manchmal in einer Zelle umgesehen. Und er weiß jedenfalls, was er machen muss. Erst den Hörer abnehmen. Dann die Zehner vorsichtig in den Schlitz bugsieren, sonst kullern sie unten wieder raus. Dann die Nummer wählen.
Nur welche Nummer denn eigentlich? Bumfidel fällt nicht ein, wen er mal anrufen soll. Er will einfach nur telefonieren.
Und dann, eines Tages, wagt er es. Doch er guckt nicht ins Telefonbuch. Und er denkt sich auch keine Nummer aus. Er dreht einfach drauflos und wartet, was kommt. Sein Herz pocht, dass er's selber hört. Bumfidel hofft beinahe, dass es die Nummer gar nicht gibt oder dass der Inhaber nicht zu Hause ist.
Aber dann kommt die Stimme – die er nicht kennt, natürlich nicht –, die immer nur sagt, dass er warten soll.
Bumfidel sagt: „Ich warte ja.“ Aber beim zehnten Mal hat er genug. Für was hält man ihn denn! Oder ob das Verrückte sind?
Bumfidel hängt erleichtert ein. Bumfidel pfeift, als er nach Hause geht. Das hätte er hinter sich.
Bumfidel erfährt erst später: Er hatte die Nummer der Telegrammaufnahme gewählt.

Marieluise Bernhard-von Luttitz

Kippeltasse und Struppelbesen

Die Ur-Oma hatte Geburtstag. Es war eine Menge Besuch gekommen: ihre Kinder, ihre Enkelkinder und die Ur-Enkelkinder. Sie hatten eine große Nusstorte mitgebracht, eine goldgeränderte Kaffeetasse und einen Staubsauger.

„Die Nusstorte essen wir auf", sagte die Ur-Oma. „Aber was soll ich mit der Kaffeetasse anfangen?" „Du sollst nicht mehr aus der alten Henkeltasse trinken. Die hat einen Sprung. Du sollst es ein bisschen fein haben." „Na gut", sagte die Ur-Oma. „Aber was soll ich mit dem Staubsauger anfangen?" „Du sollst nicht mehr mit dem alten, struppigen Besen fegen. Das ist nicht mehr modern. Stell den Besen zum Sperrmüll auf die Straße." „Na gut", sagte die Ur-Oma. „Aber in die Henkeltasse passt viel mehr Kaffee rein als in die Kippeltasse. Und mit dem Besen komme ich gut unters Bett und unter den Schrank." „Nein, nein", sagten die Kinder von der Ur-Oma, „die Tasse und der Besen taugen nichts mehr."

Die Henkeltasse hatte es nicht gehört, das kam von dem Sprung. Aber der Besen war wütend. „Ich soll alt und struppig sein? Ich tauge nichts mehr? Dann kann ich ja gleich gehen. Mahlzeit!" Und er stolperte zum Haus hinaus. Niemand hatte etwas gemerkt.

Der Besen lief von Haus zu Haus. Er klopfte an alle Türen. „Können Sie einen gut erhaltenen Besen gebrauchen?" Leider nicht. Überall summten die Staubsauger und klickten die Teppichkehrmaschinen. Der Besen rannte zum Ordnungsamt, Abteilung Straßenreinigung. „Haben Sie Arbeit für mich?" Der Beamte kratzte sich am Ohr. „Herr Besen, ich kann nichts für Sie tun. Vor einer Woche habe ich eine neue Straßenkehrmaschine bestellt. Die fegt so gut wie hundert Besen. Tut mir Leid."

Traurig tappte der Besen aus der Stadt die Landstraße entlang. In einem Omnibus-Haltestellen-Häuschen lehnte er sich an die Wand. Hier verbrachte er die Nacht.

Am anderen Morgen trank die Ur-Oma Kaffee aus der neuen Goldrandtasse. Die Tasse hatte wirklich einen Kippelfuß. Nach dem zweiten Schluck kippte sie um. Fiel auf den Fußboden und zerbrach.

„Na gut!", sagte die Ur-Oma und suchte nach dem Besen. Sie wollte die Scherben zusammenfegen. Mit einem Staubsauger geht das nicht, auch wenn er neu und sehr schön ist. Kein Besen war da.

Die Ur-Oma dachte nach. Wo war der Besen? Etwa schon auf dem Müllplatz? Jetzt sagte sie nicht „Na gut!" Jetzt war sie wütend. Sie hatte keine Lust mehr zum Kaffeetrinken.

Auf einmal tappte etwas auf der Treppe.

Kam Besuch? Dem würde sie aber erzählen, wie sehr sie sich ärgerte! Es klopfte. Herein kam der Besen. Sah die Bescherung, sagte kein Wort und fegte die Scherben zusammen. Es machte ihm nichts aus, er war Arbeit gewohnt.

Und was sagte die Ur-Oma dazu? „Na gut!", sagte sie. Dann holte sie die Henkeltasse mit Sprung aus dem Schrank und goss sich noch einmal Kaffee ein. „Na gut!", sagen auch wir dazu.

Hanna Hanisch

Der kleine Zoowärter versteht die Sprache der Tiere

Einmal suchte der Zoodirektor einen neuen Zoowärter. Der alte Zoowärter hatte nämlich Streit mit dem frechen Papagei bekommen, und darum war er gegangen. Viele Männer meldeten sich. Der Zoodirektor bestellte sie zu sich. Und da standen sie nun im Kreis, und alle Tiere starrten sie an.

„Ich bin der Stärkste", sagte einer der Männer. „Ich kann einen Löwen auf meinem Rücken tragen." „Ich bin der Dickste!", rief ein anderer. „Mich wirft nicht einmal der Bär um!" „Und ich bin der Flinkste!", schrie ein dritter. „Mich holt kein Wildpferd ein!" Ein vierter wollte der Mutigste sein, der fünfte der Pünktlichste, und der sechste war taub. „So macht mir das Heulen der Wölfe nichts aus", meinte er.

„Hm", brummte der Zoodirektor, und er wusste nicht recht, für wen er sich entscheiden sollte. Die Tiere aber fauchten und brummten, wieherten und fiepten, und man merkte deutlich, dass sie etwas sagen wollten. „Sie möchten, dass ich hier Zoowärter werde", sprach da plötzlich jemand, und der Zoodirektor bemerkte einen kleinen Mann. *„Du?"*, schrien die anderen, und sie lachten und schlugen sich auf die Schenkel. „Dich hustet ja ein Floh um!" „Du bist der Kleinste", sagte der Zoodirektor. „Was kannst du?" „Ich verstehe die Sprache der Tiere", entgegnete der kleine Mann, und er wurde vor lauter Verlegenheit ganz rot. Die anderen glaubten ihm nicht. „Das soll er beweisen!", brüllten sie. „Beweisen soll er das!"

Da legte der kleine Mann die Hand hinter sein Ohr und lauschte. „Der Tiger hat einen Dorn in der Pfote", sagte er. „Und er will, dass ich ihn herausziehe." „Er wird dich zum Frühstück verspeisen!", rief der Mann, der sich mutig genannt hatte. Der kleine Mann aber ging ganz ruhig in den Tigerkäfig. Er kraulte den Tiger zwischen den goldenen Augen, dann bückte er sich und zog ihm den Dorn aus der Tatze.

„Danke schön“, sagte der Tiger. „Bitte schön“, entgegnete der kleine Mann, „gern geschehen.“ „Nein!“, schrien die großen Männer. „Das war nur ein Zufall! – Er soll uns sagen, was der Seehund will!“ Der Seehund jaulte nämlich ganz aufgeregt und sprang hin und her.

„Er will einen Ball“, erklärte der kleine Mann, und schon zog er einen aus der Tasche und warf ihn dem Seehund zu. Und der Seehund balancierte ihn auf seiner Seehundnase und war so glücklich wie noch nie.

Der bunte Papagei aber, der früher immer recht garstig gewesen war, flog dem kleinen Zoowärter auf die Schulter und krächzte: „Herzlich willkommen!“

„Die Tiere haben entschieden“, sagte der Zoodirektor. Und er schickte die anderen Männer fort. Der kleine Zoowärter aber zog seine Mütze und begrüßte die Tiere. Da machten die Wölfe Männchen, die Giraffe verbeugte sich dreimal, der Eisbär schlug einen Purzelbaum, und der Esel warf alle vier Beine in die Luft.

„Sag mir, wieso du die Sprache der Tiere beherrschst“, fragte der Zoodirektor verwundert, und er überreichte dem kleinen Zoowärter zum Dienstantritt einen Blumenstrauß. „Das ist ganz einfach“, sagte der kleine Zoowärter. „Ich habe die Tiere sehr lieb, und wenn man jemanden wirklich lieb hat, dann versteht man ihn auch.“ Und er rückte seine Mütze gerade und machte sich an die Arbeit.

Gina Ruck-Pauquèt

Piek, das Igelkind

Heute ist für Anja der schönste Abend vom ganzen Sommer. Denn heute ist ihr Geburtstag. Das Kinderfest ist vorbei. Anja ist glücklich.
Sie sitzt mit den Eltern auf der Terrasse. Sie schauen in den stillen Garten. Plötzlich bellt Wastl, der Dackel. Er hat einen Igel entdeckt.
Anja springt ins Haus und holt Handschuhe, um den Igel anzufassen. Doch der Vater meint, Igel haben immer schrecklich viele Flöhe. Die Mutter denkt nicht an Flöhe. Sie freut sich. Ein Igel im Garten frisst große Mengen Schnecken, Raupen und Käferlarven. Das ist gut für den Garten. Anjas Freund Rolf will den Igel auch sehen.
Am nächsten Abend warten beide Kinder, ob er kommt. Da schnauft und raschelt es. Und schon trippelt der Igel auf ein Loch im Zaun zu. Hinüber in Rolfs Garten. „Toll“, schreit Rolf. „Jetzt haben wir beide den Igel.“
Eines Tages räumt Anjas Vater einen großen Reisighaufen im Garten beiseite. Ganz tief drinnen findet er das Igelnest. Die Jungen sind noch blind. Schnell deckt der Vater das Nest wieder zu und geht. Aber die Igelmutter ist beunruhigt. Eins nach dem anderen trägt sie die Jungen fort. Ins Gartenhäuschen bringt sie ihre Kinder unter einen umgestülpten Korb.
Die Kinder platzen fast vor Neugier. Aber sie gehen nicht ins Gartenhaus, schauen nicht unter den Korb. Denn sie wollen nicht, dass die Igelmutter noch einmal auszieht.
Endlich, nach vielen Tagen, erscheint die Igelin eines Abends mit ihrer ganzen Kinderschar. Die Kleinen schnüffeln an allem herum. Beißen hinein. Probieren, wie es schmeckt. Dabei passt die Mutter genau auf. Manchmal gibt sie einen kurzen Laut von sich. Das heißt: Das dürft ihr nicht fressen! Und sofort spucken die Igelchen alles aus und rühren es nie wieder an.
Igelkinder spielen gerne. Sie knuffen und puffen. Sie schnappen nach den Stacheln des anderen und schubsen einander. Dabei fällt eines – platsch – in den Teich. Das macht nichts. Alle Igel können schwimmen.

Der Sommer ist vorbei. Die Tage werden kürzer und kühler. Die Igelfamilie hat es immer schwerer, satt zu werden. Deshalb füttern Rolf und Anja die Tiere jeden Abend im Garten. Mit viel Faschiertem. Mit etwas Topfen oder Ei oder eingeweichten Semmeln.
Eines Abends im Herbst kommt kein Igel mehr zum Futterteller. Traurig suchen die Kinder die beiden Gärten ab. Schließlich entdecken sie die Jungen. Unter der Treppe zu Rolfs Haus schlafen sie tief im Blätterhaufen. Die Igelmutter fehlt. Sie hat sich irgendwo ein warmes Winternest eingerichtet. Sie schläft lieber allein.
Ein paar Tage später läuft doch wieder ein Igelchen im Garten herum. Die Kinder staunen: Am hellichten Tag schnüffelt der Kleine zwischen welken Blättern und Pflanzen herum. Aber er findet nichts. Regenwürmer, Schnecken und Käfer haben sich längst verkrochen. Also nehmen die Kinder den hungrigen kleinen Kerl ins Haus. Sie nennen ihn Piek.
Anjas Mutter schickt die Kinder gleich zur Tierärztin. Die untersucht Piek. Pudert ihn gegen Flöhe ein und gibt ihm eine Spritze gegen Lungenwürmer. Sie erklärt den beiden, wie sie das Tier pflegen sollen. Schließlich sagt sie noch: „In zwei Tagen muss der Igel wieder eine Spritze bekommen. Dann ist er ganz gesund."
Anjas Mutter hat im Keller eine passende Kiste gefunden. Die Kinder richten sie her. Sie setzen Piek hinein und stellen die Kiste in eine stille, warme Ecke. Jeden Abend kommt Rolf herüber, und sie bereiten das Futter für ihr Pflegekind.
Abends, wenn Piek wach wird, darf er in der Küche laufen. Zuerst streckt er sich und gähnt. Dann kratzt er sich. Dann will er spielen: Er kämpft mit dem Besen, er beißt in Rolfs Hosensaum. Endlich findet er ein Staubtuch und will es wegschleppen.
Am Sonntag wird Piek gewogen. Er nimmt schnell zu. Als er kam, war er 400 Gramm leicht. Jetzt wiegt er fast 800 Gramm. Also ist er schwer genug für den Winterschlaf. Die Igelkiste wird in den kühlen Keller getragen. Jetzt kommt Piek nur noch selten aus seinem Haus. Er frisst immer weniger. Und eines Tages schläft er fest. Vorsichtig nehmen die Kinder die Stachelkugel aus dem Stroh und laufen zur Treppe. Dort schieben sie Piek behutsam zu seinen Geschwistern ins Winternest.
Endlich ist wieder Frühling. Anja und Rolf lauern schon lange jeden Abend, wann „ihre" Igel aufwachen. Und da kommen sie, einer nach dem anderen. Alle sieben. Wie stolz und glücklich sind die Kinder jetzt!
In den nächsten Wochen verschwinden die jungen Igel nach und nach aus den Gärten, wo sie aufgewachsen sind. Sie müssen sich eine neue Heimat suchen. Denn ihre Mutter will das Revier wieder alleine bewohnen. Schließlich werden im Mai wieder kleine Igelchen zur Welt kommen. Im Gartenhäuschen? Unter der Treppe? In Rolfs Garten? Das werden Anja und Rolf dann sicher gleich merken.

Christine Adrian

Der kleine Biber und seine Freunde

Der kleine Indianer trug ein Hemd aus Leder und eine Hose aus Leder. Er hieß Kleiner Bär. Seine Schwester hatte zwei schwarze Zöpfe und ein rotes Band im Haar. Sie wurde Rotkehlchen genannt – Opeki –, so sagen die Indianer in ihrer Sprache.
Die Indianerkinder wohnten am Ufer des Baches in einem Zelt aus Birkenrinde. Das hatte ihr Vater gebaut. Er war ein Jäger. In den großen Wäldern gab es viele Tiere. Jeden Morgen verließ der Vater das Zelt und ging auf die Jagd, damit seine Familie nicht hungern musste.
Die Mutter kochte, nähte die Kleider und hielt das Zelt sauber. Opeki und Kleiner Bär hatten keine Spielkameraden. Viele, viele Tage musste man wandern, bis man zum nächsten Dorf kam. Ganz allein lebte die Indianerfamilie in dem großen Wald. Opeki wünschte sich daher eine kleine Schwester, und Kleiner Bär wollte einen Bruder haben.
Es war ihnen zwar niemals langweilig. Opeki und ihr Bruder gingen in den Wald und spielten miteinander und waren die besten Freunde. Jeden Tag entdeckten sie etwas Neues. Sie sahen viele bunte Vögel, Hirsche, Eichhörnchen und andere Tiere! Dennoch, ganz insgeheim, wünschte sich das kleine Mädchen immer eine Schwester!
Opeki war es, die den Biber in den Zweigen des Baumes liegen sah. „Ein Biber!" rief das kleine Mädchen. „Er ist tot!", sagte Kleiner Bär. Opeki hatte Mitleid mit dem ertrunkenen Biberkind. Sie beugte sich nieder, nahm es in ihre Hände und

streichelte das nasse Fell. Da spürte sie, ganz schwach, das Klopfen des kleinen müden Herzens.

„Er ist nicht tot", sagte Opeki. „Er ist tot!", behauptete Kleiner Bär noch einmal. Opeki schüttelte den Kopf, hielt ihm den Biber hin, und als Kleiner Bär sein Ohr an den Körper des Tieres legte, hörte auch er das Schlagen des Herzens. Zuerst war es ihm gar nicht recht. Wie alle Jungen glaubte er, klüger zu sein als seine Schwester. Und er hatte gesagt, der Biber sei tot! Aber dann freute er sich mit Opeki, dass sie ein Biberkind gefunden hatten. Opeki wärmte es mit ihrem Atem und hielt es fest in den Armen, damit es nicht frieren musste. Es war so klein und schutzlos und schwach!

„Wir wollen heimgehen", sagte der Indianerjunge. Als sie das Zelt durch die Zweige der Bäume erblickten, fing Opeki zu laufen an. Sie konnte es nicht erwarten, den kleinen Biber der Mutter zu zeigen. „Kleiner Bär und ich, wir haben einen Biber gefunden", berichtete Opeki atemlos. Sie kniete sich neben der Mutter nieder und legte das Biberkind auf ein Kissen aus weichen Kaninchenfellen. Sein Pelz war nun schon fast trocken, und sein Herz schlug kräftiger, aber es hatte die Augen noch geschlossen, und die Glieder waren matt und schlaff. Opeki fuhr mit den Fingern über das Fell. Wie klein waren der Schuppenschwanz und die Füße und der Kopf! „Es soll bei uns bleiben!", rief Opeki und blickte die Mutter bittend an.

Die Mutter nickte. „Ja, ihr dürft Amik behalten", sagte sie. Amik, so nennen die Indianer den Biber, und das war von nun an der Name des kleinsten Bibers aus dem Biberhaus am See.

Opeki und ihr Bruder sammelten dünne, junge Zweige, schälten die zarte Rinde davon ab und legten sie neben den kleinen Biber, damit er, wenn er wach wurde, gleich Futter fand. Die Mutter machte einen Brei aus Reiskörnern. In der Heimat von Opeki und Kleiner Bär, in den großen Wäldern im Norden von Amerika, wächst in den Seen der wilde Wasserreis. Die Indianer bauen keine Felder an, sie fahren mit ihren Booten auf einen See und sammeln die Körner.

Opeki gab den Reisbrei auf einen Teller aus Birkenrinde und stellte ihn nahe zu Amiks kleinem Maul.

Als es Abend wurde, wachte Amik auf. Alles war hier so merkwürdig und roch anders als im Biberhaus. Seine Brüder waren nicht hier, und er fand seine Eltern nicht. Aber Amik war furchtlos. Er schnupperte neugierig an dem Kaninchenfell, stieß mit seiner Nase an Opekis Kleid, und dann fiel er auf seiner Entdeckungsreise in den Birkenrindenteller. Opeki hob Amik auf und wischte den Reisbrei von seinem Fell. Sie legte ihn in ihren Schoß und strich mit den Fingern den Brei in sein kleines Maul. Zuerst schüttelte sich Amik kräftig und wollte das ungewohnte Futter nicht schlucken, aber dann merkte er, dass Reisbrei genauso gut den Hunger stillt wie die Milch der Mutter.

„Seht, seht!“, rief Opeki, „er hat keine Angst vor uns!“ Da fielen die Augen Amiks auch schon wieder zu, und er schlief in Opekis Schoß ein. Opeki hielt sich ganz still, um Amik nicht zu wecken. Bald kam der Vater heim. Kleiner Bär eilte ihm entgegen und rief laut: „Wir haben einen Biber gefunden! Komm und sieh, Vater!“ Auch im Zelt machte Kleiner Bär noch viel Lärm. Er erzählte voll Eifer, was geschehen war. Opeki schüttelte vorwurfsvoll den Kopf. „Du darfst nicht so schreien, Kleiner Bär!“, sagte sie. „Amik schläft. Du wirst ihn aufwecken!“
Es war sehr gemütlich im Zelt. Am Boden lagen Kaninchenfelle und weiches trockenes Moos. Das Feuer brannte. Der Vater rauchte seine Pfeife. Der Nachtwind strich durch die Bäume des Waldes. Der Himmel war schwarz. Die Sterne schienen. Der Vater, die Mutter, Kleiner Bär und Opeki wurden müde und gingen schlafen.
Opeki legte Amik neben sich und deckte ihn mit einem Kaninchenfell zu. Amik wachte auf und stieß leise klagende Töne aus. Opeki streichelte ihn, und der kleine Biber war getröstet und schlief ein, dicht an sie geschmiegt. Ich habe einen Biber. Er ist so schwach. Er liebt mich, dachte Opeki. Die Augen fielen ihr zu. Es ist, als ob ich eine kleine Schwester hätte . . ., und da war sie auch schon eingeschlafen.

Käthe Recheis

Mikiko aus Japan

Mikiko hat glattes, blauschwarzes Haar und schräge Augen. Ihr Gesicht ist rund wie eine Perle, und ein Schimmer liegt auf ihrer Haut, wie Sonne auf Aprikosen. Mikiko ist eine kleine Japanerin. Sie isst nicht mit Messer und Gabel, sondern mit zwei dünnen Stäbchen. Sie schläft nicht in einem Bett, sondern auf weichen Matratzen auf dem Mattenboden. Sie grüßt, indem sie sich verbeugt, und wenn sie lacht, hält sie höflich die Hand vor den Mund.

Mikiko hat einen Freund. Der Freund kann nicht reden, nicht rufen, nicht lachen. Aber er ist immer für Mikiko da: der große Apfelbaum im Garten. Im Frühling streut er weiße Blüten in Mikikos Haar. Im Sommer hüllt er sie in seinen grünen Schatten. Im Herbst schenkt er Mikiko seine roten, süßen Äpfel. Im Winter – oh, im Winter hat er nichts, was er Mikiko schenken kann. Seine Zweige sind leer. „Mein lieber Apfelbaum!", sagt Mikiko. „Wie traurig siehst du aus!" Sie nimmt Papier und Schere. Sie schneidet und faltet. Sie faltet zarte Blüten. Sie faltet bunte Vögel. „Apfelbaum, jetzt hab ich ein Geschenk für dich!" Mikiko stellt sich auf die Zehenspitzen. Sie setzt die bunten Vögel auf die Zweige. Sie hängt Blüten an die kahlen Äste. Mitten im Schnee trägt der Apfelbaum seinen fröhlichen Schmuck. „Mein lieber Apfelbaum!", sagt Mikiko. „Jetzt bist du wieder schön!"

Lene Mayer-Skumanz

Der kleine schwarze Weißfellkater

Es war einmal ein kleiner Kater, der ganz und gar schwarz war. Sein Vater war weiß, und seine Mutter war weiß. Seine Großväter waren weiß, und seine Großmütter waren weiß. Seine Geschwister, seine Vettern, seine Onkel und seine Tanten – die ganze Familie war weiß. Er allein war von den Ohrenspitzen bis zur Schwanzspitze schwarz.

Als er mit seinen Geschwistern zur Welt kam, versammelte sich die ganze Familie verblüfft um ihn herum. Es kommt nicht oft vor, dass eine Weißfellkatze schwarz ist. Seine Mutter schleckte ihn stundenlang ab, aber er blieb schwarz wie zuvor. So wuchs der kleine schwarze Kater zwischen lauter weißen Geschwistern auf. Sie mochten ihn alle sehr gern, aber dass er so ganz anders aussah als die übrige Familie, das brachte doch manchen Ärger. Wenn sie im Schnee Verstecken spielten, wurde der kleine schwarze Kater sofort entdeckt. Wenn sie im Keller Kriegen spielten, konnte ihn keiner finden. Das war sehr ärgerlich.

Eines Tages hörte er auf zu spielen, trollte sich in eine Ecke und legte die Vorderpfoten zusammen, wie es die alten Katzen tun. Seine Mutter war beunruhigt. „Fehlt dir was?“, fragte sie. „Ist dir übel?“ „Nein, Mutter, mir fehlt nichts. Ich denke nur nach.“ Am Abend dieses Tages, als der kleine schwarze Kater immer noch beim Nachdenken war, sauste die übrige Familie heimlich in den Keller. Etwas später kamen sie alle wieder genauso aus dem Keller heraus, wie sie hineingesprungen waren – halt, nein: sie kamen ja ganz anders wieder heraus. Sie waren schwarz, schwarz, schwarz. Die Familie der Weißfellkatzen war eine Familie von Schwarzfellkatzen geworden. Und nun gingen sie alle in die Küche zu dem kleinen Kater, der ganz und gar schwarz war. Aber sie fanden ihn nicht. Da war wohl ein Kater in der Küche, aber der war ganz und gar weiß. Sie blieben überrascht stehen. Erst als der kleine Kater zu miauen begann, erkannte die Mutter ihr Kind. „Ha“, riefen alle schwarzen Katzen, als er erkannt war: „Er hat sich in Mehl gewälzt. Darum ist er weiß.“ Einer der Großväter, der gern große Sprüche machte, rief: „Weiß oder schwarz: Die Hauptsache ist, dass wir uns alle mögen.“ Nun umarmten alle einander, lachten und sprangen eines über das andere, gaben sich gegenseitig Pfötchen oder stolperten über die eigenen Beine. Sie benahmen sich so, wie sich nur Katzen benehmen, wenn sie lustig sind und wenn sie sich mögen.

James Krüss

Die Kinderbrücke

An einem Fluss wohnten zwei Bauern, der eine am rechten, der andere am linken Ufer. Auf dem Wasser schwammen Enten und Schwäne. Sie freuten sich, dass die Sonne am Morgen auf- und am Abend unterging. Die Enten und Schwäne sonnten sich am Morgen am linken und am Abend am rechten Ufer.

Die beiden Bauern aber waren neidisch aufeinander. Der eine hätte lieber am rechten, der andere lieber am linken Ufer gewohnt. Wenn sie morgens pflügten, schimpfte der eine, weil das Feld seines Nachbarn in der Sonne und sein eigenes im Schatten lag. Und wenn sie abends Holz hackten, schimpfte der andere, weil das Haus seines Nachbarn in der Sonne und sein eigenes im Schatten lag.

Auch die Frauen der Bauern waren unzufrieden, die eine am Morgen, die andere am Abend.

Eines Morgens, als die beiden Frauen die Wäsche aufhängten, schrie die eine, die am rechten Ufer wohnte, ein böses Wort zum linken Ufer hinüber. Und am Abend, als die beiden Frauen die Wäsche abnahmen, gab die andere, die am linken Ufer wohnte, das böse Wort zurück. Das ließen sich die Männer nicht gefallen. Sie sammelten große Steine und versuchten, einander damit zu treffen. Doch der Fluss war so breit, dass die Steine ihr Ziel verfehlten und ins Wasser plumpsten.

Nur mittags, wenn die Sonne hoch am Himmel stand, herrschten Ruhe und Frieden. Die Kühe, die Pferde, die Ziegen und Schafe flüchteten in den Schatten. Die Bauern und ihre Frauen schnarchten: die einen unter einem Apfelbaum am linken, die anderen unter einem Apfelbaum am rechten Ufer.

 Die beiden Kinder der Bauern aber saßen am Wasser und langweilten sich. Das

eine schaute zum linken, das andere zum rechten Ufer hinüber. Wenn ich doch eine Ente wäre, dachte das eine. Wenn ich doch ein Schwan wäre, dachte das andere.

Doch eines schönen Tages, als die Kinder wieder an den Fluss kamen, war der Wasserspiegel gesunken, und aus dem Wasser ragten so viele große Steine, dass die Kinder von einem zum andern hüpfen konnten. Sie trafen in der Mitte zusammen. Sie betrachteten sich lange und freuten sich, dass sie beide Kinder waren. Das eine Kind war ein Bub und das andere ein Mädchen. Sie setzten sich auf einen großen Stein. Sie betrachteten die Enten und die Schwäne. Doch dann fingen sie an, einander Geschichten zu erzählen, Geschichten vom linken und Geschichten vom rechten Ufer. Das Mädchen und der Bub verstanden sich so gut, dass sie nun jeden Mittag über die Steine hüpften, um sich in der Mitte zu treffen. Die Eltern wunderten sich, woher ihre Kinder plötzlich Dinge wussten, von denen sie selbst noch nie gehört hatten.

Doch eines Tages, nach einem langen Regen, hörten die Kinder auf, Geschichten zu erzählen. Sie hörten auf zu lachen und zu singen. Das Wasser im Fluss war wieder angestiegen und die Kinderbrücke verschwunden

Da erfuhren die Eltern endlich das Mittagsgeheimnis ihrer Kinder, und sie fingen an nachzudenken. Und als sie lange genug nachgedacht hatten, beschlossen sie, zusammen mit den Kindern, aus den übrig gebliebenen Steinen eine Brücke zu bauen. Eine Brücke, so rund und schön wie der Bogen, den die Sonne am Himmel beschreibt.

Max Bolliger

Das fremde Mädchen

Das Mädchen war klein und zierlich. Das schwarze Haar fiel glatt herab. Sie mochte so alt sein wie Andreas.
Einmal hatte sie auf der Straße geweint. Sie hatte in der Einkaufstasche gekramt und geweint. Sie musste etwas verloren haben. Andreas wusste nicht, was sie verloren hatte. Er verstand sie nicht. Sie wohnte draußen in einer der Baracken. „Gastarbeiter", sagten die Leute.
Von dem Land, aus dem die fremden Arbeiter stammten, wusste Andreas, dass es sonnig war. Und dass sie dort Schwalben totschossen. Die Schwalben, die aus Deutschland kamen.
Die Leute in der Stadt kümmerten sich nicht weiter um die Gastarbeiter. Aber im Straßenbild fielen sie auf. Sie waren dunkelhaarig und nicht sehr groß. Andreas musste an Raben denken. Er war einmal auf dem Land gewesen. Die Bauern hatten die Raben nicht gemocht. Andreas wusste nicht, warum.
Er traf das Mädchen öfter auf der Straße. Sie nickten sich zu. Einmal wollte Andreas etwas zu ihr sagen. Dass er dabeigewesen war, als die Feuerwehr eine kleine Katze von einem Baum herunterholte. Aber dann fiel ihm ein, dass sie ihn ja nicht verstand. So schwieg er.
Im Frühling war Andreas manchmal am Fluss. Er warf Steine ins Wasser, schaute den Schiffen nach, oder er streckte sich auf der Uferböschung aus und guckte in den Himmel. Die Wolken waren auch Schiffe, ferne Schiffe. Wer weiß, wohin sie fuhren.
An einem Sonntag ging er wieder hinaus. Schon von weitem sah er das fremde Mädchen. Andreas zögerte. Aber dann ging er hin. „Guten Tag", sagte er, bevor er neben sie trat. Er wollte sie nicht erschrecken. Sie nickte ihm zu. Andreas setzte sich. Er wog einen Stein in der Hand und warf. Das Mädchen lachte. Die Wärme musste ihr angenehm sein, wo es doch bei ihr zu Hause so sonnig war. Andreas freute sich, dass es warm war. „Das Wasser ist noch kalt", sagte er. „Ja", antwortete sie, „bei uns ist es wärmer." Sie sagte das in ihrer Sprache. Aber Andreas verstand ihre Hände und den Ausdruck ihrer Augen. Es war ganz einfach zu verstehen. „Sind Fische im Wasser?", sagte das Mädchen. „Ja", sagte Andreas. „Tausend." „Ich habe ein Loch im Strumpf", sagte er dann.
Das Mädchen holte zwei eingewickelte Zuckerstückchen aus der Tasche und gab ihm eines. „Ob ich den Dampfer treffe?", fragte Andreas, und er hob die Hand mit dem Kiesel. „Nein", sagte das Mädchen. „So weit kannst du nicht werfen." Sie hatte natürlich Recht, aber er versuchte es trotzdem.
Warum sie wohl die Schwalben totschossen? Vielleicht würde er auch das eines Tages verstehen? Er streckte sich aus. „Die Wolken sind auch Schiffe", sagte er.

„Ja“, sagte das Mädchen. Sie überlegten, wohin die fernen Schiffe wohl fahren mochten. Das glatte, schwarze Haar des Mädchens glänzte in der Sonne.
Nach einer Weile sprang Andreas auf. „Komm!“, rief er, „wer zuerst den Baum erreicht, ist Sieger!“ Sie erreichten ihn gleichzeitig. „Du bist aber schnell“, sagte Andreas. Das Mädchen lachte. Es schüttelte sich das Haar aus dem Gesicht. Andreas blickte sie an. Es war nun kein fremdes Mädchen mehr.

Gina Ruck-Pauquèt

Zwei Buben

Zwei Buben auf der Straße
aßen Himbeereis,
der eine war braun,
der andere weiß.

„Du“, sagte der eine
und aß von seinem Eis,
„warum bist du so braun,
warum bist du nicht weiß?“

„Du“, sagte der andere,
aß auch von seinem Eis,
„warum bist du nicht braun,
warum bist du so weiß?“

Da lachten alle beide
und aßen Himbeereis,
der eine war braun,
der andere weiß.

Gerlinde Schneider

Der Seestern

Ein kleiner gelber Seestern liegt im Sand. Die Sonne hat ihn ausgetrocknet. Seine fünf Arme sind ganz steif. Früher war der Seestern lebendig. Er hat im Meer gelebt. Er konnte seine Arme bewegen und im Wasser herumschwimmen. Dann kam eine große Welle und spülte ihn ans Ufer. Da liegt er nun, der kleine Seestern, zwischen Steinen, Muscheln und Schneckenhäusern.
Ein Mann geht am Strand spazieren. Er kommt näher und näher und immer näher an den Seestern heran. Wird er ihn finden? Gleich berührt er den Seestern mit seiner dicken Zehe. Fast wäre er daraufgetreten. Der Mann schaut aufs Meer hinaus. Er sieht ein Segelschiff, den Seestern sieht er nicht.
Drei Frauen kommen an den Strand. Sie wollen braun werden. Sie legen ihre Matten auf den Sand, auf die Steinchen, auf die Muscheln, auf die Schneckenhäuser und auch auf den Seestern. Dann legen sich die Frauen in die Sonne. Am

Abend rollen sie ihre Matten zusammen und gehen fort. Den Seestern lassen sie liegen.
Eine Nonne und viele Kinder gehen am Strand spazieren. Sie sammeln bunte Glasscherben, die das Meer rund geschliffen hat. Sie finden graue Steine mit weißen Streifen. Sie finden rosafarbene, gelbe und blauschwarze Muscheln. Den Seestern aber sehen sie nicht.
Es wird Abend. Zwei große Buben stellen ihr Zelt auf. Es steht nahe beim Seestern. Aber die Buben können ihn nicht sehen. Es ist zu dunkel. Früh am Morgen, bevor die Sonne aufgeht, brechen sie ihr Zelt wieder ab. Sie schnallen es auf ihre Fahrräder und fahren weiter. Der Seestern liegt immer noch da, niemand hat ihn entdeckt.
Ein paar Wasservögel kommen angeflogen. Sie lassen sich nieder, sie picken, sie suchen Futter im Sand. Ein Vogel pickt auch am Seestern. Er schubst ihn mit dem Schnabel hin und her. Dann fliegen die Vögel wieder weg.
Vier Kinder spielen zusammen am Strand. Sie haben eine große Sandburg gebaut. Jetzt wollen sie die Burg mit Muscheln verzieren. Sie finden viele schöne Muscheln. Den Seestern aber finden sie nicht.
Heute kommt Anna an den Strand. Sie kann schon gut schwimmen. Sie bleibt lange im Wasser. Jetzt kommt sie heraus und zieht die Taucherbrille ab. Da sieht sie etwas Goldgelbes im Sand liegen, dort zwischen Steinen und Muscheln. „Oh, ein Seestern!", ruft Anna. Sie hebt ihn vorsichtig auf und nimmt ihn mit nach Hause.
Anna holt ein Kästchen. Es ist ihr Schatzkästchen. Sie sammelt darin viele schöne Dinge: Steine, Muscheln und Schneckenhäuser. Nun legt sie den Seestern zu ihren anderen Schätzen. Was wird Anna noch entdecken und in ihrem Kästchen aufbewahren?

Hilde Heyduck-Huth

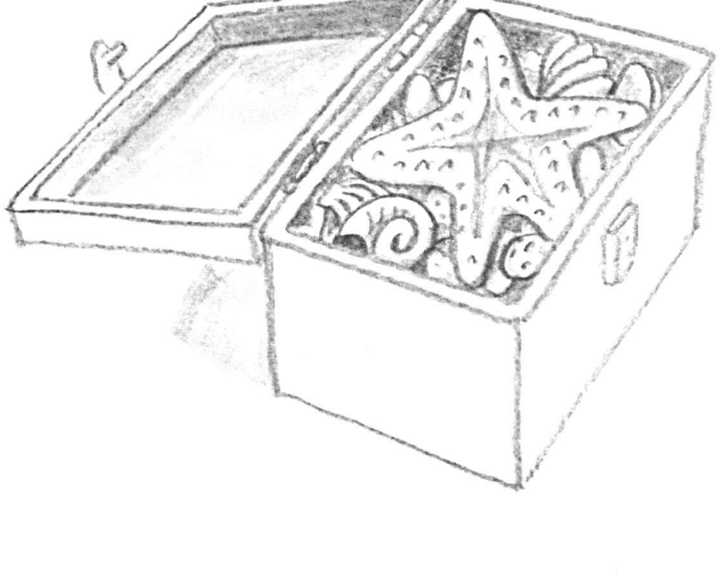

Nachdenken über die Schöpfung

Im Baum singt eine Amsel, ganz oben.
Sie singt schön!
Wen will sie loben?

Im Bach der schnelle Fisch,
er kommt von irgendwo.
Sag, für wen glänzt er so?

Im Gras kriecht eine kleine Schnecke
einen steilen Halm hinan.
Wer gab ihr's, dass sie's kann?

Ja, wer?
Wo kommt das alles her?

Georg Bydlinski

Der Apfel

Lisa saß da und dachte nach. Vor ihr auf dem Tisch lag ein großer Apfel, rosig auf der einen Seite, gelb auf der anderen. Wie er duftete! Es war ihr Apfel. Er gehörte ihr ganz allein. Dennoch rührte sie ihn nicht an. Lisa gehörte zu denen, die gerne mit anderen teilen. Aber sie waren so viele zu Hause. Papa und Mama, Peter und Kleinchen, Steffi und sie selbst. Da bekäme jeder nur ein kleines Stück. Übrigens ist es schwierig, einen Apfel so in sechs Stücke zu teilen, dass es dabei ganz gerecht zugeht. Wenn es doch sechs Äpfel wären! Lisa sah sie in einer Reihe vor sich liegen, alle gleich groß, gleich gelb und rosig, gleich duftend. Eins, zwei, drei, vier, fünf, sechs. Einen für jeden von ihnen. Wenn man doch zaubern könnte!
Plötzlich strahlte ihr Gesicht. Die Stirn wurde glatt, die Augen leuchteten. „Der liebe Gott kann alles, worum man ihn bittet", dachte Lisa. „Das ist sicher, denn Peters Lehrerin hat es gesagt." Lisa faltete die Hände, kniff die Augen zu und sprach laut und ernsthaft: „Lieber Gott, mach, dass es sechs Äpfel werden! Einer für Papa, einer für Mama, einer für Peter, einer für Kleinchen und einer für Steffi. Für jeden von uns einen. Amen!" Eine kleine Weile saß Lisa still, denn sie wollte dem lieben Gott Zeit lassen. Dann nahm sie die Finger auseinander und öffnete die Augen, langsam, ganz langsam. Durch den schmalen Spalt sah es so aus, als ob viele Äpfel da wären. Aber als Lisa die Augen ganz aufgemacht hatte, war doch nur ein Apfel da.

„Der liebe Gott konnte es nicht“, dachte sie. „Aber ja, er muss es doch können!“ Die Blumen und Schmetterlinge und Sterne fielen ihr ein; all das war sicher viel schwerer zu machen als ein paar Äpfel! Nun kam es Lisa in den Sinn: „Der liebe Gott will vielleicht allein sein, wenn er Äpfel macht. Es ist am besten, ich gehe hinaus und spiele ein bisschen; dann tut er es vielleicht!“ Und Lisa kniff wieder die Augen zu, faltete die Hände und betete: „Lieber Gott, du kannst es sicher, wenn du allein bist. Sechs Äpfel, alle gleich groß! Danke, lieber Gott! Amen.“ Und dann lief sie aus dem Zimmer.

Draußen im Garten saß Mama und nähte. Peter hatte auf der Bank einen Kaufladen aufgestellt. Porzellanscherben, Ziegelsplitter, grüne Blätter, Steinchen und Tannenzapfen; das alles ordnete er in schönen Reihen an. Peter machte ein ernstes, nachdenkliches Gesicht, ganz so wie der Mann in einem richtigen großen Kaufladen. „Jetzt bin ich eine feine Dame“, sagte Lisa, „und komme zu dir einkaufen.“ So spielten die Kinder eine Weile.

Plötzlich war die feine Dame wieder Lisa. „Mama“, fragte sie, „kann der liebe Gott alles?“ Mama glaubte das. „Aber gelt, er kann es am besten, wenn er ganz allein ist“, meinte Lisa. Ja, das glaubte Mama auch. „Dann lauf ich hinein und schau nach“, sagte Lisa; und fort war sie. In zwei Minuten war sie zurück. Lisa weinte. „Es ist nicht so, wie du gesagt hast, Mama“, schluchzte sie. „Der liebe Gott konnte es nicht.“ Und sie zeigte Mama einen übel zugerichteten Apfel, der überall von Kleinchens scharfen Zähnen angenagt war. „Mein armes Kind“, sagte Mama. Und dann erzählte Lisa alles. Peter hörte zu und machte ein finsteres Gesicht. „Das war hässlich vom lieben Gott“, sagte er. „Er kann es nicht“, schluchzte Lisa, „wenn er auch vielleicht gut ist – manchmal.“ Mama glaubte, dass der liebe Gott immer gut ist und dass er auch alles kann. „Aber dann hätte er doch sechs Äpfel machen können“, klagte Lisa. „Fünf Äpfel“, berichtigte Peter, der tüchtig im Rechnen war, „denn ein Apfel war ja schon fertig.“

Mama dachte nach. „Schau einmal“, sagte sie schließlich, „du weißt doch, dass Äpfel nicht gleich fertig sind. Zuerst ist eine Knospe da, dann bricht sie auf zwischen hunderttausend anderen Apfelblüten. Das ist im Frühling.“ „Und dann wird es ein unreifer Apfel“, sagte Peter. „Ein kleines grünes Äpfelchen“, meinte Lisa. „Ja“, sagte Mama, „das wächst immerfort. Dann kommt der Sommer: der Juni, der Juli und der August. Der Wind schüttelt den Baum, viele unreife Äpfel fallen auf die Erde. Doch unser Äpfelchen hängt noch da und wächst. Bis zum Herbst wird es gelb und rot, groß und fein. Es dauert lange Zeit, bis aus der Knospe ein Apfel wird.“ Peter und Lisa nickten. Jawohl, so ist es. „So langsam schafft der liebe Gott“, erklärte Mama. „Und dann verlangt Lisa: ‚Mach jetzt gleich fünf neue Äpfel!‘ Aber das tat der liebe Gott nicht, denn der liebe Gott will es auf seine eigene Weise machen, nicht auf Lisas Weise“, stellte Peter überlegen fest. „So hab ich es gar nicht gesagt“, verteidigte sich Lisa. „Ich habe gesagt: ‚Lieber Gott ...‘“ „Ja, aber du mein-

test doch, er soll die Äpfel gleich machen", unterbrach Peter seine Schwester, denn jetzt stand er ganz auf Seiten des lieben Gottes. „Der liebe Gott ist doch kein Zauberer, der liebe Gott ist der liebe Gott." Lisa war noch nicht ganz getröstet. Sie war noch so klein; erst fünf Jahre alt. „Jetzt gibt es überhaupt keinen ganzen Apfel mehr", seufzte sie. „Doch!", sagte Mama. „Es gibt viele Millionen unreife Äpfel in der Welt. Sollen wir die Äpfel an euren Bäumen zählen?"
Es war erst Anfang Juni. Die Zwergbäumchen hatten vor kurzem geblüht. An Peters Baum hingen sechsundzwanzig kleine grüne Apfel. An Lisas Baum waren es vierunddreißig. „Die hat der liebe Gott doch für mich gemacht!", rief sie getröstet. „Ja, das hat er", sagte Mama und nickte, „er tat es auf seine Weise. Im Herbst sind die Äpfel reif, auch für dich, Lisa."

Jeanna Osterdahl

Die gelbe Blume

Der König und die kleine Prinzessin wohnten in einem Schloss mit vier Türmen und so vielen Fenstern, dass die kleine Prinzessin sich dauernd verzählte. Auf dem Platz vor dem Schloss stand ein Soldat. Wenn der König kam, legte er die Hand an die Mütze und grüßte.
Hinter dem Schloss aber herrschte der Gärtner. Er pflegte die Rosen, goss die Geranien an den Fenstern und mähte den Rasen. Der Rasen war ihm das wichtigste. Er duldete nicht das winzigste Unkraut darin. Und niemand durfte mit

seinen gewöhnlichen Straßenschuhen darüber hinweglaufen, nicht einmal die kleine Prinzessin.

Wenn der König und die ganze Schlossgesellschaft am Nachmittag im Park spazieren gingen, dann schlüpfte die kleine Prinzessin artig aus ihren Lackpantöffelchen, bevor sie mit ihrem Hündchen auf dem Rasen herumpurzelte. Einmal geschah es, dass sie vor lauter Übermut siebenundzwanzig Purzelbäume hintereinander schlug. Danach war ihr ganz wirbelig im Kopf. Und ein kleiner gelber Fleck tanzte vor ihren Augen. Als er endlich stillstand, sah sie, dass es eine kleine gelbe Blume war.

Noch nie zuvor hatte die kleine Prinzessin eine gelbe Blume gesehen. Alle Blumen, die sie kannte, waren rot. Aufgeregt winkte sie dem König, damit er kommen und sich die wunderliche Blume anschauen sollte. Da zog der König seine goldenen Spangenschuhe aus und ging quer über den Rasen. Und alle konnten sehen, dass er geringelte Socken anhatte.

Als der Gärtner von der gelben Blume hörte, ging er hin, um nachzuschauen. „Ein Unkraut!", rief er aus und erbleichte. „Ein hundsgemeines tückisches Unkraut!" Er bückte sich nieder, und bestimmt wäre es der kleinen Blume schlecht ergangen, wenn nicht die Prinzessin zurückgekommen wäre, um ihr goldenes Krönlein zu suchen. Das war ihr beim Purzeln vom Kopf gefallen.

Aber am anderen Morgen ganz früh ging der Gärtner hinaus und mähte den Rasen. Dabei fuhr er ritsch-ratsch mit dem Rasenmäher über die kleine gelbe Blume und mähte sie ab. „Pech!", sagte er und lief achtlos mit seinen großen Füßen darüber hinweg.

Nach dem Frühstück kam die kleine Prinzessin mit ihrem Hündchen angelaufen, um ihrer Blume guten Morgen zu sagen. Aber da war nichts als grüngrünes Gras, soweit man sehen konnte. „Meine Blume ist weg!", rief die Prinzessin aus. „Jemand hat meine Blume gestohlen!" Und sie lief zurück ins Schloss, sperrte sich in ihr Zimmer ein und weinte einen ganzen Tag lang.

Aber nach einer Woche war die kleine Blume wieder nachgewachsen. Die ganze Schlossgesellschaft kam zusammengelaufen, um das Wunder zu sehen. Der Gärtner aber stand von ferne und blickte finster drein. Und als die Schlossgesellschaft drinnen beim Tee saß, ging er hin und grub die gelbe Blume aus. „Heraus mit Stumpf und Stiel!", murmelte er und deckte das Loch fein sauber mit einem Stück Rasen zu.

Als die Prinzessin am Abend kam, um ihrer Blume gute Nacht zu sagen, war da nichts als grüngrünes Gras, soweit man sehen konnte. Weinend lief die Prinzessin zurück ins Schloss und trauerte drei Tage und drei Nächte.

Die gelbe Blume aber hatte eine lange tiefe Wurzel. Davon war ein kleines Stückchen abgebrochen und im Boden steckengeblieben. Und während die Prinzessin noch klagte und weinte, wuchs im Dunkel der Erde schon eine neue Blume

heran. Und eines Tages war sie da und leuchtete heller als zuvor. Da machte die kleine Prinzessin vor lauter Freude achtundzwanzig Purzelbäume. Und das waren mehr, als sie je zuvor hintereinander gemacht hatte.
Der Gärtner aber hasste die Blume. Heimlich rührte er in einer Dose eine giftige Brühe zusammen. Und in der Nacht schlich er hinaus. Aber als er unter dem Fenster der Prinzessin vorbeikam, trat er auf einen Rechen, und der Stiel schlug ihm hart gegen die Stirn. Vor Schreck ließ er die Dose fallen, und die Giftbrühe lief ins Rosenbeet. Von dem Lärm erwachte das Hündchen und bellte. Da stöhnte die kleine Prinzessin im Schlaf. Und der König hatte einen schlimmen Traum.
Er erwachte früh und ging hinaus in den Park, um seinen Traum zu vergessen. Da sah er, dass alle Rosen verdorrt waren. „Nun sterben schon die Rosen!", dachte er und erschrak. „Es sind schlechte Zeiten für Blumen!" Und er ging schnell zum Rasen, um nach der gelben Blume zu schauen. Die wachte gerade auf und öffnete ihre gelbe Blüte. „Ich werde sie bewachen lassen", beschloss der König. „Wozu habe ich einen Soldaten!"
Von diesem Tag an bewachte der Soldat die kleine gelbe Blume. Jeden Nachmittag kam die Prinzessin mit einem Gießkännchen und gab ihr Wasser. Und die Blume wuchs und wurde groß und bekam eine, zwei, drei neue Blüten. Die leuchteten mit der Sonne um die Wette.
Da kam von Wer-weiß-woher eine Biene angesurrt und naschte ein Tröpflein Blütensaft. Der Gärtner aber riss den Rasenmäher aus dem Schuppen und ratschte ihn hin und her über den Rasen. Der Soldat zog die Zehen ein, doch er wich keinen Zentimeter von der Blume. Der Gärtner musste einen Bogen machen – links herum und rechts herum. Und die kleine Blume leuchtete mitten im grüngrünen Gras. Eines Tages verwandelten sich die gelben Blüten in flauschige Kugeln aus lauter kleinen Samenschirmchen. Der Wind blies hinein und trug sie fort.

Überall, wo ein Schirmchen hinfiel, wuchs eine neue Blume. So viele waren es, dass die kleine Prinzessin sich dauernd verzählte. Der Gärtner rannte mit der Harke hierhin und dorthin. Aber wie sehr er sich auch bemühte, es wurden immer mehr. Der ganze Park war gelb. Da warf er voller Zorn die Harke weg, lief in sein Gärtnerhäuschen, warf alles, was gelb war, aus dem Fenster und kümmerte sich um nichts mehr.
Nun wuchs im Park alles, wie es wollte. Aus dem Rasen wurde eine kunterbunte Wiese. Die Hofdamen spazierten hin, setzten sich ins Gras und horchten, wie es in der Wiese summte und brummte. Wenn der König nicht regieren musste, kam er mit der kleinen Prinzessin und setzte sich dazu. Und die kleine Prinzessin pflückte sich jeden Tag einen Blumenstrauß und stellte ihn in ihr Zimmer.
Und der Gärtner? Der saß in seinem Häuschen und langweilte sich. Eines Morgens, ganz früh, ging er heimlich hinaus zu der Wiese und betrachtete sie lange. Eine von den Hofdamen aber, die zufällig aus dem Fenster geschaut hatte, erzählte beim Frühstück, der Gärtner sei durch den Park gekommen mit einer gelben Blume im Knopfloch. Sie habe es – Hand aufs Herz und nicht gelogen! – mit ihren eigenen Augen gesehen.
Der Konig lächelte, als er das hörte. Und die ganze Hofgesellschaft freute sich.

Renate Schupp

Ein Strauch

Aus der Ferne scheint er zu blühn:
rot und gelb und rosa und grün.
Aus der Nähe sind die Blüten
bunte Wegwerf-Plastiktüten.

Gefällt euch das?
Dem Strauch macht es keinen Spaß.

Friedl Hofbauer

Wenn sich das Kind als tüchtig und klug erweisen will,…

schenkt es Geschichten besondere Aufmerksamkeit, die dazu anregen, über das eigene Ich nachzudenken.

Das Erreichen selbstgesetzter Ziele wird angestrebt

Eines Tages zeigt sich, dass Kinder imstande sind – zäher als all die Jahre vorher –, an selbst gesetzten Zielen festzuhalten und gefasste Pläne zu verwirklichen. Sie bleiben längere Zeit sachlich interessiert bei einer Betätigung und können kleine Aufträge verlässlich ausführen. Es macht ihnen Freude, von ihren Betreuern als tüchtig erachtet zu werden und verdientes Lob zu ernten.

Schwierigkeiten bei der Durchführung von Plänen können deprimieren

Allerdings erleben sie beim Verwirklichen ihrer Vorhaben zuweilen, dass sie doch nicht immer die Kraft haben, ihre Pläne zur Gänze durchzuführen. Obwohl die Ursache für solch ein Versagen nicht immer in der unzureichenden Durchhaltekraft des Kindes, sondern auch in widrigen Umständen liegen kann, bleiben Misserfolge doch ein deprimierendes Erlebnis. Zudem haben Kinder in einer industrialisierten, technisch perfektionierten Welt leider viel zu wenig Gelegenheit zur Erfüllung von Aufgaben, durch deren Bewältigung ihr Selbstwertbewusstsein befriedigt und gestärkt wird. Dies mag eine Begründung dafür sein, dass etwa Fünfjährige Geschichten besonders lieben, in denen von Kindern erzählt wird, die gleich ihnen ihre Mühen und Nöte haben, denen es aber doch gelingt, selbst gesetzte Ziele zu erreichen und anerkannt zu werden.

Durch Erzählungen die Kinder motivieren, nicht aufzugeben, bis das Ziel erreicht ist

So lassen Erzählungen wie „Polly hilft der Großmutter" auch Kinder unserer Tage die Hoffnung gewinnen, auf eine ihnen mögliche Weise so brauchbar sein zu können wie Polly, die an Stelle der plötzlich erkrankten Großmutter hilft, die Wohnung sauber zu machen, Bonbons verkauft und mancherlei für das Weihnachtsfest vorbereitet. Wie besorgt werden die kleinen Zuhörer um den graubraunen Dackel sein, der von einem schnittigen Wagen angefahren und von Felix kurzentschlossen zur Tierärztin gebracht wird. Nacherlebend und sich mit Felix identifizierend werden die Kinder erfassen, dass es eines großen Einsatzes bedarf, will man sich als klug erweisen.

In aller Welt gibt es Kinder, die sich als tüchtig erweisen wollen

In unserer Zeit, in der Kinder – viel zu früh – mit auf weite Reisen genommen werden, sind auch Geschichten von besonderem Interesse, die davon zu berichten wissen, dass es überall in der weiten Welt Kinder gibt, die gleich ihnen danach streben, tüchtig zu sein, die das Ihre leisten, Aufträge erfüllen und dabei Erfolge und Misserfolge haben wie sie selbst. So werden die kleinen Zuhörer mit Tiki, der am Rande des Urwaldes lebt, die Sorgen und Freuden teilen, die ihm die kleine weiße Ziege bereitet, und werden gleich ihm den Vorsatz fassen, bei der Erfüllung einer übernommenen Pflicht achtsamer zu sein. Bewundernd werden die Kinder hierzulande hören, wie sich Natatek zu helfen weiß, als er merkt, dass „Kleiner Bär", der Leithund, nicht mehr laufen kann.

Geschichteu von Kindern in anderen Ländern tragen dazu bei, Fremdes zu verstehen

Geschichten, die Leben und Erleben von Kindern in anderen Ländern zum Inhalt haben, vermitteln nicht nur viel Wissenswertes, sondern tragen auch dazu bei, Fremdes zu verstehen, Andersartiges zu achten und eine Gesinnung anzubahnen, in der es einstens möglich sein wird, mit allen Menschen dieser Erde in Brüderlichkeit zu leben und zu arbeiten.

Polly hilft der Großmutter

Ich wünschte, du könntest das Haus sehen, in dem Polly wohnte. Es war so klein, dass man es beinahe für ein Märchenhaus halten konnte. Pollys Haus – was sage ich? Natürlich war es nicht Polly, der das Haus gehörte und die in dem Haus arbeitete. Es gehörte der Großmutter, die Bonbons kochte und diese jeden Samstag auf dem Markt verkaufte. Wenn man an dem Haus vorbeiging, konnte man Polly auf der Treppe sitzen sehen. Sie hatte die fröhlichsten Augen und die rosigsten Backen, die wohl jemals ein Kind gehabt hat. Und sie sah – wie soll ich sagen? –, sie sah sehr tüchtig aus. Großmutter meinte, Polly habe schon damals, als sie drei Monate alt war und in einem Körbchen lag, tüchtig ausgesehen. Polly fand Großmutters Haus wunderschön, wenn es auch klein war. Abends, wenn sie auf das Küchensofa gekrochen war, wo sie schlief, und Großmutter am Küchentisch saß und Bonbonpapier zuschnitt, sprach Polly mit heller und klarer Stimme ihr Abendgebet.
Als das geschah, wovon ich erzählen will, war Polly noch nicht sechs Jahre alt. Großmutter rutschte auf dem Küchenfußboden aus und verletzte sich ein Bein – noch dazu eine Woche vor Weihnachten! Was wurde nun aus den vielen Bonbons, die auf dem Weihnachtsmarkt verkauft werden sollten? Wer sollte das machen,

wenn Großmutter im Bett lag und das Bein nicht bewegen konnte, ohne gleich vor Schmerzen zu stöhnen? Wer sollte den Weihnachtskuchen backen, die Weihnachtsgeschenke einkaufen und das Haus weihnachtsfein machen? „Das mache ich", sagte Polly. „Achachach", sagte die Großmutter in ihrem Bett, „gutes Kind, das kannst du doch nicht. Wir werden Frau Meier fragen müssen, ob sie über Weihnachten auf dich aufpassen will. Und dann werden wir sehen, ob ich nicht ins Krankenhaus kommen kann."

Sollten Großmutter und Polly nicht Weihnachten so feiern, wie sie es gewöhnt waren? Doch, dachte Polly, und dann begann sie mit dem Weihnachts-Großreinemachen. Sie musste natürlich Großmutter fragen: „Wie macht man Weihnachts-Großreinemachen?" Großmutter meinte: „In diesem Jahr wollen wir es nicht so genau nehmen." Das aber ließ Polly nicht gelten.

Frau Meier kam und half ein bisschen. Sie putzte den Fußboden und die Fenster. Aber alles andere machte Polly. Du hättest sehen sollen, wie sie umherlief mit einem Tuch um den Kopf und dem Besen in der Hand! Sie sah unglaublich tüchtig aus. Sie klopfte die Fleckerlteppiche, staubte alle Möbel ab und machte frische Vorhänge auf. Auch Feuer musste sie allein machen. Polly stopfte Zeitungspapier und Holz in den Herd, zündete das Papier an und horchte aufgeregt, ob es knisterte. Und wie es knisterte! Bald bekam Großmutter ihren Kaffee. Sie sagte: „Mein gutes Kind, wie könnte ich ohne dich fertig werden!" Polly saß auf der Bettkante, einen großen Schmutzfleck auf der Nase. Bevor sie wieder ans Reinemachen ging, tauchte sie ein Stück Zucker in Großmutters Kaffee und steckte es in den Mund.

Ja, aber wer sollte nun die Bonbons auf dem Markt verkaufen? Polly und niemand anderer! Aber Polly konnte noch nicht rechnen und die Bonbons auch nicht auf der kleinen Waage abwiegen, wie Großmutter es tat, wenn sie in ihrem Bonbonstand auf dem Markt war. Deshalb richtete sich Großmutter im Bett auf und begann, die Bonbons in Sackerln einzuwiegen; immer fünf Dekagramm in ein Sackerl. Jedes Sackerl sollte einen Schilling kosten. Wie ein Schilling aussah, das wusste Polly.

Drei Tage vor dem Heiligen Abend war Weihnachtsmarkt. Polly war früh auf, kochte Kaffee und brachte ihn Großmutter ans Bett. Dann machte sich Polly fertig für ihren großen, seltsamen Bonbonverkauf. „Gutes Kind", sagte Großmutter, „es ist heute sehr kalt." Da lachte Polly nur und antwortete: „Schau, wie ich angezogen bin!" Sie hatte zwei dicke Jacken unter dem Mantel an, die Pelzmütze bis über die Ohren heruntergezogen, einen dicken Wollschal um den Hals geschlungen, große rote Fäustlinge an den Händen und schlüpfte außerdem mit ihren Stiefeln in Großmutters riesige Strohschuhe. Nun nahm sie den Korb mit den Bonbonsackerln auf den Arm, sagte: „Auf Wiedersehen, Großmutter", und stapfte in die Finsternis hinaus.

Es war wirklich kalt. Der Schnee knirschte unter den Strohschuhen, als Polly zum Markt ging. Aber drüben im Osten begann der Himmel herrlich rot zu werden. Frau Meiers Mann war so nett gewesen, Großmutters Stand aufzustellen. Polly brauchte nur die Bonbonsackerln auszulegen. Pollys braune Augen leuchteten dabei vor Eifer. Viele Käufer kamen. Alle wollten sie von der kleinen Marktfrau kaufen. Großmutters Bonbons waren aber auch die besten in der ganzen Stadt! Polly hatte ein Zigarrenkisterl, in das sie das Geld hineinlegte, und es klimperte schon ganz schön! Natürlich nur von Schillingen, denn anderes Geld nahm Polly nicht an.

Polly machte ein großartiges Geschäft. Sie war so froh, so froh, dass sie kaum still stehen konnte. Ha, so etwas würde sie immer gerne tun! Millionen, viele Millionen Bonbons würde sie kochen und dann jeden Tag hier auf dem Markt verkaufen.

Großmutter lag zu Hause in ihrem Bett und machte gerade ein Schläfchen, als Polly hereingestürmt kam und den Inhalt des Zigarrenkisterls auf der Decke ausschüttete. Und der Korb war leer! Nicht ein einziges Sackerl war mehr da! „Gutes Kind", sagte die Großmutter wieder, „wie könnte ich ohne dich fertig werden."

Astrid Lindgren

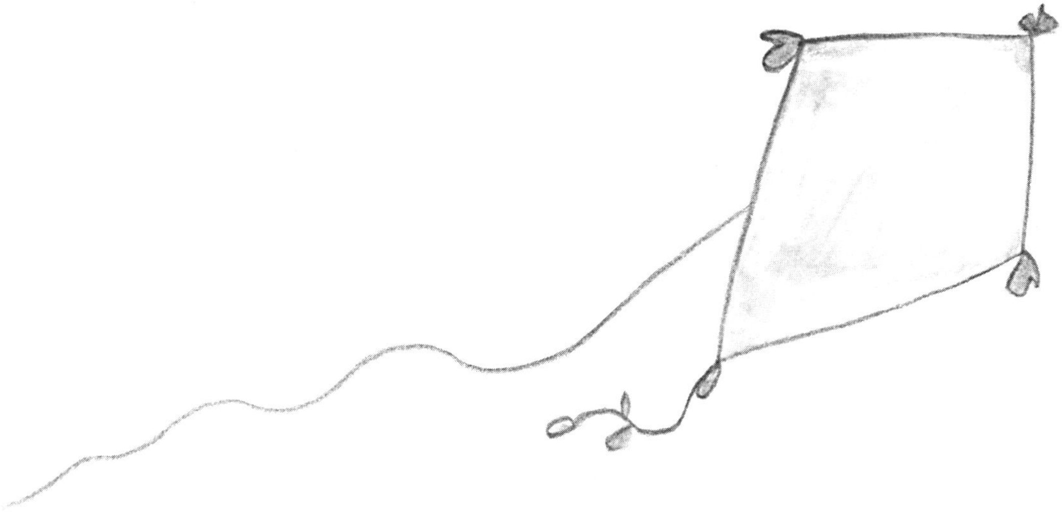

Pit lässt einen Drachen steigen

Im Frühling fahren die Kinder auf ihren Fahrrädern. „Ich will auch mitfahren", sagt Pit. Aber Pit darf nicht fort. „Du bist noch zu klein", sagt die Mutter.
Im Sommer baden die Kinder im Fluss. „Ich will auch baden", sagt Pit. Aber Pit darf nicht fort. „Du bist noch zu klein", sagt die Mutter. Dabei ist Pit gar nicht mehr so klein. Vielleicht hat die Mutter nicht bemerkt, wie sehr er gewachsen ist?
Im Herbst treffen die Kinder einander auf den Wiesen und lassen Drachen steigen. „Ich will auch einen Drachen steigen lassen", sagt Pit. Aber Pit darf nicht fort. „Du bist noch zu klein. Nächstes Jahr", sagt sie, „vielleicht."
Da läuft Pit einfach weg. Er baut sich einen Drachen aus zerknittertem Papier. Eine Schnur hat er in der Hosentasche. „Ich habe auch einen Drachen", sagt er zu den Kindern. Die Kinder lachen. „Durftest du überhaupt fort?", fragen sie. Pit antwortet nicht.
Sie rennen miteinander los. Und dann gibt es eine Überraschung: Pits Drachen steigt höher als alle anderen! „Schaut nur!", schreit Pit. „Schaut nur! Mein Drachen ist der Drachenkönig!" Jetzt lacht ihn keiner mehr aus.
Den ganzen Nachmittag laufen die Kinder über die Wiesen. Als es dämmrig wird, sind sie müde. „Wir gehen nach Hause", sagen sie und wickeln die Drachenschnur auf. Pit steht da und tut nichts. Er denkt nach. „Gehst du nicht heim?", fragen die Kinder. „Deine Mutter wird sowieso schimpfen", sagen sie. Pit nickt. Aber er rollt die Drachenschnur nicht auf. Er lässt sie los. Da steigt der Drachen langsam in die Höhe und fliegt davon. „Bist du verrückt?", sagen die Kinder. „Warum hast du den Drachen fliegen lassen?" „Er wollte nicht festgehalten werden", sagt Pit. „Er wollte fort."
Die Kinder verstehen das nicht.
Pit lächelt.

Gina Ruck-Pauquèt

Der Staubsauger

Der Staubsauger, der Brummer, der Brüller, mein kleines Auto will er fressen. Ich schreie: „Halt, hör auf!“, und er brüllt einfach weiter. Das kleine Auto liegt vor seinem Maul, und meine Mutter sieht es nicht, und meine Mutter hört mich nicht! Da gehe ich ganz nah heran, ich strecke meine Hand aus, ich drücke meinen Zeigefinger auf den roten Knopf. Da ist er still, der Brummer, der Brüller.
Ich nehme ihm das kleine Auto ab. Jetzt hab ich keine Angst mehr vor dem Brummer. Jetzt muss er tun, was ich will!

Ursula Wölfel

Dr. Peggy Lindholm, Tierärztin, Praxis I. Stock

An dem Tage, an dem die ersten Schneeflocken des Jahres fielen, schlenderte Felix durch eine Straße, in die er selten kam.
Taubenstraße 7 war ein hübsches Haus. Im Vorbeigehen las Felix: Dr. Peggy Lindholm, Tierärztin, Praxis I. Stock.
Da sah er von weitem einen graubraunen Dackel, der über die Straße lief. Er trottete so unbekümmert, als wäre die Straße nur für ihn allein da. Felix sah ihn einmal kurz stutzen, weil ein Auto, das im letzten Augenblick ausgewichen war, fast seine Nase gestreift hatte. Aber dann strolchte er weiter – offenbar nahm er Autos nicht ernst.
Felix hatte Angst um den kleinen Strolch. Er war seinem Blick durch ein Auto, das ausgewichen war, für einen Moment entzogen, und da sauste dicht neben dem Gehsteig, auf dem Felix lief, ein anderes Auto an ihm vorbei.

„Vorsicht – Hund!", schrie Felix, da kreischten auch schon die Autobremsen, ein graubraunes Bündel überschlug sich auf dem Gehsteig.
Felix rannte. Den schnittigen Wagen, der rasch wieder anfuhr, holte er nicht mehr ein. Aber der Wagen kümmerte ihn auch gar nicht. Er sah nur den Hund, der inzwischen bewegungslos dalag. Aus der schwarzen Nase tropfte Blut. Die grauen Stichelhaare um die Schnauze wurden rot. Vorsichtig hob Felix den Dackel auf. Als er um sich schaute, fiel sein Blick auf das Schild „Dr. Peggy Lindholm, Tierärztin". Sie wird ihn retten! Nur dieser eine Gedanke hatte in diesem Augenblick in seinem Hirn Platz.
Behutsam stieg er die Treppe hinauf. Felix spürte durch die Stichelhaare, wie der Atem des kleinen Hundes stieß. Felix läutete Sturm, mit dem rechten Ellenbogen drückte er gegen die Klingel, bis die Tür aufgemacht wurde. „Hier!", keuchte Felix. „Ein Patient! Eben überfahren!" „Komm gleich rein!" „Wird er zu retten sein?", fragte Felix Frau Dr. Lindholm, die sich eben die Hände wusch. Sie tupfte gleich das Blut weg und tastete die Rippen ab. „Zwei sind gebrochen. Aber ich glaube nicht, dass das Blut aus der Lunge kommt. Die Nase blutet." „Nasenbluten hab ich oft gehabt", sagte Felix. „Ich werde ihn einen Tag hierbehalten." „Glauben Sie, dass er einen Schädelbruch hat?" „Komm morgen wieder! Dann sieht es bestimmt besser aus." Der Hund atmete schwer. Felix schaute immer zu ihm hin.
„Du hast dich ein bisschen blutig gemacht", sagte Frau Dr. Lindholm. „Willst du dir nicht die Hände waschen?" Felix tat, was von ihm erwartet wurde.
Als Felix am nächsten Tag zu Frau Dr. Lindholm kam, sagte sie gleich: „Er wird wieder, an der Lunge fehlt nichts."
Der Dackel lag in einem Körbchen, das mit Kissen ausgelegt war. Die Frau Doktor strich dem Hündchen über den Kopf, zuerst von vorn nach hinten, dann von hinten nach vorn, und da stand ein Büschel heller Haare, ein frecher Schopf, in die Höhe. Sehr drollig sah das aus. „Sogar gefrühstückt hat der kleine Strolch schon, eine Kleinigkeit wenigstens. Du kannst ihn wieder mitnehmen." „Ich wollte nur fragen, wie es geht . . ." sagte Felix zögernd. „Wie heißt er denn?" „Das weiß ich nicht." „Ach so", sagte Frau Dr. Lindholm, „er gehört gar nicht dir. Ein Herumstreuner! Dabei so vornehm. Den müssen wir zur Polizei bringen." „Wird er bestraft?" „Das nicht, aber den Besitzer oder die Besitzerin wird die Polizei zu ermitteln suchen."
Frau Dr. Lindholm nahm den Hörer und rief die Polizei an. Sie meldete, dass ihr ein Rauhaardackel zugebracht worden sei. Angefahren, darum wollte sie ihn hierbehalten. „Wenn sich niemand meldet, gehört er dir", sagte sie zu Felix, nachdem sie eingehängt hatte. „Natürlich nur, wenn deine Eltern einverstanden sind." „Wieviel kostet die Behandlung?", fragte Felix. Frau Dr. Lindholm sah Felix aufmerksam an. „Darüber mach dir keine Sorgen."

Hans Baumann

Natatek aus dem Land der Eskimos

„Gib gut Acht auf dem Schulweg!“, sagt die Mutter zu Natatek. Alle Mütter sagen das zu ihren Kindern, überall auf der Welt. Und überall auf der Welt sagen die Kinder: „Ja, ich geb Acht. Ich geb doch immer Acht. Ich schau nach allen Seiten und geb Acht.“ „Ich geb Acht“, sagt auch Natatek.
Natatek ist ein kleiner Eskimojunge. Er lebt weit oben im Norden an der Küste des Eismeeres. In seinem Land dauert der Winter so lange wie bei uns Herbst, Winter und Frühling zusammen. Im Winter geht die Sonne viele Monate lang nicht auf. Im Frühling erscheint sie wieder am Horizont und färbt die Eiswüsten rosa und golden. Im Sommer steht sie auch nachts am Himmel. Sie lockt Glockenblumen und Wollgras aus allen Erdritzen. Das Moos blüht, und die Zwergbirken schmücken sich mit grünen Blättern. Im Winter aber ist die Welt rundum kühl und leer, Menschen und Tiere sind nur Schatten auf dem Eis.
Natatek zieht warme Stiefel an und schlüpft in seinen Anorak. Er hat einen weiten Schulweg. Zu Fuß könnte er gar nicht gehen bei so viel Eis und Schnee. Natatek fährt mit dem Schlitten. Vor den Schlitten hat er fünf Hunde gespannt.
Der Leithund heißt Kleiner Bär, weil er so stark ist und weil sein Fell so zottig ist. Kleiner Bär läuft immer an der Spitze. Wenn die anderen Hunde nicht ziehen wollen, schnappt er nach ihnen. Er trägt den buschigen Schwanz hoch wie eine Fahne. Er kennt den Weg zur Schule genau. Von Zeit zu Zeit dreht er den Kopf nach hinten und schaut, ob Natatek mit ihm zufrieden ist. „Braver Kleiner Bär!“ ruft Natatek.

Der Schlitten saust über das Schneefeld. Der Wind pfeift. Weit und breit ist kein Haus zu sehen. Natatek ist ganz allein mit seinen Hunden. Gut, dass Kleiner Bär ein so gescheiter Leithund ist. Natatek kann sich auf ihn verlassen.
Auf einmal will Kleiner Bär nicht mehr laufen. Immer langsamer setzt er seine Pfoten in den Schnee. Jetzt bleibt er stehen. Auch die anderen vier Hunde bleiben stehen. Der Schlitten bleibt stehen. Kleiner Bär hebt den Kopf zum Himmel und heult. Natatek springt vom Schlitten. „Kleiner Bär, was ist geschehen?" Kleiner Bär legt sich nieder, wälzt sich auf dem Rücken und hält Natatek die linke Vorderpfote entgegen: Der weiche Schnee hat sich an den Haaren der Pfote festgeklebt. Er ist zu harten, kleinen Eisklumpen gefroren. Die Eisklumpen reiben die Haut blutig. „Armer Kleiner Bär!" Natatek kniet nieder. Er hebt die Hundepfote an seinen Mund und beißt die Eisklumpen ab, einen nach dem anderen. „Jetzt kannst du wieder laufen, Kleiner Bär!" Kleiner Bär springt auf und schüttelt sich. Er wedelt mit seinem buschigen Schwanz.
Gut, dass Natatek so ein gescheiter Hundeschlittenlenker ist! Kleiner Bär kann sich auf Natatek verlassen!
„Los!", ruft Natatek. Und weiter geht es durch Schnee und Kälte der Schule entgegen.

Lene Mayer-Skumanz

Kleiner Bruder Watomi

Watomi und Matoya waren Brüder. Matoya war der große Bruder. Watomi war der kleine Bruder. Matoya brachte Watomi bei, wie man mit Pfeil und Bogen schießt. Er lehrte ihn schwimmen und tauchen. Er kletterte mit ihm auf die höchsten Bäume. Er lief mit ihm um die Wette und ließ ihn auf seinem Pferd reiten. Das war weiß, hatte einen schwarzen Fleck auf der Stirn und hieß Schwarzfleck.
Es war schön, einen großen Bruder zu haben. Meistens. Aber nicht immer. Manchmal war es nicht schön. Der große Bruder konnte alles besser. Er konnte schneller laufen und schneller schwimmen und tiefer tauchen und höher klettern. Watomi mochte sich anstrengen, so viel er wollte. Er konnte doch nichts so gut wie Matoya. Und wenn sie Streit hatten, was manchmal vorkam, so sagte Matoya: „Sei still! Ich bin der große Bruder, und du bist nur der kleine Bruder!" Watomi wollte nicht immer der kleine Bruder sein, der still sein musste und nichts so gut konnte wie der große Bruder.

Einmal ging Matoya auf die Büffeljagd. Watomi wollte auch jagen gehen. Aber als ein Büffel daherkam, fürchtete sich Watomi. Der Büffel stampfte die Erde mit den Hufen und schnaubte und senkte den Kopf mit den Hörnern. Der Büffel war groß und Watomi war klein. Watomi warf Pfeil und Bogen fort und rannte, so schnell er konnte. Der Büffel rannte ihm nach. Watomi konnte gerade noch auf einen Baum klettern. Und wie er oben saß, kam Matoya auf Schwarzfleck angeritten. „Watomi, kleiner Bruder!", lachte er. „Willst du Büffel jagen? Damit warte nur, bis du so groß bist wie ich!" Matoya spannte den Bogen und schoss den Büffel tot. Abends aßen alle Büffelbraten, der Vater, die Mutter, die ganz kleine Schwester, der Großvater und die Großmutter und der große Bruder. Nur Watomi wollte keinen Büffelbraten essen.

Am nächsten Tag ging Matoya in den Wald und holte Honigwaben von den wilden Bienen. Watomi ging auch in den Wald. Er guckte in alle hohlen Bäume, bis er endlich einen fand, in dem Bienen ihre Waben gebaut hatten. Er nahm einen dicken Stock und stocherte in dem Loch und wollte die Bienen vertreiben. Die Bienen kamen zornig aus dem hohlen Baum geflogen. Sie stachen ihn in Arme und Beine und überall hin, wo man nur stechen kann. Eine Biene stach ihn in die Nase, und das tat am ärgsten weh. Watomi rannte, so schnell er konnte. Matoya kam aus dem Wald mit einem Sack voll Honigwaben. „Spring in den Fluss, kleiner Bruder!" rief er. Watomi sprang in den Fluss und tauchte unter. Die Bienen summten und brummten und flogen wieder zurück zu ihrem hohlen Baum. Watomi kletterte ans Ufer. Seine Nase war doppelt so groß wie sonst. Eine Nase, die doppelt so groß ist, eine Bienenstichnase, ist für alle, die sie nicht haben, sehr

lustig. Nur nicht für den, der sie selber hat. Matoya lachte. Als er genug gelacht hatte, sagte er: „Watomi, kleiner Bruder, willst du Honig holen? Damit warte nur, bis du so groß bist wie ich."

Watomi lief heim. Die Mutter hatte keine Zeit für ihn, weil sie eine Decke nähte. Die Großmutter hatte keine Zeit für ihn, weil sie neben dem Feuer ein Schläfchen machen wollte. Watomi ging zum Großvater. Und weil der Großvater nur Pfeife rauchte und sonst nichts tat, merkte er sofort, dass Watomi Kummer hatte. Er strich ihm Bärenfett auf die geschwollene Nase, damit sie nicht mehr weh tat. Und als Watomi seinen Kummer erzählt hatte, dachte der Großvater nach und sagte: „Jeder möchte gerne groß sein. Aber manchmal ist es besser, wenn man klein ist."

Watomi dachte, so etwas kann nur jemand sagen, der selber groß ist und nicht klein.

Watomi ging fort, weit fort, setzte sich hinter einen Busch und hatte noch immer Kummer.

Da kam ein Wagen dahergerumpelt, auf dem saßen zwei fremde Männer. Die hatten schwarze Bärte und trugen große Hüte und sahen überhaupt ganz anders aus. Watomi guckte hinter dem Busch hervor. Er war froh, dass der Busch groß und er selber klein war. Hinter dem Wagen, an einem Strick angebunden, lief ein weißes Pferd, das hatte einen schwarzen Fleck auf der Stirn. Watomi schaute, kniff die Augen zu und schaute noch einmal und wollte es nicht glauben. Es war Schwarzfleck. Die fremden Männer hatten Schwarzfleck gestohlen. Der Wagen fuhr an dem Busch vorbei. Watomi sprang heimlich hinten auf. Auf dem Wagen waren Kisten und Säcke und ein leeres Fass. Watomi kroch hinein. Er war froh, dass das Fass groß und er selber klein war.

Sie fuhren lange. Als es dunkel wurde, hielten die Männer an. Sie setzten sich an ein Feuer, aßen und legten sich dann schlafen. Watomi schlüpfte aus dem Fass und kletterte vom Wagen. Schwarzfleck schnaubte leise und stupste ihn mit seiner weichen Pferdenase. Watomi band den Strick los. Er schlich leise mit Schwarzfleck davon.
Als es Morgen wurde und die Sonne aufging, kamen Watomi und Schwarzfleck heim. Matoya kam ihnen entgegen. Matoya freute sich sehr, dass Schwarzfleck wieder da war. Aber noch mehr freute er sich, dass Watomi wieder da war. Auch der Vater und die Mutter, der Großvater und die Großmutter und die ganz kleine Schwester freuten sich sehr.
Die Mutter brachte Büffelbraten. Watomi aß Büffelbraten, bis er keinen Bissen mehr hinunterbrachte. Matoya brachte Bienenwaben, und Watomi schleckte Honig, bis er keinen Honig mehr schlecken konnte. Dann erzählte er seine Geschichte, und alle hörten ihm zu.

Käthe Recheis

Tiki und die kleine weiße Ziege

Es war einmal in Afrika ein kleiner Junge. Seine Mutter nannte ihn Tiki. Er trug einen roten Schurz, und um den Hals hatte er eine gelbe Glasperlenkette; zwei große gelbe Metallringe hingen an seinen Ohren.
Tiki wohnte in einer Hütte mitten im großen Urwald. Sein Vater hatte die Hütte aus großen Lehmziegeln gebaut. Das Dach war aus Palmenblättern gemacht. Das war sehr praktisch. Wenn die Mutter sagte: „Es regnet schon wieder durch unser Dach", brauchte der Vater nur auf einen großen Palmenbaum zu steigen, Blätter abzuschneiden, auf die Hütte zu legen, und das Dach war wieder neu.
Der Vater pflanzte Mais auf seinen Feldern oder ging zum Fluss und fing Fische. Die Mutter webte Matten aus Palmenfasern, machte Töpfe aus Lehm, zerstampfte Maiskörner zu Mehl und backte gute Maisbrote, die Tiki und der Vater gerne aßen. Tiki war noch zu klein, um zu arbeiten. Tiki durfte den ganzen Tag spielen. Er saß vor der Hütte und spielte mit den kleinen weißen Steinen, die ihm der Vater vom Fluss gebracht hatte. Er sah den Vögeln zu und den kleinen Affen, die aus dem Urwald kamen.
Eines Tages sagte der Vater: „Tiki ist nun groß genug; er darf uns bei der Arbeit helfen." Da freute sich Tiki. Er lief dreimal um die Hütte, so vergnügt war er, und er rief allen Vögeln und allen kleinen Affen zu: „Hört, ich bin groß genug! Ich darf dem Vater und der Mutter helfen. Der Vater hat es gesagt!"
 Der Vater brachte eine kleine Ziege. Ihr Fell war schneeweiß, ihre kleinen Hufe wa-

ren schwarz, ihr Maul war weich und rosa. Der Vater sagte: „Die kleine weiße Ziege darf nicht in den Urwald laufen. Im Urwald wohnt der gefährliche schwarze Panther. Gib auf die kleine Ziege Acht, kleiner Tiki!"

Tiki führte die kleine weiße Ziege auf die Wiese vor der Hütte und sagte: „Du darfst nicht in den Urwald laufen, kleine weiße Ziege! Im Urwald wohnt der gefährliche schwarze Panther. Im Urwald kannst du dich verirren und wirst den Weg nach Hause nicht mehr finden, kleine Ziege!"

Tiki hütete die kleine weiße Ziege. Er war ein guter Hirte. Der Vater wird mich loben, die Mutter wird mich loben, dachte Tiki stolz. Doch die Sonne schien sehr warm, und Tiki wurde schläfrig. Ich darf nicht schlafen, dachte Tiki, ich will nur ein Auge zumachen. Aber da hatte er schon beide zugemacht und schlief. Tiki schlief sehr fest.

Als er aufwachte, war die kleine Ziege fort. Tiki erschrak. Er hatte dem Vater versprochen, die kleine weiße Ziege zu hüten. Und nun war die kleine Ziege fort! „Kleine Ziege!", rief Tiki. „Komm zurück, kleine Ziege!" Tiki suchte in der Hütte, Tiki suchte unter den großen Palmenbäumen, Tiki suchte unter den wilden Rosenbüschen, aber die kleine Ziege war nicht zu finden.

Aus dem Urwald kamen die Papageien geflogen. Sie hatten rote und grüne und blaue Federn. Ihre Schnäbel waren sehr groß. Papageien schwätzen immer. Sie können nicht eine Minute schweigen. Tiki fragte: „Habt ihr meine kleine Ziege gesehen? Meine kleine weiße Ziege?" Aber es war wie immer. Die Papageien schwätzten nur, sie gaben keine Antwort. „Ihr sollt euch schämen!", sagte Tiki. Aber, ach, auch er musste sich schämen! Er hatte geschlafen, er hatte die kleine Ziege nicht gehütet. Der Vater wird traurig sein, und die Mutter wird auch traurig sein.

Ein schöner Kranich flog über die Hütte. Er hatte eine Krone aus gelben Federn auf seinem Kopf. „Hast du meine kleine Ziege gesehen, meine kleine weiße Ziege?“, rief Tiki. Aber der Kranich flog sehr hoch. Er konnte nicht hören, was Tiki rief. Tiki musste in den Urwald gehen und die kleine weiße Ziege suchen. Im Urwald waren viele Bäume. Ihre Blätter, Zweige und Äste waren so dicht, dass er die Sonne nicht mehr sehen konnte. Es war dunkel, als ob es schon Abend wäre. Und es war nicht einmal noch Mittag!

Auf einem Ast lag der große schwarze Panther und schlief. Tiki blieb stehen. Er sah ängstlich zu dem ruhenden Panther hinauf. Der schwarze Panther öffnete träge eines seiner großen gelben Augen. Er blinzelte und schloss das Auge wieder. Tiki ging ganz leise weiter, um den schwarzen Panther nicht zu stören. Nie weiß man bei einem schwarzen Panther, wie groß sein Hunger ist. Man weiß nie, ob er schon sein Mittagmahl gefressen hat. Es ist besser, vorsichtig zu sein. Vielleicht, so fürchtete Tiki, möchte er die kleine weiße Ziege doch fressen.

Tiki ging weiter und kam zu den Meerkatzen. Sie saßen in den Zweigen und aßen Bananen. Meerkatzen sind kleine Affen. Ihr Fell ist schwarzgrau, und auf dem Kopf haben sie einen roten Fleck. „Meerkatzen“, sagte Tiki, habt ihr meine kleine Ziege gesehen?“ Die Meerkatzen aber verstanden ihn nicht. Was war mit der kleinen weißen Ziege geschehen?

Die kleine weiße Ziege war allein im Urwald. Sie fürchtete sich sehr und meckerte kläglich. Tiki hörte es, fing zu laufen an und entdeckte seine kleine weiße Ziege. „Kleine Ziege, oh, kleine Ziege!“, rief Tiki. Er legte seine Arme um ihren weißen Hals und streichelte ihr weißes Fell. Tiki war glücklich. Die kleine Ziege meckerte fröhlich. Tiki sagte aber sehr streng: „Kleine Ziege, du darfst nie wieder in den Urwald laufen!“ Dann fasste er die kleine Ziege am weißen Fell und führte sie zur Hütte zurück. Nun flocht Tiki eine bunte Schnur und legte sie um den Hals der kleinen weißen Ziege. Jetzt konnte sie nicht mehr fortlaufen.

Tiki war glücklich. Auch Vater und Mutter waren froh. Die frischen warmen Maisbrote schmeckten ihnen diesmal besonders gut.

Käthe Recheis

Der Affe

Der Urwald ist der rechte Ort,
da kann er turnen, fort und fort.
Jetzt schaukelt er – ja schau, er kann's! –
gehängt an nichts als seinen Schwanz.

Josef Guggenmos

Peter und der Wolf

Früh am Morgen öffnete Peter die Gartentür und trat hinaus auf die große grüne Wiese. Auf einem hohen Baum saß Peters Freund, ein kleiner Vogel. „Wie still es ringsum ist“, zwitscherte der Vogel fröhlich. Aus dem Gebüsch am Zaun kam eine Ente angewatschelt. Sie freute sich, dass Peter die Gartenpforte offen gelassen hatte, und beschloss, im Teich auf der Wiese zu baden. Als der kleine Vogel die Ente sah, flog er zu ihr hinunter, setzte sich neben sie ins Gras und plusterte sich auf. „Was bist du für ein Vogel, wenn du nicht fliegen kannst“, sagte er. „Was bist du für ein Vogel, wenn du nicht schwimmen kannst“, erwiderte die Ente und plumpste ins Wasser. So stritten sie lange miteinander. Die Ente schwamm auf dem Teich, und der kleine Vogel hüpfte am Ufer hin und her. Plötzlich machte Peter große Augen: Er sah die Katze durch das Gras schleichen. Der Vogel streitet sich mit der Ente, dachte die Katze, da werde ich ihn mir gleich fangen. Und lautlos schlich sie auf Sammetpfoten näher. „Hüte dich!“, rief Peter, und augenblicklich flog der Vogel auf den Baum. Die Ente, die mitten auf dem Teich schwamm, quakte die Katze böse an. Die Katze ging um den Baum herum. Lohnt es sich, so hoch hinaufzuklettern? dachte sie. Wenn ich oben bin, ist der Vogel doch schon weggeflogen.

Der Großvater kam heraus. Er ärgerte sich über Peter, der auf die Wiese gegangen war und die Gartenpforte offen gelassen hatte. „Das ist gefährlich", sagte er. „Wenn nun der Wolf aus dem Wald kommt, was dann?" Peter achtete nicht auf des Großvaters Worte. Jungen wie er haben doch keine Angst vor dem Wolf! Aber der Großvater nahm Peter bei der Hand, machte die Gartenpforte fest zu und ging mit ihm ins Haus.

Wahrhaftig – kaum war Peter fort, da kam aus dem Wald der riesengroße, graue Wolf. Flink kletterte die Katze auf den Baum. Die Ente schnatterte und kam aufgeregt aus dem Wasser heraus. Aber so schnell sie auch lief, der Wolf war schneller. Und er kam näher und näher, er erreichte sie, packte sie und verschlang sie. Und nun sah es so aus: Auf einem Ast saß die Katze, auf einem anderen der Vogel – weit genug weg von der Katze. Und der Wolf ging um den Baum herum und starrte sie mit gierigen Blicken an. Peter stand hinter der geschlossenen Gartenpforte, sah alles, was da vorging, und hatte nicht die geringste Angst. Er lief ins Haus, holte ein dickes Seil und kletterte auf die Gartenmauer. Ein Ast des Baumes, um den der Wolf herumlief, reckte sich über die Mauer. Peter ergriff ihn und kletterte daran geschickt

in den Baum hinüber. „Flieg hinab“, sagte Peter zu dem kleinen Vogel, „und dem Wolf immer dicht an der Nase vorbei, aber sei vorsichtig, dass er dich nicht fängt.“ Mit den Flügeln berührte der Vogel fast die Nase des Wolfes, während der Wolf wütend nach ihm schnappte, aber immer vergebens. Ach, wie der kleine Vogel den Wolf ärgerte, und wie der Wolf ihn zu fangen versuchte! Aber der Vogel war geschickter, und der Wolf konnte nichts ausrichten. Inzwischen hatte Peter eine Schlinge gemacht und ließ sie behutsam hinunter. Er fing den Wolf am Schwanz und zog die Schlinge zu. Als der Wolf merkte, dass er gefangen war, sprang er wild umher und versuchte, sich loszureißen. Aber Peter hatte das andere Ende des Seils am Baum festgemacht, und je wilder der Wolf umhersprang, um so fester zog sich die Schlinge um seinen Schwanz zusammen.
Da kamen die Jäger aus dem Wald. Sie waren dem Wolf auf der Spur und schossen mit ihren Flinten nach ihm. „Es lohnt sich nicht mehr zu schießen“, rief Peter vom Baum herab. „Der kleine Vogel und ich haben den Wolf schon gefangen! Helft uns nun, ihn in den Zoo zu bringen.“ Und nun stellt euch den Triumphzug vor: Peter vorneweg. Hinter ihm die Jäger mit dem grauen Wolf. Am Schluss des Zuges der Großvater mit der Katze. Der Großvater schüttelte missbilligend den Kopf und sagte: „Aber wenn nun Peter den Wolf nicht gefangen hätte – was dann?“ Über ihnen flog der kleine Vogel und zwitscherte: „Seht nur, was wir beide, Peter und ich, gefangen haben!“ Und wenn man ganz genau hinhört, kann man die Ente im Bauch des Wolfes schnattern hören, denn der Wolf hatte sie in der Eile lebendig hinuntergeschluckt.

Sergej Prokofjew

Der kleine Schwimmer

Jeden Tag geht Hugo ins Bad. Er lernt dort schwimmen. Bald kann er richtig schwimmen. Darum ist er so stolz.
Eines Tages sagt der Vater: „Ich meine, jetzt kannst du doch schwimmen wie ein Fisch im Wasser!"
„Noch viel besser!", gibt Hugo zur Antwort.
„Wieso noch viel besser?", fragt der Vater erstaunt.
„Weißt du, Vater, ich kann auf dem Rücken schwimmen, das können die Fische nicht!"

Wilhelm Straub

Der kleine Junge und sein Geheimnis

Eines Tages ging ein kleiner Junge früher als sonst von der Schule nach Hause; er hatte nämlich ein Geheimnis, das er seiner Mutter erzählen wollte. Deshalb hatte er es eilig, nach Hause zu kommen, und wählte den kürzesten Weg durch die Wälder.

 Er war noch nicht weit gelaufen, da begegnete er einem Riesen. Der stand mitten im Weg. Als der Riese den Jungen sah, stemmte er die Hände auf die Hüften und schrie: „Was machst du denn hier, Junge, he? Weißt du nicht, wem die Wälder gehören?“ „Ich bin auf dem Wege nach Hause“, sagte der Junge. „Ich habe nämlich ein Geheimnis, das muss ich meiner Mutter erzählen.“ Das machte den Riesen wütend. „Ein Geheimnis?“, bellte er. „Was für ein Geheimnis ist das?“ „Das kann ich dir doch nicht sagen“, antwortete der Junge, „dann wäre es ja kein Geheimnis mehr.“ „Dann nehme ich dich mit auf unsere Burg“, sagte der Riese, und er beugte sich hinunter und stopfte den Kleinen in die Tasche seiner Jacke.

Nicht lange danach traf der erste Riese auf einen zweiten. Der war zweimal so groß wie der erste Riese, dreimal so garstig und viermal so gemein. „Was ist das in deiner Tasche?“, fragte er den ersten Riesen. „Ein Junge“, antwortete der. „Sagt, er hätte ein Geheimnis, das will er uns aber nicht sagen.“ Als der zweite Riese das hörte, lachte er ein boshaftes Lachen. „Will's uns nicht sagen, eh?“ kicherte er, „das wollen wir doch mal sehen! Ab in die Burg mit ihm!“

Die Riesen trampelten den Weg entlang. Nach kurzer Zeit kamen sie an eine riesige Burg am Ufer eines dreckigen Flusses. An der Tür trafen sie den dritten Riesen. Der war fünfmal so groß wie der zweite Riese, sechsmal so garstig und siebenmal so gemein. „Was ist das in deiner Tasche?“, fragte er den ersten Riesen. „Ein Junge“, antwortete der. „Ein Junge?“, kicherte der dritte Riese. Er näherte sein riesiges Auge der Tasche und blickte hinein. „Sagt, er hätte ein Geheimnis und will's nicht verraten“, sagte der erste Riese. Als der dritte Riese das hörte, lachte er ein ganz schreckliches Lachen. „Will's uns nicht sagen, eh?“, fragte er laut, „das wollen wir doch gleich mal sehen! Auf den Tisch mit ihm!“ Der erste Riese nahm den Jungen aus der Tasche und stellte ihn auf den Küchentisch. Die drei Riesen drängten sich um ihn und starrten auf ihn hinab. Der kleine Junge schaute auf den ersten Riesen. Er schaute auf den zweiten Riesen. Er schaute auf den dritten Riesen. Sie waren wirklich enorm und sahen ganz niederträchtig aus.

„Nun?“, fragte der erste Riese. „Wir warten!“, sagte der zweite Riese. „Ich zähle bis drei“, sagte der dritte Riese, „eins . . . zwei . . .“ Der kleine Junge seufzte einen tiefen Seufzer. „Also, in Ordnung“, sagte der Junge, „ich denke, ich kann's euch erzählen. Aber wenn ich's tue, müsst ihr mir versprechen, mich laufen zu lassen.“ „Wir versprechen's“, sagten die Riesen. Aber sie zwinkerten einander zu und kreuzten die Finger hinter ihren Rücken (damit das Versprechen nicht gilt); denn sie dachten natürlich gar nicht daran, den Kleinen laufen zu lassen.

Der kleine Junge wandte sich zum ersten Riesen. „Komm herunter“, sagte er. Als der Riese sich niederbeugte, flüsterte ihm der Junge etwas ins Ohr. Kaum hatte der Riese das Geheimnis gehört, sprang er vom Tisch weg. Seine Knie schlotterten. Seine Zunge hing herab. „Oh, nein!“, schrie er, „das ist ja entsetzlich!“ Er stürmte aus der Burg, rannte tief in die Wälder und kletterte auf die Spitze des allerhöchsten Baumes. Drei Tage lang kam er nicht mehr herunter.

Finster blickte der zweite Riese auf den Jungen. „Ist was nicht in Ordnung mit dem?“, fragte er. „Macht nichts“, sagte der kleine Junge, „komm, beug dich herunter.“ Als dieser Riese sich hinabbeugte, stellte sich der Junge auf die Zehenspitzen und flüsterte etwas in das riesige Ohr. Kaum hatte der Riese das Geheimnis gehört, sprang er so hastig auf, dass der Stuhl hintenüber kippte. Seine Augen rollten. Seine Ohren flatterten. „Wie furchtbar!“, brüllte er. Und er raste aus der Burg, sauste über den Hügel und kroch in die tiefste und dunkelste Höhle, die er finden konnte.

Grimmig starrte der dritte Riese auf den kleinen Jungen. „Ist was nicht in Ordnung mit denen?“, fragte er. „Macht nichts“, sagte der Junge, „komm, beug dich herunter.“ Als der Riese sich niederbeugte, kletterte der Junge auf eine Teetasse und flüsterte etwas in das Riesenohr. Kaum hatte dieser Riese das Geheimnis gehört, sprang er so schnell auf, dass er sich hinten die Hose zerriss. Seine Zähne klapperten. Seine Haare standen ihm zu Berge. „Hilfe!“, schrie er, „zu Hilfe!“ Und er jagte aus der Burg und stürzte sich kopfüber in den dreckigen Fluss.

Das Burgtor war offen geblieben, und da die Riesen ja versprochen hatten, ihn laufen zu lassen, ging der Junge nach Hause.

Er sagte seiner Mutter sein Geheimnis, aber sie fing nicht an zu schreien, und sie rannte auch nicht weg. Sie legte den Jungen zu Bett und brachte ihm das Abendessen. „Nun kann ich ja allen mein Geheimnis erzählen“, sagte er lächelnd. „Mein Geheimnis war ... ich kriege die Masern!“

David L. Harrison

Wenn das Kind an Schelmereien, Übertreibungen und Lügengeschichten Freude zeigt,...

begeistern es Geschichten, die es ihm ermöglichen, Scherz und Ernst zu durchschauen.

Schon in den Spielen von Angesicht zu Angesicht liebte das Kind das spaßhafte Rütteln und Schütteln, das neckende Berühren seiner Nasenspitze; es war erfreut, bei den Kniereiterliedchen und gereimten Geschichten als Müllers Sackerl hinters Tor geworfen zu werden, von Vaters Knie herunterzugleiten und in den Sumpf zu plumpsen. In der Atmosphäre des Vertrauens, der Geborgenheit und des Wohlwollens fanden schon die Jüngsten an derartigen Spielen sehr viel Gefallen, ohne die Worte und die Reimereien, von denen dieses Tun begleitet wird, zur Gänze zu verstehen.

Spaß und Schelmerei begleiten schon die Reimereien für die Jüngsten

In dem Maße, in dem Kinder durch eigenes Beobachten und sachliche Informationen vielerlei Kenntnisse erworben haben, wissen, was „wirklich" ist, steigert sich ihre Fähigkeit, Scherz und Ernst zu unterscheiden, Lügen und Unsinn zu durchschauen, einer Schelmerei auf die Spur zu kommen. Gelingt ihnen dies, sind sie stolz darauf, als die Klugen zu gelten. Viele Kinder überraschen sogar damit, dass sie ihnen Bekanntes und Wohlvertrautes spielerisch ausgestalten und umgestalten; sie übertreiben, kombinieren spaßhaft Mögliches und Unmögliches, haben eine besondere Freude am Fabulieren.

Schon früh kann das Kind Scherz und Ernst unterscheiden, Unsinn durchschauen, Mögliches und Unmögliches kombinieren

Im Folgenden wird eine Reihe von Geschichten angeführt, die der Freude der Kinder an Schelmereien, Übertreibungen und Lügengeschichten entgegenkommen. Diese Erzählungen wollen zugleich aber auch zeigen, wodurch in Geschichten für Kleinkinder eine spaßhafte Wirkung entstehen kann. Zunächst wirkt auf Kinder ein für sie leicht durchschaubares Übertreiben ansprechend, beispielsweise, wie es bei „Räubers" zugeht: Die Kinder beschmieren sich von oben bis unten mit Schmutz, fahren sich mit dem Besen ins Gesicht, statt die Zähne zu putzen, beißen sich gegenseitig die Nase ab und anderes mehr.

Spaßhafte Wirkung kommt durch Übertreibung zustande

Übertreibungen anderer Art kommen zustande, wenn in einer Geschichte dem Kinde geläufige Größenverhältnisse abgeändert sind; etwa im Lande der Riesen die Mädchen mit Stangen stricken, die Vögel mit Schlangen gefüttert werden, im Lande der Zwerge dagegen eine Maus als Elefant gilt, ein Fingerhut als Haus dient.

Spaßhafte Wirkung entsteht durch Veränderung vertrauter Größenverhältnisse

Bei anderen Erzählungen beruht die spaßhafte Wirkung darauf, dass einer als besonders gescheit gelten will, dabei aber Tatsachen übersieht, die den kleinen Zuhörern längst bekannt und vertraut sind. Wenn der Bauer in der Geschichte „Drei Kranzkuchen und ein Butterkeks" auch weiterhin davon überzeugt ist, dass es besser gewesen wäre, seinen Hunger gleich mit einem Butterkeks zu stillen, werden die Kinder vergnügt feststellen: Es ist kein Wunder, dass er mit einem Butterkeks satt wird, hat er doch vorher schon drei Kranzkuchen verspeist.

Spaßhafte Wirkung beruht auch darauf, dass einer längst Bekanntes übersieht

Desgleichen beruht die spaßhafte Wirkung auf dem Durchschauen einer Täuschung, wie etwa in „Michel und die Gurken", oder in der Geschichte vom Huhn und dem Auto, wo die Henne sich rühmt, ein Auto angehalten zu haben.

Durchschauen von Täuschungen kann Spaß bewirken

Lügengeschichten sind durch Kombinieren unmöglicher Zusammenhänge besonders reizvoll

Einen besonderen Reiz hat das spaßhafte Kombinieren von nicht nur unwahrscheinlichen, sondern auch völlig unmöglichen Zusammenhängen, wovon in den Lügengeschichten ausgiebig Gebrauch gemacht wird. In ihnen darf berichtet werden, dass eine Kuh im Schwalbennest sitzt, der Esel übers Haus fliegt, die Frau sich auf dem Teppich zusammenrollen muss, weil das Katzenvieh allein im Bett liegt, und der Räubervater sich neue Kinder klaut, wenn die Räuberkinder kaputt sind.

Schelmereien mit Schelmereien beantworten, ohne dass einer dem anderen böse ist

Schließlich haben es Kinder gern, davon zu hören, wie Schelmerei mit Schelmerei beantwortet werden kann, ohne dass einer dem anderen böse ist. So nimmt es beispielsweise in der Geschichte „Spaß mit Onkel Sebastian" der Onkel dem Zwieselchen nicht krumm, ihm eine stachelige Kastanie in die Manteltasche gesteckt zu haben. Im Gegenteil, auch er lässt sich eine Schelmerei einfallen, die er geschickt mit viel Geheimnis umgibt. Dass es deshalb dem Zwieselchen lange nicht gelingt, den Aufsitzer zu durchschauen, wird den Zuhörern nur noch größeren Spaß bereiten.

Die kleine vergessliche Frau

Es war einmal eine kleine alte Frau, die lebte mit ihrer Katze ganz allein in einem kleinen Haus. Sie war immer froh und glücklich. Nur einen großen Kummer hatte sie. Nie konnte sie sich daran erinnern, wohin sie ihre Sachen gelegt hatte.
„Wenn ich meine Brille in die Teekanne lege, fällt es mir bestimmt wieder ein, wohin ich sie getan habe", sagte sie. Aber als sie die Brille brauchte, hatte sie wieder vergessen, wohin sie sie gelegt hatte, und so musste sie im ganzen Hause suchen, ehe sie die Brille fand. Genauso musste sie überall herumsuchen, bevor es ihr wieder einfiel, dass sie ihr Strickzeug in den Nistkasten gesteckt hatte. „Ich begreife nicht, wie ich solch einen schönen Platz vergessen konnte", sagte die kleine alte Frau. „Das nächste Mal muss ich eben versuchen, mir einen noch besseren Platz auszudenken."
Eines Tages beschloss sie, zum Markt zu fahren. Sie zog ihr bestes Kleid an und setzte ihren Sonntagshut auf. Dann ging sie aus dem Haus, machte die Tür hinter sich zu und schloss ab. „Wohin soll ich den Schlüssel legen?", sagte sie. Sie überlegte und überlegte. „Nun weiß ich es", rief sie. „Ich lege ihn in den Blumentopf."
„Vielleicht vergesse ich, in welchen Blumentopf ich den Schlüssel gelegt habe", dachte sie dann. „Ich werde den Blumentopf an einen besonderen Platz stellen."
Dann nahm die kleine alte Frau den Blumentopf und stellte ihn in eine Holzkiste. Die Kiste gab sie auf den alten Wagen, der im Wagenschuppen stand.
Nun ging sie zum Nachbarn und lieh sich ein Pferd. Sie nahm das Pferd mit nach Hause, spannte es an und setzte sich auf den Wagen. Dann schnalzte sie mit der Zunge, das Pferd begann zu laufen, und los ging es zum Markt.
Der Weg zur Stadt war lang. Als sie endlich ankam, waren da viele, viele Menschen, die auch zum Markt wollten. „Wenn ich nur wüsste, wo ich das Pferd anbinden kann", sagte die kleine alte Frau. „Und wie in aller Welt soll ich mir dann merken, wo es steht?"
Die kleine alte Frau sah über den Marktplatz hin auf all die Verkaufsbuden, Ringelspiele, Schaukeln und Menschen. „Ich glaube wirklich nicht, dass ich mich hier zurechtfinde in diesem Durcheinander", sagte sie. „Was für ein Gewühl! Du liebe Zeit, da könnte ich ja verlorengehen!" Die kleine alte Frau wendete das Pferd und fuhr wieder nach Hause. Sie malte sich aus, wie schön es sein würde, ihr kleines, hübsches Häuschen wieder zu sehen, und sie träumte von einer guten Tasse Kaffee in ihrer gemütlichen, kleinen Küche mit den Blumen vor dem Fenster. Sie stellte den Wagen in den Schuppen, führte das Pferd in seinen Stall und ging zu ihrem kleinen Haus. „Ach du meine Güte! Der Schlüssel!", rief die kleine alte Frau. „Wohin hab ich doch den Schlüssel gelegt?" Sie überlegte und überlegte. Zuletzt fiel ihr der Blumentopf ein. „Der Blumentopf, ja!", sagte die kleine alte Frau.

„Nun weiß ich es!“ Aber wo war der Blumentopf? Die kleine alte Frau überlegte wieder und wieder. Endlich fiel ihr ein, dass sie die Kiste auf den Wagen gestellt hatte. Sie lief in den Wagenschuppen. Da stand der Wagen, und auf dem Wagen stand die Kiste. Da stand die Kiste, und in der Kiste stand der Blumentopf. Da stand der Blumentopf, und in dem Blumentopf waren: eine Pflanze mit roten Blüten, eine ganze Menge Erde, eine kleine Raupe – und weiter nichts. Kein Schlüssel. Kein Schlüssel!
„Oh“, sagte die kleine alte Frau. „Oh, vielleicht habe ich ihn in die Tasche gesteckt, während ich darüber nachdachte, wohin ich ihn legen könnte.“
Und denk dir – genauso war es auch. *Janet Beattie*

Die Geschichte von der fetten Katze

Eine Frau hatte eine Katze. Erst war das ein niedliches Kätzchen, ein Spielkätzchen mit einem schwarzen Flecken auf der Nase. Die Frau war ganz verliebt in das Tier. Sie ließ es nachts in ihrem Bett schlafen, sie bürstete ihm jeden Morgen das Fell mit Haarwasser und band ihm rosa Schleifen um den Hals. Sie fütterte das Kätzchen mit Hackfleisch und Leber, mit Eiern, Schlagsahne und gekochtem Fisch.
Aus dem Kätzchen wurde eine große Katze, die fauchte und kratzte, wenn sie nicht bekam, was sie wollte. Aber das fand die Frau nur drollig, und immer noch durfte die Katze in ihrem Bett schlafen.
Die Katze wurde immer größer und dicker und ließ sich von der Frau bedienen. Bald soff sie zum Frühstück zwei Liter Milch mit Vitamintropfen, und mittags fraß sie fünf Koteletts, paniert und gebraten. Die Frau durfte nur die Knochen abnagen. Sie wurde immer magerer und blasser, und die Katze wurde immer fetter und wuchs und wuchs, bis sie so groß wie ein Kalb war.
Nun schlief das Katzenvieh allein im Bett, und die Frau musste sich auf dem Teppich zusammenrollen. *Ursula Wölfel*

Bei Räubers

Bei Räubers geht es so zu:
Wenn die Räuberkinder aufgewacht sind, waschen sie sich nicht etwa, nein, sie schmieren sich von oben bis unten mit Dreck voll. Sie kämmen sich auch nicht etwa, sondern stecken die Haare in den Honigtopf. Und sie putzen sich nicht etwa die Zähne mit der Zahnbürste, nein, sie bürsten sich gegenseitig mit dem großen Besen über das Gesicht.

Wenn es bei Räubers was zu essen gibt, setzen sich die Räuberkinder nicht etwa schön ordentlich an den gedeckten Tisch, nein, als Erstes reißen sie das Tischtuch mit allem Geschirr herunter. Wenn dann noch ein Teller heil ist, werfen sie ihn die Treppe hinunter, und die Messer, Gabeln und Löffel werfen sie aus dem Fenster. Sie machen aber nicht etwa vorher die Fenster auf, nein, alles fliegt durch die Scheiben, die in tausend Scherben zerspringen.
Die Räuberkinder brauchen auch nicht zur Schule zu gehen, und sie haben auch keine schönen Spielsachen zum Spielen. Nein, die Räuberkinder hauen sich gegenseitig, sie schreien so laut wie die Löwen, sie reißen sich die Haare, die Arme und die Beine aus und beißen sich gegenseitig die Nase ab. Und wenn die Räuberkinder kaputt sind, klaut der Räubervater sich neue.

Heinrich Hannover

Der Zauberpfiff

An einem Sonntagmorgen im August machen Vater und Mutter und Florian mit dem Vorortzug einen Ausflug nach Butzelbach. Dort wohnt Tante Hilde. Sie ist die beste Köchin von Butzelbach. Florian hat Tante Hilde gern, nicht nur wegen der Braten und Obstkuchen, die es bei ihr gibt.

Zum Geburtstag bekam Florian eine Schirmmütze geschenkt. Sie ist knallgelb. Wenn Florian aus dem Haus geht, muss er sie aufsetzen, weil Vater und Mutter sie schön finden. Gern setzt er sie nicht auf. Aber das verrät er nicht, weil sie ein Geburtstagsgeschenk ist.

Natürlich hat Florian auch im Zug nach Butzelbach die knallgelbe Schirmmütze auf, wie angegossen sitzt sie auf seinem Kopf. Im Zugabteil sind die drei allein. Es ist noch früh, aber schon schwül. Da sagt Vater: „Stört es euch, wenn ich das Fenster ein wenig aufmache?" „Weit aufmachen!", sagt Florian sofort. Auch Mutter hat nichts dagegen, weil sie mit dem Rücken zur Fahrtrichtung sitzt. Florian hat den Fensterplatz ihr gegenüber, der Vater sitzt neben ihm.

Kaum ist die Scheibe heruntergelassen, streckt Florian den Kopf aus dem Fenster. „Pass auf, Florian", sagt die Mutter, „dir kann was ins Auge fliegen." „Ist doch eine E-Lok", sagt Florian, „da gibt's keinen Ruß." Der Kopf bleibt draußen.

Der Vater sagt nichts, aber mit einem Griff lässt er Florians Mütze hinter seinem Rücken verschwinden. Plötzlich flattern Florians Haare; er schreit: „Weg ist sie! Die Mütze ist weg – im Wind!" „Das hast du nun davon!", sagt die Mutter. „Hab ich eben keine mehr", sagt Florian und drückt sich in die Ecke. „Brauch auch keine!"

Da stupst ihn der Vater an und sagt: „Falls du sie wiederhaben möchtest – ich wüsste da einen Pfiff." „Was für einen Pfiff?" Florian sieht den Vater groß an. „Einen Zauberpfiff", sagt der Vater, „wenn ich pfeife, kommt sie zurück, deine schöne Mütze." „Glaub ich nicht", sagt Florian. „Eine Bedingung ist dabei", sagt der Vater. „Du musst die Augen fest zumachen, solange ich den Zauberpfiff pfeife." „Mach ich", verspricht Florian, macht die Augen zu und hält auch noch beide Hände davor.

Der Vater pfeift einen langen Pfiff – wie eine Lokomotive. Dann sagt er: „Augen auf!" Die Mutter hält Florian einen Taschenspiegel vor die Augen: Die Mütze sitzt auf seinem Kopf. „Da ist sie wieder!", schreit er. „War ja auch ein Zauberpfiff", sagt der Vater, „da muss sie zurückkommen." „Einfach toll, was du kannst!" sagt Florian, feuert die Mütze aus dem Fenster, hält sich beide Augen zu und sagt: „Nochmal den Zauberpfiff, bitte!"

Hans Baumann

Verdrehte Geschichten

„Es war einmal ein kleines Mädchen, das hieß Gelbkäppchen. . ." „Nein, Rotkäppchen." „Ach so, Rotkäppchen. Eines Tages sagte die Mutter: Hör zu, Grünkäppchen . . ." „Nicht doch, Rotkäppchen." „Aber ja, Rotkäppchen. Geh zu Tante Elvira und bring ihr diese Kartoffelschale . . ." „Falsch! Geh zur Großmutter und bring ihr diesen Kuchen." „Schon gut. Das Mädchen ging in den Wald und begegnete einer Giraffe . . ." – „Was für ein Unsinn! Sie begegnete dem Wolf und nicht einer Giraffe." „Und der Wolf fragte: Wieviel ist sechs mal acht?" „Stimmt ja gar nicht. Der Wolf fragte: Wo gehst du hin?" „Schon recht. Und Schwarzkäppchen erwiderte..." „Das Mädchen hieß Rotkäppchen. Rot, rot!" „Richtig. Es antwortete: Ich gehe in die Markthalle, Tomatenketchup kaufen." „Unsinn! Ich gehe zur kranken Großmutter, bin jedoch vom Weg abgekommen." „Ach so. Und das Pferd sagte . . ." „Was für ein Pferd? Es war doch der Wolf." „Natürlich. Und der Wolf sagte: Nimm die Straßenbahn fünfundsiebzig, steig Rathausplatz aus und biege rechts ab. Du wirst drei Stufen und einen Groschen sehen. Kümmere dich nicht um die drei Stufen, sondern heb den Groschen auf und kauf dir einen Kaugummi dafür."

„Opa, du kannst keine Märchen erzählen, du wirfst alles durcheinander. Den Kaugummi kaufst du mir aber trotzdem." „Schon gut. Hier hast du deinen Groschen." Und der Großvater vertiefte sich wieder in seine Zeitung.

Gianni Rodari

Die Geschichte vom Huhn und dem Auto

Einmal waren drei Hühner auf der Straße, die haben da so herumgescharrt und gepickt und gegackelt und an gar nichts gedacht. Da ist ein Auto gekommen. Das eine Huhn ist zum Straßengraben gerannt, und das andere ist über den Zaun geflattert. Das dritte Huhn hat nicht gewusst, was es tun sollte. Erst ist es ein Stück am Zaun hochgeflattert, dann ist es quer über die Straße zum Graben gerannt. Da hat der Mann im Auto gehupt, und das Huhn ist erschrocken und hat sich umgedreht und ist wieder zum Zaun gerannt und wieder zum Graben und wieder zum Zaun, immer hin und her. Der Mann im Auto hat gehupt und gehupt. Da ist das Huhn vor Angst mitten auf der Straße weitergerannt, immer geradeaus, und das Auto ist hinter ihm hergefahren, und der Mann hat gehupt und gehupt, immer lauter. Das Huhn wollte schnell wieder andersherum rennen, es hat sich umgedreht und ist dem Auto entgegengelaufen. Aber da ist es so erschrocken, dass es sich hinsetzen musste. Es hat den Kopf eingezogen und die Augen zugemacht. Der Mann wollte das Huhn nicht überfahren, er hat das Auto angehalten. Und das Huhn ist aufgestanden und ganz gemütlich in den Hof zu den anderen Hühnern spaziert. Es hat den Kopf gereckt und große, stolze Schritte gemacht. „Gook! Gook!", hat es gerufen. Das sollte heißen: „Da seht mich an! Ich habe das große Auto angehalten! Ich!"

Ursula Wölfel

So geht es im Lande der Riesen

So geht es im Lande der Riesen:
Da nähen die Schneider mit Spießen,
da stricken die Mädchen mit Stangen,
da füttert man Vögel mit Schlangen,
da malen mit Besen die Maler,
da macht man wie Kuchen die Taler,
da schießt man die Mücken mit Pfeilen,
da webt man die Leinwand aus Seilen.

Volksgut

So ist es im Lande der Zwerge

So ist es im Lande der Zwerge:
Ameisenhaufen sind da Berge,
das Sandkorn ist ein Felsenstück,
der Seidenfaden ist ein Strick,
die Nadel ist da eine Stange,
ein Würmlein ist da eine Schlange,
als Elefant gilt da die Maus,
der Fingerhut ist da ein Haus,
die Fenster sind wie Nadelöhre,
ein Glas voll Wasser wird zum Meere,
der dickste Mann ist dünn wie Haar,
der Augenblick ist da ein Jahr.

Volksgut

Spaß mit Onkel Sebastian

Onkel Sebastian machte sehr viel Spaß mit dem Zwieselchen, und darum freute sich das Zwieselchen sehr, wenn er zu Besuch kam. Aber Onkel Sebastian kam nicht sehr oft, weil er in einer anderen Stadt wohnte und außerdem sehr viel reiste. Wenn er aber kam, dann brachte er immer etwas mit.

Onkel Sebastian war der Bruder von Zwieselchens Mutter und hieß mit seinem anderen Namen Doktor Frieselmeyer. Aber seine Freunde sagten bloß „Frieselchen" zu ihm, und das passte ja auch sehr gut mit Zwieselchen zusammen.

Obwohl Onkel Sebastian ein Onkel und ein Doktor war, war er doch kein Onkel Doktor, darüber wunderte das Zwieselchen sich manchmal. Weil es aber noch mehr Dinge gibt, über die das Zwieselchen sich wunderte, so wollen wir es ruhig sich wundern lassen.

Eines Tages, als Onkel Sebastian zum Mittagessen da war, dachte das Zwieselchen: Neulich hat Onkel Sebastian mit mir Spaß gemacht, heute will ich mit ihm Spaß machen. Und weil das Zwieselchen es sich sehr lange überlegte, zuerst bei der Suppe und dann beim Roastbeef und dann noch einmal beim Obstsalat, darum fiel ihm schließlich auch etwas ein.

Der Herbst hatte schon angefangen, und wenn das Zwieselchen vom Kindergarten nach Hause ging, dann hob es sich unterwegs immer Kastanien auf. Darunter war an diesem Tage auch eine gewesen, die noch in ihrer grünen Schale mit den spitzen Stacheln steckte. Gleich nach dem Essen ging das Zwieselchen ins Vorzimmer und warf diese Kastanie in Onkel Sebastians Manteltasche und dachte dabei: Wenn er hineingreift, dann werden ihn die Stacheln ein bisschen in die Finger stechen, und dann habe ich auch einmal mit ihm Spaß gemacht.

Als Onkel Sebastian am übernächsten Tag wieder kam, sagte er: „Du, Zwieselchen, ich muss dir etwas sehr Sonderbares erzählen. Als ich neulich zu euch ging, da kam ich an einem Garten vorbei, darin arbeitete ein Gärtner. Der Gärtner hob gerade seine Schaufel, da blies der Wind darüber hin und trug ein bisschen Erde von der

Schaufel zu mir auf die Straße. Dabei ist ein ganz, ganz klein wenig Erde in meine Manteltasche geraten. Ich glaube aber, in dieser Erde müssen Samen gewesen sein, und so fing es an zu wachsen. Weil mein Mantel aus besonders gutem Stoff ist, so wuchs es besonders schnell. Als ich von euch wegging, war es so groß wie eine Kastanie; als ich in die Straßenbahn stieg, war es so groß wie ein Apfel; als ich ausstieg, war es so groß wie eine Faust, und jetzt ist es schon so groß wie ein Kinderkopf. Es liegt im Vorzimmer auf der grünen Truhe. Lauf hin und hole es!"

Das Zwieselchen schämte sich ein bisschen, weil es gewollt hatte, dass Onkel Sebastian sich in die Finger stechen sollte. Aber zugleich war es auch sehr neugierig, was das sein mochte.

Es war ein ordentliches, in weißes Papier gewickeltes Paket. Während das Zwieselchen das Paket trug, gluckerte etwas darin. Onkel Sebastian machte das Paket auf. Es kam etwas Länglich-Rundes heraus, das haarig und braun war und zwei dunkle Augen hatte.

„Donnerwetter!", sagte Onkel Sebastian. „Das ist ja eine Kokosnuss! Es ist doch nicht zu glauben, was für Dinge einem in der Manteltasche wachsen können, wenn man gute Stoffe trägt. Na, Zwieselchen, nun bring mir einen Riesen-Nussknacker her!" „Wir haben nur einen kleinen", antwortete das Zwieselchen. „Nanu!", rief Onkel Sebastian erstaunt. „Und was macht ihr dann, wenn einmal Riesen zu euch zu Besuch kommen?"

Dann ging er zu Zwieselchens Mutter und ließ sich von ihr Bohrer, Hammer und Stemmeisen aus dem Werkzeugschrank geben. Onkel Sebastian bohrte die Kokosnuss an, da kam Milch heraus, die er in eine Tasse fließen ließ. Onkel Sebastian stemmte und hämmerte, bis die Nuss auseinanderging. Nun gab es sehr viel schneeweißes Nussfleisch zum Essen und zwei braune Schalen, in denen das Zwieselchen seine bunten Glaskugeln aufbewahren konnte. Aus dem braunen Haar drehte Onkel Sebastian zwei Schnurrbarthälften, eine rechte und eine linke. Er klebte sie Zwieselchens Schaukelpferd an, gleich über dem Maul, und nun sah es plötzlich aus wie ein Oberverkäufer im Konsumverein.

Zwieselchen trank die Milch etwas vorsichtig, weil man doch nicht wissen kann, ob die Kokosnüsse das Milchmachen ebensogut gelernt haben wie die Kühe. „Onkel Sebastian!", schrie das Zwieselchen nach dem ersten Schluck, „das schmeckt ja genauso wie Kokosbusserln!" „Na, siehst du, Zwieselchen, darum heißt diese Nuss ja auch Kokosnuss."

„So etwas soll in unserm Garten auch wachsen", sagte das Zwieselchen. „Ich weiß nicht recht", antwortete Onkel Sebastian, „meistens wachsen die Kokosnüsse nur in Mänteln von besonders gutem Stoff oder aber in ganz heißen Ländern, wie in Afrika." „Afrika kenne ich", sagte das Zwieselchen. „Das liegt gerade dort, wo in Vaters Atlas der Tintenklecks ist."

Nun fing Onkel Sebastian an, von Afrika zu erzählen, vom heißen Sand, in den der Vogel Strauß seine Rieseneier legt, von den Kokosnussbäumen, den schwarzen Menschen, den Löwen und Elefanten. Davon konnte das Zwieselchen gar nicht genug hören.

Wemer Bergengruen

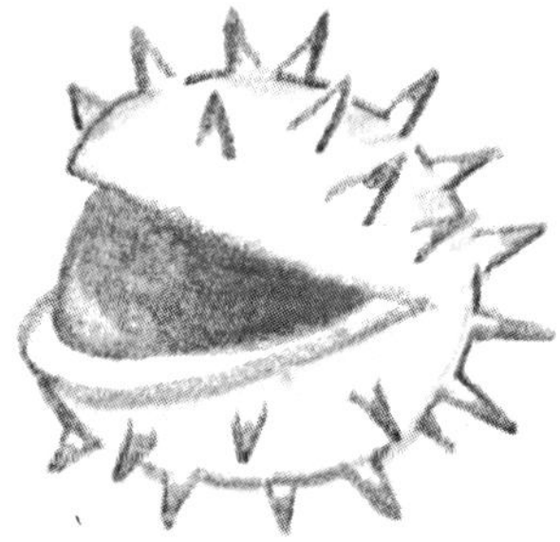

Herr Groß und Herr Klein

Herr Groß war sehr groß – sooo groß. Und Herr Klein war sehr klein – sooo klein. „Ich bin so groß“, sagte Herr Groß, „dass ich im Bett mit Kopf und Füßen anstoße.“ ich auch“, sagte Herr Klein. „Das glaube ich nicht“, sagte Herr Groß. Dann gingen sie ins Schlafzimmer, und zuerst legte sich Herr Groß ins Bett. Und richtig: er stieß mit Kopf und Füßen an, so groß war er. „Na, nun wollen wir mal sehen, ob Sie auch mit Kopf und Füßen anstoßen“, sagte Herr Groß. Da legte sich Herr Klein ausgestreckt ins Bett, aber nicht der Länge nach, sondern quer; und da stieß er wirklich mit den Füßen an, und sein Kopf ragte auch nicht über die Bettkante. „Ja, so ist das ja keine Kunst“, sagte Herr Groß. „Wieso“, sagte Herr Klein, „ich habe gesagt, dass ich auch anstoße; stoße ich etwa nicht an?“ „Ja, das stimmt“, sagte Herr Groß. „Aber ich bin so groß“, sagte Herr Groß, „dass ich über eine Kuh weggucken kann.“ „Das kann ich auch“, sagte Herr Klein. „Das glaube ich nicht“, sagte Herr Groß. Da gingen sie auf eine Wiese, wo viele Kühe standen. Herr Groß stellte sich neben eine Kuh und konnte richtig über sie weggucken. „Na, nun wollen wir mal sehen, ob Sie auch über die Kuh weggucken können“, sagte Herr Groß. Da suchte sich Herr Klein eine Kuh aus, die im Gras lag, und stellte sich daneben. Und da konnte er auch richtig drüber weggucken. „Ja, so ist das ja keine Kunst“, sagte Herr Groß. „Wieso“, sagte Herr Klein, „ich habe gesagt, dass ich über eine Kuh weggucken kann; kann ich das etwa nicht?“ „Ja, das stimmt“, sagte Herr Groß.

„Aber ich bin so groß“, sagte Herr Groß, „dass die Badewanne überläuft, wenn ich mich reinlege.“ „Bei mir läuft sie auch über“, sagte Herr Klein. „Das glaube ich nicht“, sagte Herr Groß. Da gingen sie ins Badezimmer, und Herr Groß ließ Wasser in die Wanne einlaufen, zog sich aus und stieg, als die Wanne voll war, hinein. Schwappschwappschwapp – da lief die Badewanne über. „Na, nun wollen wir mal sehen, ob die Badewanne bei Ihnen auch überläuft“, sagte Herr Groß. Aber Herr

Klein zog sich nicht aus, Herr Klein zog sich noch mehr an: einen Pullover und noch einen Pullover und eine Jacke und noch eine Jacke und eine Hose und noch eine Hose und einen Mantel und noch einen Mantel, und zum Schluss war er sooo dick. Und dann stieg er in die Badewanne, und schwappschwappschwapp – da lief die Badewanne über, und Herr Groß, der sich inzwischen wieder angezogen hatte, musste schnell auf einen Stuhl steigen, weil er keine nassen Füße kriegen wollte. „Ja, so ist das ja keine Kunst", sagte Herr Groß. „Wieso", sagte Herr Klein, „ich habe gesagt, dass die Badewanne überläuft, wenn ich mich hineinlege; ist sie etwa nicht übergelaufen?" „Ja, das stimmt", sagte Herr Groß.
Aber die Sache wäre beinahe doch noch übel ausgegangen. Denn bei der Baderei war so viel Wasser übergelaufen, dass es ihm bis über die Nase stand, als er aus der Badewanne herausstieg. Da hat ihm Herr Groß schnell unter die Arme gegriffen und ihn vor dem Ertrinken gerettet.

Heinrich Hannover

Grips

Vor der Scheune stand der leere Heuwagen. Schritt der Hahn heraus, flog hinauf und rief: „Ich möchte fahren! Wer zieht mich?"
Kamen zwei Kälber und zogen am Wagen. Aber der Wagen ging nicht weg. Ging nicht weg. Blieb am Fleck.
„Ja, mein Gewicht!", rief der Hahn. „Ihr schafft es nicht. Ich bin zu schwer. Da müssen noch zwei Stärkere her!"
Kamen zwei Ziegen. Die beiden Ziegen zogen an den Kälbern. Die Kälber zogen am Wagen. Aber der Wagen ging nicht weg. Ging nicht weg. Blieb am Fleck.
„Ja, mein Gewicht!", rief der Hahn. „Ihr schafft es nicht. Ich bin zu schwer. Da müssen noch zwei Stärkere her!"
Kamen zwei Schweine. Die Schweine zogen an den Ziegen. Die Ziegen zogen an den Kälbern. Die Kälber zogen am Wagen. Aber der Wagen ging nicht weg. Ging nicht weg. Blieb am Fleck.
„Ja, mein Gewicht!", rief der Hahn. „Ihr schafft es nicht. Ich bin zu schwer. Da müssen noch zwei Stärkere her!"
Kamen zwei Kühe. Die Kühe zogen an den Schweinen. Die Schweine zogen an den Ziegen. Die Ziegen zogen an den Kälbern. Die Kälber zogen am Wagen. Aber der Wagen ging nicht weg. Ging nicht weg. Blieb am Fleck.
„Ja, mein Gewicht!", rief der Hahn. „Ihr schafft es nicht. Ich bin zu schwer. Da muss noch der Allerstärkste her!"

 Kam der Ochse. Die beiden Kühe zogen an den Schweinen. Die Schweine zogen an

den Ziegen. Die Ziegen zogen an den Kälbern. Die Kälber zogen vorn am Wagen. Der Ochse schob hinten am Wagen. Aber der Wagen ging nicht weg. Ging nicht weg. Blieb am Fleck.
So plagten sich alle neune mit dem Wagen vor der Scheune.
Kam Hans, der Sohn des Bauern. Da gingen alle vom Wagen fort und sagten: „Wetten, der kriegt ihn auch nicht vom Ort!“
Aber der Hans, was machte er? Er drehte die Bremse auf. Da lief der Wagen fast allein in den Schuppen, wo er hin sollte.
Da stand er, der Ochse, und glotzte und machte: „Buuh!“ Doch der Hans tippte ihm vor die Stirn: „Ein bisschen Grips gehört auch dazu!“

Josef Guggenmos

Drei Kranzkuchen und ein Butterkeks

Ein Bauer hatte einen Wolfshunger. Er kaufte einen großen Kranzkuchen und aß ihn auf. Er hatte immer noch Hunger. Er kaufte noch einen Kranzkuchen und aß auch den. Und immer noch hatte er Hunger. Er kaufte einen dritten Kranzkuchen und aß ihn ebenfalls. Und auch jetzt war sein Hunger nicht gestillt. Da kaufte er Butterkekse. Und kaum hatte er den ersten gegessen, war er satt.
Der Bauer schlug sich an den Kopf und sagte: „Was bin ich doch für ein Narr! Nun habe ich ganz umsonst das Geld für die Kranzkuchen ausgegeben. Mit dem einen Butterkeks hätte ich anfangen sollen.“

Leo Tolstoj

Und wenn das nicht die Wahrheit ist

Eine Kuh, die saß im Schwalbennest
mit sieben jungen Ziegen;
sie feierten ihr Jubelfest
und fingen an zu fliegen.
Der Esel zog Pantoffeln an,
ist übers Haus geflogen,
und wenn das nicht die Wahrheit ist,
so ist es doch gelogen.

Volksgut

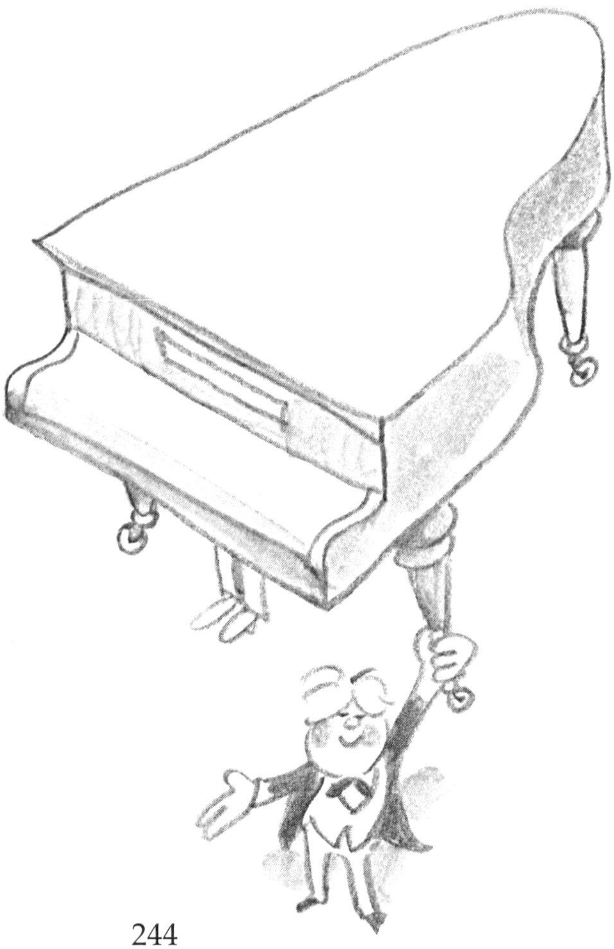

Gelogen

„So schnell kriegt mich hier keiner mehr hoch!",
sprach ein müder Wandrer mit Schnaufen.
So sagte er. Und setzte sich
auf einen Ameisenhaufen.

Josef Guggenmos

Glaubst du das?

Ich bin auf dem Regenbogen gesessen.
Ich kann einen Korb voll Zitronen essen.
Ich hab einen Walfisch durchs Meer gezogen.
Ich bin wie ein Vogel zum Kirchturm geflogen.
Ich bin in der Wüste Rollschuh gelaufen.
Ich werde mir eine Sternschnuppe kaufen.
Ich hebe mit einer Hand ein Klavier.
Der wildeste Tiger hat Angst vor mir.
Und zu Hause hab ich ein Känguru,
das boxt besser als du!

Vera Ferra-Mikura

Still, ich weiß etwas

Still! Ich weiß etwas! Hört mir zu!
War einst der Riese Timpetu.
Der arme Bursche hat, o Graus!
verschluckt im Schlafe eine Maus.

Er lief zum Doktor Pfiffikus.
„Ach, Doktor,
denkt nur, welch Verdruss!
Ich hab im Schlaf eine Maus verschluckt,
die sitzt im Leib und zwickt und druckt!"

Der Doktor war ein kluger Mann,
man sah's ihm an den Gläsern an.
Er hat ihm in den Hals geguckt.
„Was? Eine Maus hast du verschluckt?
Verschluck die Miezekatz dazu,
dann lässt die Maus dich gleich in Ruh!"

Alwin Freudenberg

Michel und die Gurken

Michel wollte aus einem fremden Gemüsegarten Gurken nehmen. Als er so unter den Gurken herumkriecht, denkt er: Den Sack mit den Gurken werde ich wegbringen und verkaufen. Für das Geld kaufe ich ein Hühnchen. Das Huhn legt Eier, darauf setze ich die Bruthenne; das gibt eine Menge Kücken. Die Kücken zieh ich auf und verkaufe sie. Davon kaufe ich ein Ferkelchen; daraus wird ein Schwein. Das Schwein wirft Ferkelchen; die Ferkel verkaufe ich und kaufe eine Stute. Die Stute bringt Fohlen; die Fohlen ziehe ich groß, verkaufe sie, kaufe mir ein Haus, lege einen Gemüsegarten an und pflanze Gurken. Stehlen kommt nicht in Frage! Mächtig werde ich aufpassen und Posten stehen. Kommt ein Dieb, werde ich anschleichen und schreien: „Haltet den Dieb!" Er schreit aus vollem Halse. Flurwächter hören es, springen auf, packen den Michel und hauen ihn.

Leo Tolstoj

Die Wohnung der Maus

Ich frag die Maus:
Wo ist dein Haus?
Die Maus darauf erwidert mir:
Sag's nicht der Katz, so sag ich's dir.
Treppauf, treppab,
erst rechts, dann links,
dann wieder rechts,
und dann gradaus –
da ist mein Haus.
Du wirst es schon erblicken!
Die Tür ist klein,
und trittst du ein,
vergiss nicht, dich zu bücken.

Johannes Trojan

Des Kaisers Maus

Vor langer Zeit lebte einmal ein Kaiser. Dieser Kaiser besaß eine kleine Maus mit Namen Mischa. Mischa wohnte in der Hosentasche des Kaisers. Manchmal kletterte die kleine Maus heraus, huschte durchs Zimmer und verkroch sich anschließend im Ärmel des Kaisers.
Eines Tages, als der Kaiser gerade auf seinem Thron saß und regierte, kam ein Bote gerannt. Er verneigte sich tief und sagte: „Eure Majestät! Eure Mutter hat sich zum Tee angesagt, und sie will die Katze Suki mitbringen." „Heiliger Strohsack!", rief der Kaiser. „Suki ist die beste Mausjägerin im ganzen Reich. Sie wird unseren Mischa fangen! Was sollen wir nur tun!"
Da bliesen auch schon die Trompeter draußen in ihre Trompeten. „Eure Mutter ist da, Majestät!", sagte der Bote. „Schnell!", rief der Kaiser. „Gib mir den großen Briefumschlag dort!" Er nahm eine Schere und schnitt ein paar Luftlöcher in den Briefumschlag. Dann nahm er eine Feder und schrieb seine eigene Adresse darauf. Ganz unten schrieb er in Großbuchstaben: VORSICHT! NICHT FALLEN LASSEN!

Als seine Mutter und Suki schon die Schlossallee heraufkamen, klebte der Kaiser noch schnell eine Marke auf den Briefumschlag und schob ein Stückchen Kuchen hinein. Dann nahm er Mischa aus der Hosentasche, steckte die Maus in den Umschlag und klebte ihn zu. „Schnell", sagte der Kaiser zu dem Boten. „Trag ihn zur Post!" Dann gab der Kaiser seiner Mutter einen Willkommenskuss und sagte: „Darf ich dir eine Tasse Tee anbieten, liebe Mama?" „Ja, gern", antwortete sie. Da schenkte er ihr ein. Inzwischen strolchte Suki überall umher und schnupperte in allen Ecken, ob nicht irgendwo eine Maus wäre.
Am nächsten Morgen, als die kaiserliche Frau Mutter und Susi wieder fort waren, erschien der Briefträger mit einem Brief für den Kaiser im Palast. „Ein ausgesprochener Krabbelbrief, Eure Majestät", sagte der Briefträger. Der Kaiser nahm den Brief und lächelte. „Was mag denn da nur drinnen sein?", sagte er. Er öffnete den Umschlag und – da saß ein quietschvergnügter Mischa. „Das freut mich aber, dass du wieder da bist!", sagte der Kaiser und streichelte die Maus. Und dann steckte er sie wieder in seine Hosentasche.

Donald Bissel

Schau nur genau

Schau nur genau heut!
Die Mäuse sind blau heut
die Veilchen sind grau heut
und die Kuh sagt Miau heut.
So geht's zu auf der Welt heut:
Die Katze, die bellt heut
der Laubfrosch schreit Muh heut
und der Hund quakt dazu heut.
Der Wetterhahn schnarcht schon seit heute früh
und der Regenwurm schmettert sein Kikeriki.
Es gackert der Traktor, schon legt er ein Ei heut.
Auf der Wolke das Huhn,
was hat's dort zu tun?
Es schält sich Bananen
gleich zwei oder drei heut
und der Wind, der scheint heiß heut
und der Regen bläst leis' heut
der Traktor gackert immer im Kreis heut
und der Himmel ist grün
und die Wiese ganz blau heut
und die Distel scheint hell
und die Sonne sticht
wer weiß schon genau heut
ob das stimmt oder nicht –

Friedl Hofbauer

Wenn das Kind beginnt, Gleichnishaftes zu verstehen,...

bittet es immer wieder um Geschichten, in denen Probleme menschlichen Lebens und Lebensweisheiten in Sinnbildern dichterisch gestaltet sind.

Voraussetzungen für das Erfassen von Lebensweisheiten, die in Geschichten Gestalt angenommen haben

Je besser sich Kinder in ihrer Umwelt zurechtfinden, je mehr Informationen sie über die Realität erhalten haben, wissen, was „wirklich" ist, je sicherer sie darin geworden sind, Scherz und Ernst zu unterscheiden, Übertreibungen zu durchschauen, sich an allerlei Unsinn zu erfreuen, es vermögen, sich manches selber auszudenken, zu fabulieren, desto verlässlicher sind sie darauf vorbereitet, Gleichnisse zu verstehen, deren tieferen Sinn zu erfassen oder wenigstens zu erahnen, wie sie Geschichten mit märchenhaften Elementen und Märchen im eigentlichen Sinn bieten.
Es ist zwar richtig, dass man mit Märchen bereits die Aufmerksamkeit viel jüngerer Kinder erregen und fesseln kann, doch darf mit einem Verständnis, mit einer beglückenden Bereicherung der Innerlichkeit des Kindes durch die Darbietung solchen Erzählgutes erst bei etwa Fünfjährigen gerechnet werden. Erst Kinder dieses Alters sind im Allgemeinen imstande, Erzähltes nicht mehr wortwörtlich zu nehmen. Sie werden nicht mehr glauben, dass sich die Geschichte von den drei Ziegen im Rübenfeld mit allen geschilderten Details tatsächlich so abgespielt hat, sondern die Lebensweisheit erfassen, die in dieser Erzählung Gestalt angenommen hat: Auch den Kleinen ist es gegönnt, zuweilen erfolgreich zu sein.

Geschichten erzählen, die Probleme des Kindseins aufzeigen

Obwohl bei etwa Fünfjährigen mehr und mehr mit dem Verständnis für Gleichnisse gerechnet werden kann, empfiehlt es sich dennoch, bei der Auswahl solchen Erzählgutes sorgfältig vorzugehen. Es soll Geschichten der Vorzug gegeben werden, die Probleme des Kindseins aufzeigen und lösen, dies aber nunmehr in der Form von Bildern und Gleichnissen tun.

Das Verstehen von Geschichten mit einem großen Spannungsbogen des Geschehens und Erlebens schrittweise aufbauen

Außer diesen vom Inhalt her geführten Überlegungen zur Auswahl des Erzählgutes ist es auch noch wichtig, Folgendes zu beachten: Vorerst sollen Geschichten erzählt werden, die nur eine Episode zum Inhalt haben, wie etwa die Geschichte vom süßen Brei. Dieser Art von Erzählungen sollen solche folgen, in denen eine Episode mehrfach abgewandelt wird, wie dies beispielsweise in der Erzählung „Das Lebkuchenmännchen" der Fall ist. Erst dann sollen Geschichten wie die von den drei kleinen Schweinchen erzählt werden, weil sie an das Erfassen des Geschehnisablaufes und dessen, was er gleichnishaft zum Ausdruck bringt – hier die Tatsache, dass man sorgfältig überlegen und arbeiten muss, will man in einem Haus Schutz finden und geborgen sein –, größere Anforderungen stellen. Verzichtet man auf dieses schrittweise Vorgehen, bietet man Kindern zu früh Geschichten mit einem großen Spannungsbogen des Geschehens und Erlebens, wie dies die echten Märchen kennzeichnet, kann man nicht damit rechnen, dass deren Inhalt ausgeschöpft wird. Es besteht im Gegenteil die Gefahr, dass die Kinder nur einer Episode ihre Aufmerksamkeit zuwenden und nicht mehr imstande sind, dem weiteren Verlauf der Erzählung zu folgen. Dies kann zum Beispiel eintreten, wenn im zu früh gebotenen Märchen vom Rotkäppchen das Kind dem Geschehen etwa nur bis zur Begegnung Rotkäppchens mit dem Wolf folgt, also an dieser einen Episode hängen bleibt. So wird das Kind wohl mit dem Bösen in der Welt konfrontiert, nicht aber damit – wie es der Spannungsbogen der ganzen Geschichte zeigt –, dass rechtzeitig Helfer zur Stelle sind, die alles einem guten Ende zuführen.

Pro und contra Märchen und Märchenerzählen

Immer wieder entzündet sich die Diskussion um das Märchen und das Märchenerzählen. Gegner wenden im Wesentlichen ein, dass Märchen unmodern, anachronistisch und lebensfremd seien, Zustände, die es nicht mehr gibt, vorspiegelten, Vorurteile gegen alte Frauen (Hexen) und Stiefmütter fundierten, Grausamkeiten und Brutalitäten schilderten, die Kinder zu Jasagern heranbildeten und in Angst und Schrecken versetzten. Befürworter der Märchen und des Märchenerzählens gehen hingegen davon aus, dass Märchen menschliche Grundprobleme – Fragen nach dem Sinn des Lebens, nach Liebe, Tod, Gutem und Bösem, Armut und Reichtum, Klugheit und Dummheit, Verwandlungsfähigkeit, Verfolgung, Verdammnis und Erlösung, Begegnung mit Gott – zum Inhalt haben, die in Sinnbildern, Symbolen (Krone, Zauberstab, finsterer Wald u. a.) und Gleichnissen dargestellt werden und so – bei entsprechender Auswahl – wertvolle Kinderliteratur sind.

Märchen lassen die Kinder gefühlsmäßig erfassen, was ihnen einst als Lebensweisheit bewusst werden wird

Kinder lieben die Märchen, in denen das Gute belohnt, das Böse bestraft, Recht und Unrecht klar unterschieden wird, alles zu einem guten Ende kommt und die ihnen Vorbilder und Gegenbilder bieten. Märchen vermögen es, in den Kindern den Willen zum Gutsein, zur Dankbarkeit, zur Eltern- und Geschwisterliebe zu stärken, ihnen zu helfen, die Furcht vor dem Bedrohlichen zu überwinden, sie dafür einsichtig zu machen, dass Prahlen und Aufschneiden zu keinem guten Ende führen, ihnen die Gewissheit darüber zu geben, dass Ausdauer, Mühe und Fleiß schließlich doch belohnt werden.

Da das Geschehen, von dem Märchen berichten, stets dem Hier und Jetzt entrückt ist – „Es war einmal…" –, ist diese Art von Erzählung auch dazu angetan, dem Kinde einen Zugang zu einer idealen, heilen Welt zu erschließen, der die Sehnsucht der Menschheit gilt.

Die positiven Wirkungen des Märchenerzählens setzen ein vertrautes Miteinander, eine gute Erzählsituation und eine sorgfältige Auswahl voraus

Die positiven Wirkungen des Märchenerzählens sind an einen persönlichen Erzähler und an eine Erzählsituation gebunden, in der sich das Kind geborgen fühlt, der Erzähler die Wirkung seiner Worte beobachten und klärende, nötigenfalls beruhigende Worte einflechten kann. Er soll darauf verzichten, grausame Momente breit auszumalen, und sich dessen bewusst sein, dass Märchen, in denen Ängste und Brutalität dominieren, im Erzählgut für Kleinkinder keinen Platz haben. Das Kind hingegen soll die Möglichkeit haben, Fragen zu stellen, bei Wiederholungen auf genauer Wortwahl und Reihenfolge der Episoden zu bestehen, mit dem Erzähler zu lachen, betroffen, lustig und traurig zu sein.

Dem Kind die Chance geben, sein Märchenerlebnis im Spiel zu vertiefen

Das vertraute Miteinander von Kind und Erzähler intensiviert die Fähigkeit des Kindes, zuzuhören, steigert die Kommunikationsfähigkeit, fordert die kreativen Kräfte heraus und motiviert dazu, das Märchenerlebnis in mannigfachen Spielbereichen wieder zu verlebendigen, zu vertiefen und zu verarbeiten.

Das vertraute Miteinander ermöglicht dem Erzähler aber auch zu beurteilen, wie und in welchem Ausmaß das Gehörte im Kind weiterwirkt, mit dem Kind über das Gehörte ins Gespräch zu kommen, das Plaudern des Kindes durch eine Frage oder das Wiederholen markanter Fügungen zu lenken und durch behutsames Mitspielen zum Vertiefen der Wirkung einer Geschichte beizutragen.

Märchensendungen in Rundfunk und Fernsehen oder Märchenkassetten sind nicht mehr als ein Notbehelf

Nur ein persönlicher Erzähler kann durch eine dem Entwicklungsstand des Kindes entsprechende Auswahl des Erzählgutes den individuellen Interessen und Begabungen entgegenkommen, durch die Gestaltung seines Erzählens auf die Ganzheitlichkeit frühkindlichen Erlebens und Lernens eingehen, spontan Unklarheiten beseitigen, auf Fragen antworten. Von Märchensendungen in Rundfunk und Fernsehen oder von Märchenkassetten kann dies alles nicht erwartet werden, weshalb sie, selbst bei gemeinsamem Zuhören bzw. Zusehen, nicht mehr sein können als ein möglichst selten einzusetzender Notbehelf.

Der süße Brei

Es war einmal ein armes, frommes Mädchen, das lebte mit seiner Mutter allein. Eines Tages hatten sie nichts mehr zu essen. Da ging das Mädchen hinaus in den Wald. Dort begegnete ihm eine alte Frau. Sie kannte seinen Jammer schon und schenkte dem Mädchen ein Töpfchen. Zu dem brauchte es nur zu sagen: „Töpfchen, koch!", dann kochte es guten, süßen Brei. Und wenn das Mädchen sagte: „Töpfchen, steh!", so hörte es wieder auf zu kochen. Das Mädchen brachte den Topf seiner Mutter heim. Nun brauchten sie nicht mehr Hunger zu leiden. Sie aßen süßen Brei, so oft sie wollten.

Einmal war das Mädchen ausgegangen. Da sprach die Mutter: „Töpfchen, koch!" Da kocht es, und die Mutter isst sich satt. Nun will sie, dass das Töpfchen wieder aufhören soll, aber sie weiß das Wort nicht. Also kocht das Töpfchen weiter, und der Brei steigt über den Rand hinaus und kocht immerzu, die Küche und das ganze Haus voll, und das zweite Haus und dann die Straße, als wollte es die ganze Welt satt machen.

Es ist große Not, kein Mensch weiß sich zu helfen. Endlich, wie nur noch ein einziges Haus übrig ist, kommt das Mädchen heim und spricht nur: „Töpfchen, steh!" Da hört das Töpfchen auf zu kochen. Wer in die Stadt wollte, musste sich durchessen.

Brüder Grimm

Das Lebkuchenmännchen

Es lebten einmal ein alter Mann und eine alte Frau. Eines Tages machte die alte Frau ein Lebkuchenmännchen. Zwei große Rosinen waren die Augen, eine Mandel die Nase, eine große rote Kirsche der Mund. Dann gab sie das Lebkuchenmännchen zum Backen ins Rohr.

Auf einmal hörte die alte Frau eine dünne Stimme rufen: „Lass mich hinaus! Lass mich hinaus! Lass mich hinaus!" Die alte Frau lief zum Backrohr und öffnete es. Da sprang das kleine Lebkuchenmännchen heraus! „Was ist denn das?", rief die alte Frau. Bevor sie wusste, was geschah, war das Lebkuchenmännchen aus dem Haus gesprungen und auf die Straße gelaufen. Die alte Frau und der alte Mann schrien ihm nach: „Halt! Halt!" Das Lebkuchenmännchen aber schaute nur kurz zurück und rief:

„Keiner mich fangen kann,
ich bin der Lebkuchenmann!"

Sie konnten es nicht fangen.

Bald traf das Lebkuchenmännchen eine Katze. „Halt! Halt!", rief die Katze. Das Lebkuchenmännchen aber schaute nur kurz zurück und rief:
„Keiner mich fangen kann,
ich bin der Lebkuchenmann!"
Auch die Katze konnte es nicht fangen.
Bald traf das Lebkuchenmännchen eine Kuh. „Halt! Halt!", rief die Kuh. Das Lebkuchenmännchen aber schaute nur kurz zurück und rief:
„Keiner mich fangen kann,
ich bin der Lebkuchenmann!"
Auch die Kuh konnte es nicht fangen.
Bald traf das Lebkuchenmännchen ein Schwein. „Halt! Halt!", rief das Schwein. Das Lebkuchenmännchen aber schaute nur kurz zurück und rief:
„Keiner mich fangen kann,
ich bin der Lebkuchenmann!"
Auch das Schwein konnte es nicht fangen.
Bald traf das Lebkuchenmännchen ein Pferd. „Halt! Halt!", rief das Pferd. Das Lebkuchenmännchen aber schaute nur kurz zurück und rief:
„Keiner mich fangen kann,
ich bin der Lebkuchenmann!"
Auch das Pferd konnte es nicht fangen.
Bald traf das Lebkuchenmännchen einen Hund. „Halt! Halt!", rief der Hund. Das Lebkuchenmännchen aber schaute nur kurz zurück und rief:
„Keiner mich fangen kann,
ich bin der Lebkuchenmann!"
Auch der Hund konnte es nicht fangen.
Zuletzt kamen zwei Kinder, die hatten keinen Vater und keine Mutter mehr. „Halt! Halt!", riefen sie. „Liebes Lebkuchenmännchen, wir haben Hunger!" Hoppla! Das Lebkuchenmännchen blieb stehen und ließ sich ratzebutz aufessen.

Volksgut

Die drei kleinen Schweinchen

Es war einmal eine Schweinemutter, die hatte drei kleine Schweinchen, die aßen und aßen, soviel sie nur konnten. Und als sie so groß waren, dass sie in dem Haus, in dem sie wohnten, keinen Platz mehr finden konnten, sagte die Mutter zu ihnen: „Ihr könnt jetzt nicht mehr bei mir bleiben, jedes muss ein Haus für sich selber haben.“
Das erste Schweinchen sagte: „Ich werde mein Haus aus Stroh bauen. Das dauert nicht lange, und ich kann dann gleich wieder fressen, spielen und schlafen.“ Es holte Stroh, und in kürzester Zeit hatte es das Haus gebaut. Dann ging es hinein und schloss die Tür.
Das zweite Schweinchen sagte: „Ich werde mein Haus aus Reisig bauen. Das dauert nicht lange, und ich kann dann gleich wieder fressen, spielen und schlafen.“ Es holte Reisig, und in kurzer Zeit hatte es das Haus gebaut. Dann ging es hinein und schloss die Tür.
Das dritte Schweinchen sagte: „Ich werde mein Haus aus Ziegeln bauen. Es wird lange dauern, aber wenn es fertig ist, wird es ein schönes, festes Haus sein.“ Es holte Ziegel und arbeitete den ganzen Tag. Endlich war das schöne, feste Haus fertig, das Schweinchen ging hinein und schloss die Tür.
Die dunkle Nacht kam. Die drei kleinen Schweinchen schliefen in ihren drei kleinen Häusern. Mitten in der kalten Nacht aber kam der böse Wolf. „Schnuff, schnuff“, machte er und knurrte. „Ich rieche kleine Schweinchen.“
Bald kam er zu dem Strohhaus des ersten kleinen Schweinchens. Er klopfte an die Tür und sagte:

„Kleines Schwein, kleines Schwein,
lass mich hinein, lass mich hinein!"
Aber das kleine Schweinchen sagte:
„Nein, nein, nein,
ich lass dich nicht herein."

Da sagte der böse Wolf: „Ich will blasen und blasen, bis das Haus einstürzt." Und er blies und blies, bis das Strohhaus einstürzte. Als der Wolf das Schweinchen fressen wollte, war es nicht mehr da. Es war schon längst beim Reisighaus des zweiten kleinen Schweinchens.

Bald kam der böse Wolf auch zum Reisighäuschen, klopfte an die Tür und sagte:
„Kleines Schwein, kleines Schwein,
lass mich hinein, lass mich hinein!"
Aber das zweite Schweinchen sagte:
„Nein, nein, nein,
ich lass dich nicht herein."

Da sagte der böse Wolf: „Ich will blasen und scharren, bis dein Haus einstürzt." Und er blies und scharrte, bis auch das Reisighaus einstürzte. Als der Wolf das zweite Schweinchen fressen wollte, war es nicht mehr da. Die beiden Schweinchen waren schon längst zum schönen, festen Ziegelhaus des dritten Schweinchens gelaufen.

Bald kam der böse Wolf auch zum Ziegelhaus, klopfte an die Tür und sagte:
„Kleines Schwein, kleines Schwein,
lass mich hinein, lass mich hinein!"
Aber das dritte Schweinchen sagte:
„Nein, nein, nein,
ich lass dich nicht herein."

Da sagte der böse Wolf: „Ich will blasen, scharren und rütteln, bis dein Haus einstürzt." Und blies, scharrte und rüttelte. Das alles aber nützte nichts. Das schöne, feste Ziegelhaus stürzte nicht ein. Vor Wut fletschte der böse Wolf die Zähne und begann dann wieder von neuem zu blasen. Er blähte sich immer fester und fester auf. Plötzlich krachte es – der böse Wolf war zerplatzt.

Als die drei kleinen Schweinchen das hörten, hüpften sie aus dem schönen, festen Ziegelhaus heraus und quiekten vergnügt:
„Wir kleinen Schweinchen freu'n uns sehr,
der böse Wolf, der ist nicht mehr."

Dann schliefen die kleinen Schweinchen beisammen im schönen, festen Ziegelhaus des dritten kleinen Schweinchens. Aber am nächsten Tag bauten das erste und das zweite kleine Schweinchen neue Häuser – nicht aus Stroh, nicht aus Reisig, sondern aus festen roten Ziegeln. Von nun an lebten die drei kleinen Schweinchen sicher in ihren schönen, festen Ziegelhäusern.

Englisches Volksmärchen

Der Wolf und die sieben jungen Geißlein

Es war einmal eine alte Geiß, die hatte sieben junge Geißlein und hatte sie lieb, wie eine Mutter ihre Kinder lieb hat. Eines Tages wollte sie in den Wald gehen und Futter holen. Sie rief alle sieben herbei und sprach: „Liebe Kinder, ich will hinaus in den Wald, nehmt euch in Acht vor dem Wolf. Wenn er hereinkommt, frisst er euch alle mit Haut und Haar. Der Bösewicht verstellt sich oft, aber an seiner rauen Stimme und an seinen schwarzen Pfoten werdet ihr ihn gleich erkennen."

Die Geißlein sagten: „Liebe Mutter, wir wollen uns schon in Acht nehmen, du kannst ohne Sorge fortgehen." Da meckerte die Alte und machte sich getrost auf den Weg.

Es dauerte nicht lange, klopfte jemand an die Haustür und rief: „Macht auf, ihr lieben Kinder, eure Mutter ist da und hat jedem von euch etwas mitgebracht." Aber die Geißlein hörten an der rauen Stimme, dass es der Wolf war. „Wir machen nicht auf", riefen sie, „du bist unsere Mutter nicht, die hat eine feine und liebliche Stimme, aber deine Stimme ist rau! Du bist der Wolf!"

Da ging der Wolf fort zu einem Krämer und kaufte ein großes Stück Kreide. Er aß die Kreide und machte damit seine Stimme fein. Dann kam er zurück, klopfte an die Haustür und rief: „Macht auf, ihr lieben Kinder, eure Mutter ist da und hat jedem von euch etwas mitgebracht!" Der Wolf hatte seine schwarze Pfote auf das Fenster gelegt, das sahen die Kinder und riefen: „Wir machen nicht auf, unsere Mutter hat keine schwarze Pfote wie du! Du bist der Wolf!"
Da lief der Wolf zum Bäcker und sprach: „Ich habe mir den Fuß verstaucht, streich mir Teig darüber." Und als ihm der Bäcker die Pfote bestrichen hatte, lief er zum Müller und sprach: „Streu mir weißes Mehl auf meine Pfote!" Der Müller dachte,

der Wolf will jemanden betrügen, und wollte nicht. Aber der Wolf sprach: „Wenn du es nicht tust, fress ich dich." Da fürchtete sich der Müller und machte ihm die Pfote weiß. Ja, so sind die Menschen.
Nun ging der Bösewicht zum dritten Male zu der Haustür, klopfte an und sprach: „Macht auf, Kinder, euer liebes Mütterlein ist heimgekommen und hat jedem von euch etwas aus dem Walde mitgebracht." Die Geißlein riefen: „Zeig uns erst deine Pfote, damit wir wissen, dass du unser liebes Mütterlein bist." Da legte der Wolf die Pfote auf das Fenster, und als sie sahen, dass sie weiß war, glaubten sie, was er sagte, und machten die Türe auf. Wer aber hereinkam, das war der Wolf. Die Geißlein erschraken und wollten sich verstecken. Das eine sprang unter den Tisch, das zweite ins Bett, das dritte in den Ofen, das vierte in die Küche, das fünfte in den Schrank, das sechste unter die Waschschüssel, das siebente in den Kasten der Wanduhr. Aber der Wolf fand sie alle und machte nicht langes Federlesen, er schluckte eins nach dem anderen. Nur das jüngste im Uhrkasten fand er nicht. Als der Wolf satt war, trollte er sich fort, legte sich auf die Wiese unter einen Baum und fing an zu schlafen.

Nicht lange danach kam die alte Geiß aus dem Walde heim. Ach, was musste sie da sehen! Die Haustür stand sperrangelweit offen. Tisch, Stühle und Bänke waren umgeworfen. Die Waschschüssel lag in Scherben, Decke und Kissen waren aus dem Bett gezogen. Die Geiß suchte ihre Kinder, aber sie waren nirgends zu finden. Sie rief die Geißlein nacheinander beim Namen, aber niemand antwortete. Endlich, als sie an das jüngste kam, rief eine feine Stimme: „Liebe Mutter, ich stecke im Uhrkasten." Die Mutter holte es heraus, und das Geißlein erzählte, dass der Wolf gekommen war und die anderen alle gefressen hatte. Du kannst dir denken, wie die Mutter über ihre armen Kinder geweint hat!
Endlich ging sie in ihrem Jammer hinaus, und das jüngste Geißlein lief mit. Als sie zur Wiese kamen, lag der Wolf unter dem Baum und schnarchte, dass die Äste zitterten. Die Mutter betrachtete ihn von allen Seiten und sah, dass sich in seinem angefüllten Bauch etwas regte. Ach, dachte sie, sollten meine Kinder noch am Leben sein?
Das Geißlein musste nach Hause laufen und Schere, Nadel und Zwirn holen. Dann schnitt die Mutter dem Ungetüm den Wanst auf. Kaum hatte sie einen Schnitt getan, streckte schon ein Geißlein den Kopf heraus. Als sie weiterschnitt, sprangen nacheinander alle sechs heraus. Sie hatten nicht einmal Schaden gelitten, denn das Ungetüm hatte sie in der Gier ganz hinuntergeschluckt. Das war eine Freude! Da herzten sie ihre liebe Mutter und hüpften vergnügt herum.
Die Geiß aber sagte: „Jetzt geht und sucht Kieselsteine, damit wollen wir dem bösen Tier den Bauch füllen, solange es noch im Schlafe liegt." Die sieben Geißlein schleppten in aller Eile die Steine herbei und steckten sie dem Wolf in den Bauch, so viel sie nur hineinbringen konnten. Dann nähte die Geiß den Bauch in aller Geschwindigkeit wieder zu, dass der Wolf nichts merkte und sich nicht einmal regte.
Als der Wolf endlich ausgeschlafen hatte, machte er sich auf die Beine. Weil ihn die Steine im Magen so durstig machten, wollte er zu einem Brunnen gehen und trinken. Als er aber anfing zu gehen, stießen die Steine in seinem Bauch aneinander. Da rief er:

„Was rumpelt und pumpelt
in meinem Bauch herum?
Ich meinte, es wären sechs Geißlein,
so sind's lauter Kieselstein'."

Als er an den Brunnen kam, sich über das Wasser beugte und trinken wollte, zogen ihn die schweren Steine hinein, und er musste jämmerlich ersaufen. Als die sieben Geißlein das sahen, kamen sie herbeigelaufen und riefen laut: „Der Wolf ist tot! Der Wolf ist tot!", und tanzten mit ihrer Mutter vor Freude um den Brunnen herum.

Rotkäppchen

Es war einmal eine kleine, süße Dirn, die hatte jedermann lieb, der sie nur ansah, am allerliebsten aber ihre Großmutter. Sie wusste gar nicht, was sie alles dem Kinde geben sollte. Einmal schenkte sie ihm ein Käppchen von rotem Samt. Weil ihm das so gut stand und es nichts anderes mehr tragen wollte, hieß das Mädchen nur noch Rotkäppchen.

Eines Tages sprach die Mutter: „Komm, Rotkäppchen, da hast du ein Stück Kuchen und eine Flasche Wein. Bring das der Großmutter. Sie ist krank und schwach und wird sich daran laben. Mach dich auf, bevor es heiß wird, geh hübsch sittsam und lauf nicht vom Weg ab, sonst fällst du und zerbrichst das Glas, dann hat die Großmutter nichts. Wenn du in ihre Stube kommst, vergiss nicht, guten Morgen zu sagen, und guck nicht erst in allen Ecken herum." „Ich will schon alles gut machen", sagte Rotkäppchen zur Mutter und gab ihr die Hand darauf. Die Großmutter wohnte aber draußen im Wald, eine halbe Stunde vom Dorf.

Als nun Rotkäppchen in den Wald kam, begegnete ihm der Wolf. Rotkäppchen wusste nicht, was das für ein böses Tier war, und fürchtete sich nicht vor ihm. „Guten Tag, Rotkäppchen!", sprach der Wolf. „Schönen Dank, Wolf." „Wo hinaus so früh, Rotkäppchen?" „Zur Großmutter." „Was trägst du da in deinem Korb?" „Kuchen und Wein. Daran soll sich die kranke und schwache Großmutter etwas zugute tun und stärken." „Rotkäppchen, wo wohnt deine Großmutter?" „Noch eine gute Viertelstunde weiter im Wald, unter den drei großen Eichbäumen steht ihr Haus. Unten sind die Nusshecken, das wirst du ja wissen", sagte Rotkäppchen. Der Wolf dachte bei sich: Das junge, zarte Ding, das ist ein guter Bissen, der wird noch besser schmecken als die Alte. Du musst es listig anfangen, damit du beide erschnappst.

Der Wolf ging ein Weilchen neben Rotkäppchen her, dann sprach er: „Rotkäppchen, sieh einmal die schönen Blumen ringsumher stehen, warum guckst du dich nicht um? Ich glaube, du hörst gar nicht, wie die Vöglein lieblich singen? Du gehst ja für dich hin, als wenn du zur Schule gingst, und es ist so lustig im Wald."
Rotkäppchen schlug die Augen auf, und als es sah, wie die Sonnenstrahlen durch die Bäume hin und her tanzten und alles voll schöner Blumen stand, dachte es: Wenn ich der Großmutter einen frischen Strauß mitbringe, wird ihr das Freude machen. Es ist so früh am Tag, dass ich noch zur rechten Zeit ankomme. Rotkäppchen lief vom Wege ab in den Wald hinein und suchte Blumen. Wenn es eine Blume gepflückt hatte, meinte es, weiter hinaus stände eine schönere, und lief danach und kam immer tiefer in den Wald hinein.
Der Wolf aber ging geradewegs nach dem Haus der Großmutter und klopfte an die Tür. „Wer ist draußen?" „Rotkäppchen, ich bring Kuchen und Wein, mach auf." „Drück nur auf die Klinke", rief die Großmutter, „ich bin zu schwach und kann nicht aufstehen." Der Wolf drückte auf die Klinke, die Tür sprang auf, und er ging, ohne ein Wort zu sprechen, gerade zum Bett der Großmutter und verschluckte sie. Dann zog er ihre Kleider an, setzte ihre Haube auf, legte sich in ihr Bett und zog die Vorhänge vor.
Als Rotkäppchen so viele Blumen gepflückt hatte, dass es keine mehr tragen konnte, fiel ihm die Großmutter wieder ein, und es machte sich auf den Weg zu ihr. Es wunderte sich, dass die Tür offen stand. Als es in die Stube trat, kam es ihm so seltsam darin vor. Es rief: „Guten Morgen!", bekam aber keine Antwort. Darauf ging es zum Bett und zog die Vorhänge zurück. Da lag die Großmutter und hatte die Haube tief ins Gesicht gesetzt und sah so wunderlich aus. „Großmutter, was hast du für große Ohren?" „Dass ich dich besser hören kann." – „Großmutter, was hast du für große Augen?" „Dass ich dich besser sehen kann." – „Großmutter, was hast du für große Hände?" „Dass ich dich besser packen kann." „Aber, Großmutter, was hast du für ein entsetzlich großes Maul?" „Dass ich dich besser fressen kann." Kaum hatte der Wolf das gesagt, tat er einen Satz aus dem Bett und verschlang das arme Rotkäppchen. Dann legte er sich wieder ins Bett, schlief ein und fing an, laut zu schnarchen.
Der Jäger ging eben an dem Haus vorbei und dachte: Wie die alte Frau schnarcht, du musst doch sehen, ob ihr etwas fehlt. Da trat er in die Stube, und als er vor das Bett kam, sah er, dass der Wolf darin lag. „Finde ich dich hier, du alter Sünder", sagte er, „ich habe dich lange gesucht." Nun wollte er seine Büchse anlegen. Da fiel ihm ein, der Wolf könnte die Großmutter gefressen haben und sie wäre noch zu retten. Er schoss nicht, sondern nahm eine Schere und fing an, dem schlafenden Wolf den Bauch aufzuschneiden. Als er ein paar Schnitte getan hatte, sah er das rote Käppchen leuchten, und noch ein paar Schnitte, da sprang das Mädchen heraus und rief: „Ach, wie war ich erschrocken, wie war's so dunkel in dem Wolf seinem Leib!"

Dann kam die Großmutter auch noch lebendig heraus und konnte kaum atmen. Rotkäppchen aber holte geschwind große Steine. Damit füllte es dem Wolf den Leib. Als er aufwachte, wollte er fortspringen, aber die Steine waren so schwer, dass er gleich niedersank und sich totfiel.
Da waren alle drei vergnügt. Der Jäger zog dem Wolf den Pelz ab und ging damit heim, die Großmutter aß den Kuchen und trank den Wein, den Rotkäppchen gebracht hatte, und erholte sich wieder. Rotkäppchen aber dachte: Du willst dein Lebtag nicht wieder allein vom Wege ab in den Wald laufen, wenn dir's die Mutter verboten hat.

Brüder Grimm

Frau Holle

Eine Witwe hatte zwei Töchter, die eine war schön und fleißig, die andere hässlich und faul. Sie hatte aber die hässliche und faule viel lieber, weil sie ihre echte Tochter war. Die andre musste alle Arbeit tun und das Aschenbrödel im Hause sein. Das arme Mädchen musste sich täglich zum Brunnen an der großen Straße setzen und musste so viel spinnen, dass ihm das Blut aus den Fingern sprang.
Nun trug es sich zu, dass die Spule einmal ganz blutig war. Da bückte sich das

Mädchen in den Brunnen hinab und wollte sie abwaschen, aber die Spule sprang ihm aus der Hand und fiel hinein. Es weinte, lief zur Stiefmutter und erzählte ihr das Unglück. Die schalt es heftig und sprach: „Hast du die Spule hinunterfallen lassen, so hol sie auch wieder herauf!“

Da ging das Mädchen zu dem Brunnen zurück und wusste nicht, was anfangen. Und in seiner Herzensangst sprang es in den Brunnen hinein, um die Spule zu holen. Es verlor die Besinnung, und als es erwachte und wieder zu sich selber kam, war es auf einer schönen Wiese, wo die Sonne schien und viel tausend Blumen standen.

Auf dieser Wiese ging es fort und kam zu einem Backofen, der war voller Brot. Das Brot aber rief: „Ach, zieh mich raus, zieh mich raus, sonst verbrenn ich! Ich bin schon längst ausgebacken!“ Da trat das Mädchen herzu und holte mit dem Brotschieber alles nacheinander heraus.

Danach ging es weiter und kam zu einem Baum, der hing voll Äpfel, und rief ihm zu: „Ach, schüttel mich, schüttel mich, wir Äpfel sind alle miteinander reif.“ Da schüttelte es den Baum, dass die Äpfel fielen, als regneten sie, und schüttelte, bis keiner mehr oben war. Und als es alle in einen Haufen zusammengelegt hatte, ging es wieder weiter.

Endlich kam es zu einem kleinen Haus, daraus guckte eine alte Frau. Weil sie aber so große Zähne hatte, ward ihm angst, und es wollte fortlaufen.

Die alte Frau aber rief ihm nach: „Was fürchtest du dich, liebes Kind? Bleib bei mir! Wenn du alle Arbeit im Hause ordentlich tun willst, so soll’s dir gutgehen. Du musst nur Acht geben, dass du mein Bett gut machst und es fleißig aufschüttelst, dass die Federn fliegen, dann schneit es in der Welt. Ich bin die Frau Holle.“

Weil die Alte so freundlich sprach, fasste sich das Mädchen ein Herz, willigte ein und begab sich in ihren Dienst. Es besorgte auch alles zu ihrer Zufriedenheit und schüttelte das Bett immer gewaltig auf, dass die Federn wie Schneeflocken umherflogen. Dafür hatte es auch ein gutes Leben bei ihr, kein böses Wort und alle Tage Gesottenes und Gebratenes.

Als es eine Zeitlang bei der Frau Holle war, da ward es mit einem Mal traurig und wusste anfangs selbst nicht, was ihm fehlte. Endlich merkte es, dass es Heimweh hatte. Da ging es zu der alten Frau und sagte: „Ich hab ein Verlangen nach Haus, und wenn es mir auch noch so gut hier unten geht, so kann ich doch nicht länger bleiben.“

Die Frau Holle sagte: „Es gefällt mir, dass du wieder nach Hause verlangst. Und weil du mir so treu gedient hast, so will ich dich selbst wieder hinaufbringen.“ Sie nahm es darauf bei der Hand und führte es vor ein großes Tor. Das Tor ward aufgetan, und wie das Mädchen gerade darunter stand, fiel ein gewaltiger Goldregen, und alles Gold blieb an ihm hängen, sodass es über und über davon bedeckt war.

„Das sollst du haben, weil du so fleißig gewesen bist“, sprach die Frau Holle und gab ihm auch die Spule wieder, die ihm in den Brunnen gefallen war. Darauf ward das Tor geschlossen, und das Mädchen befand sich oben auf der Welt, nicht weit von seiner Mutter Haus.
Als es in den Hof kam, saß der Hahn auf dem Brunnen und rief:
„Kikeriki,
unsere goldene Jungfrau ist wieder hie!“
Da ging es hinein zu seiner Mutter, und weil es so mit Gold bedeckt ankam, ward es von ihr und der Schwester gut aufgenommen.
Das Mädchen erzählte alles, was ihm begegnet war. Und als die Mutter das hörte, wollte sie der hässlichen und faulen Tochter gerne dasselbe Glück verschaffen. Also musste sie sich auch an den Brunnen setzen und spinnen. Und damit ihre Spule blutig ward, stach sie sich in die Finger und stieß sich die Hand in die Dornenhecke. Dann warf sie die Spule in den Brunnen und sprang selber hinein.
Sie kam, wie die andere, auf die schöne Wiese und ging auf demselben Weg weiter. Als sie zu dem Backofen kam, schrie das Brot wieder: „Ach, zieh mich raus, zieh mich raus, sonst verbrenn ich! Ich bin schon längst ausgebacken.“ Die Faule aber antwortete: „Ich mag meine Hände nicht schmutzig machen“, und ging fort. Bald kam sie zu dem Apfelbaum, der rief: „Ach, schüttel mich, schüttel mich, wir Äpfel sind alle miteinander reif.“ Sie antwortete aber: „Es könnte mir einer auf den Kopf fallen“, und sie ging weiter.
Als sie vor das Haus der Frau Holle kam, fürchtete sie sich nicht, weil sie von ihren großen Zähnen schon gehört hatte, und trat in ihren Dienst.
Am ersten Tag nahm sie sich zusammen, war fleißig und folgte der Frau Holle, denn sie dachte an das viele Gold, das sie ihr schenken würde. Am zweiten Tag aber fing sie schon an zu faulenzen, am dritten noch mehr, da wollte sie morgens gar nicht aufstehen. Sie machte auch der Frau Holle das Bett nicht, wie sich's gehörte, und schüttelte es nicht, dass die Federn aufflogen.
Da ward die Frau Holle bald müde und sagte ihr den Dienst auf. Die Faule war das wohl zufrieden und meinte, nun werde der Goldregen kommen. Die Frau Holle führte sie auch zu dem Tor, als sie aber darunter stand, ward statt des Goldes ein großer Kessel voll Pech ausgeschüttet. „Das ist zur Belohnung deiner Dienste“, sagte die Frau Holle und schloss das Tor zu.
Da kam die Faule heim, aber sie war ganz mit Pech bedeckt. Und der Hahn auf dem Brunnen rief:
„Kikeriki,
unsere schmutzige Jungfrau ist wieder hie!“
Das Pech aber blieb fest an ihr hängen und wollte nicht abgehen, solange sie lebte.

Brüder Grimm

Das Eselein

Es lebten einmal ein König und eine Königin, die hatten alles, was sie sich wünschten, nur keine Kinder. Endlich, nach vielen Jahren, bekam die Königin ein Kind. Es sah aber nicht wie ein Menschenkind aus, sondern wie ein kleiner Esel. Da weinte und jammerte die Königin. Der König aber sagte: „Wenn es auch ein Eselein ist, wollen wir es doch wie einen Sohn lieb haben.“

So zogen sie es auf und hatten ihre Freude daran. Das Eselein wurde größer, und die Ohren wuchsen ihm hoch und lang. Es war immer fröhlich und lachte und sprang herum. Vor allem liebte es Musik. Es lernte die Laute spielen und spielte bald besser als jeder andere im Königreich.

Einmal ging das Eselein im Schlossgarten spazieren, kam an einen Brunnen und setzte sich an den Rand. Und wie es in den Brunnen schaute, sah es im spiegelnden Wasser sich selber. Warum sehe ich anders aus als alle anderen Menschen? dachte das Eselein. Warum habe ich so lange Ohren?

Es wurde so bertrübt, dass es seine Laute nahm und heimlich aus dem Schloss fortging. Nachdem es lange gewandert war, kam es zum Schloss eines anderen Königs, der war alt und hatte nur eine einzige Tochter.

Das Eselein setzte sich vor das Schlosstor und begann auf seiner Laute zu spielen. Der alte König hörte die Musik und ließ das Eselein vor sich führen. Als das Eselein in den Saal trat, fingen alle zu lachen an, nur der König und seine Tochter lachten nicht.

„Komm her zu mir, Eselein“, sagte der König, und dann fragte er: „Wie gefällt dir meine Tochter?“
Das Eselein schaute die Königstochter an und sagte: „Sie ist so schön, wie ich noch keine gesehen habe.“ „So sollst du auch neben ihr sitzen“, sagte der König.
Das Eselein setzte sich an die Seite der Königstochter und spielte auf seiner Laute, und es klang lieblicher als je zuvor.
Von diesem Tag an blieb das Eselein im Schloss des alten Königs und war so vergnügt wie früher. Einmal aber, als es im Garten war, sah es wieder sein Spiegelbild im Brunnen. Da ließ es den Kopf traurig hängen, trat vor den König und sagte, es wolle fortgehen.
Der König hatte das Eselein aber lieb gewonnen und sagte: „Bleib bei mir! Ich will dir alles geben, was du verlangst. Willst du Gold?“ „Nein“, sagte das Eselein. „Willst du mein halbes Reich?“ „Ach nein!“ „Wenn ich nur wüsste, was dich wieder fröhlich macht“, sagte der König. „Willst du meine Tochter zur Frau?“ „Ach ja“, sagte das Eselein, denn das war's gerade, was es sich gewünscht hatte.
Also wurde die Hochzeit gefeiert. Abends, als das Eselein und die Braut in ihre Schlafkammer gingen, dachte der König: Ich will doch wissen, ob meine Tochter mit dem Eselein auch glücklich ist.
Der König schlich zur Türe und schaute durchs Schlüsselloch. Drinnen sagte das Eselein zur Königstochter: „Bist du nicht traurig, weil du ein Eselein zum Mann bekommen hast?“ „Nein“, sagte die Königstochter, „ich hab dich lieb und will dich mein Lebtag behalten.“
Da fiel die Eselshaut ab, und ein schöner junger Mann stand da. Die Braut küsste ihn und hatte ihn von Herzen lieb.
Am Morgen suchte der junge Mann seine Eselshaut, konnte sie aber nicht finden. Aus dem Eselein war für immer ein Mensch geworden. Da war er von Herzen froh. Er reiste mit seiner Braut und dem alten König zu seinen Eltern, und dort wurde zum zweiten Mal Hochzeit gefeiert.

Käthe Recheis

Die Ziegen im Rübenfeld

Es war einmal ein Bauer. Er hatte drei kleine Ziegen, ein Pferd, eine Kuh und ein grunzendes Schwein. Eines Tages liefen die drei kleinen Ziegen in das Rübenfeld, und der Bauer rief seinem kleinen Buben zu: „Rasch, treibe die Ziegen aus dem Rübenfeld. Sie fressen alle meine Rüben.“ Der kleine Bub lief zum Rübenfeld und schrie: „Gsch, gsch! Heraus aus dem Rübenfeld, ihr schlimmen kleinen Ziegen!“

Aber die drei kleinen Ziegen kümmerten sich nicht um ihn, sondern fraßen ruhig weiter. Der kleine Bub setzte sich am Wegrand nieder und war sehr traurig.
Nun kam das Pferd daher. „Guten Morgen, kleiner Bub. Warum weinst du?“, fragte es. „Weil ich die Ziegen nicht aus dem Rübenfeld treiben kann“, schluchzte der kleine Bub. „Wenn das alles ist“, wieherte das Pferd, „da kann ich dir helfen!“ Es galoppierte zum Rübenfeld und rief: „Schaut, dass ihr aus dem Rübenfeld kommt, ihr schlimmen kleinen Ziegen!“ Aber die drei kleinen Ziegen kümmerten sich gar nicht um das Pferd und fraßen ruhig weiter. Das Pferd stellte sich neben den kleinen Buben und ließ den Kopf hängen, weil es auch traurig war.
Dann kam die Kuh vorbei. „Guten Morgen, Pferd. Guten Morgen, kleiner Bub. Warum seid ihr denn so traurig?“, fragte sie. „Weil wir die Ziegen nicht aus dem Rübenfeld jagen können.“ „Wenn das alles ist! Das kann ich tun“, sagte die Kuh und lief zum Feld. „Muh, muh“, schrie sie, „geht aus dem Rübenfeld, ihr schlimmen kleinen Ziegen.“
Aber die drei kleinen Ziegen kümmerten sich gar nicht um die Kuh und fraßen ruhig weiter. Die Kuh stellte sich neben das Pferd und den kleinen Buben und ließ auch den Kopf hängen, weil sie traurig war.
Dann kam das Schwein vorbei. „Guten Morgen, Kuh. Guten Morgen, Pferd. Guten Morgen, kleiner Bub. Warum seid ihr denn so traurig?“, fragte es. „Weil wir die Ziegen nicht aus dem Rübenfeld jagen können.“ „Wenn das alles ist! Das kann ich tun“, grunzte das Schwein und lief zum Feld. „Nöff, nöff“, sagte es, „geht aus dem Rübenfeld, ihr schlimmen kleinen Ziegen.“ Aber die drei kleinen Ziegen kümmerten sich gar nicht um das Schwein und fraßen ruhig weiter. Das Schwein stellte sich neben die Kuh, das Pferd und den kleinen Buben und ließ auch den Kopf hängen, weil es traurig war.
Plötzlich brummte eine kleine Biene daher: „Guten Morgen, Schwein. Guten Morgen, Kuh. Guten Morgen, Pferd. Guten Morgen, kleiner Bub. Warum seid ihr denn so traurig?“, fragte sie. „Weil wir die Ziegen nicht aus dem Rübenfeld jagen können.“ „Summ, summ, summ! Wenn das alles ist, das kann ich tun“, summte die kleine Biene. Das Schwein, die Kuh, das Pferd und der kleine Bub schauten die kleine Biene an. „Wie wird sie denn das machen? Sie ist doch viel zu klein!“
Die kleine Biene sagte nichts und flog zum Rübenfeld. „Summ, summ, summ“, brummte sie. „Wenn ihr nicht sofort aus dem Rübenfeld geht, steche ich euch!“ Die drei kleinen Ziegen hörten zu fressen auf und liefen, so schnell sie nur konnten, aus dem Feld.
Das Schwein, die Kuh, das Pferd und der kleine Bub waren sehr erstaunt. „So etwas!“, sagten sie. „Die kleine Biene hat es doch fertig gebracht, die drei kleinen Ziegen aus dem Rübenfeld zu vertreiben.“

Junker Prahlhans

Ein König hatte einen Edelknecht, den nannte man Junker Prahlhans, weil er immer viel versprach und wenig hielt. Am Hofe des Königs lebte aber auch ein Spaßmacher, der wollte den Prahlhans bessern. Und das ging so:
Eines Tages hätte der König gern gebratene Vögel gegessen und sagte zum Junker: „Hans, geh hinaus in den Wald und schieße mir zehn Vögel für meinen Tisch!" Der Junker aber sprach: „Nicht nur zehn, hundert Vögel will ich dir schießen." „Gut", sagte der König, „wenn du ein so guter Schütze bist, so bringe mir hundert, sollst für jeden eine Silbermünze haben."
Der Spaßmacher hörte das und ging dem Junker voraus in den Wald, rief die Vögel und sprach:

„Ihr Vöglein, flieget alle fort!
Hans Großmaul kommt an diesen Ort,
möcht hundert Vögel schießen."

Als Junker Hans in den Wald kam, da konnte er keinen Vogel sehen, denn sie hatten sich alle in ihren Nestern versteckt. Und als er mit leeren Taschen zurück zum König kam, wurde er hundert Tage lang ins Gefängnis gesperrt, weil er sein Wort nicht gehalten hatte.

Als er wieder frei war, sagte eines Tages der König: „Ich möchte heute fünf Fische auf meinem Tisch haben." Da dachte Hans an seine hundert Tage Gefängnis und tat seinen Mund nicht so weit auf: „Ich will dir fünfzig Fische fangen." Sprach der König: „Wenn du ein so guter Fischer bist, so fange mir fünfzig; sollst für jeden ein Goldstück haben." Da ging der Spaßmacher hinaus an den See, rief die Fische und sprach:

„Ihr Fischlein, schwimmet alle fort!
Hans Großmaul kommt an diesen Ort,
möcht fünfzig Fische fangen."

Und als der Junker an den See kam, da konnte er kein Fischlein fangen, sie waren alle ans andere Ufer hinübergeschwommen. Und da er mit leeren Taschen nach Hause kam, ließ ihn der König fünfzig Tage lang einsperren, weil er sein Wort nicht gehalten hatte.

Als die fünfzig Tage um waren, sagte der König: „Ich möchte einen Hasen für meinen Tisch haben." Junker Hans dachte an sein Gefängnis und sagte: „Herr, ich will dir wenigstens zehn Hasen bringen." Sprach der König: „Wenn du ein so guter Jäger bist, so jage mir zehn. Sollst für jeden ein großes Goldstück haben." Da ging der Spaßmacher hinaus in den Wald, rief die Hasen und sprach:

„Ihr Häslein, springet alle fort!
Hans Großmaul kommt an diesen Ort,
möcht gern zehn Hasen jagen."

Und als der Junker kam, konnte er den ganzen Tag keinen Hasen jagen. Der König ließ ihn zehn Tage lang einsperren, weil er sein Wort nicht gehalten hatte.

Als er wieder frei war, sprach der König: „Ich möchte einen Hirsch für meinen Tisch haben." Da dachte der Junker seiner Leiden, die ihn seine Prahlerei gekostet hatte, und er sagte bescheiden: „Ich will hingehen und schauen, ob ich einen Hirsch erlegen kann."

Und er ging hin und schaute und konnte wirklich einen Hirsch erlegen und brachte ihn mit Freuden dem König. Der lachte und sprach: „Wenn man nichts Unmögliches verspricht, so ist das Worthalten leicht."

Von nun an war der Junker bescheiden und versprach nie mehr, als er halten konnte.

Volksgut aus der Schweiz

Das Waldhaus

Ein Holzhauer lebte mit seiner Frau und seinen drei Mädchen am Rand eines einsamen Waldes. Einmal musste er tief in den Wald hineingehen, um Bäume zu fällen, und sagte zu seiner Frau: „Schick mir das älteste Mädchen mit meinem Mittagessen in den Wald. Und damit es mich findet, werde ich ein Säckchen voll Hirsekörner nehmen und die Körner auf den Weg streuen!"

Als die Sonne zur Mittagszeit hoch über dem Wald stand, nahm das älteste Mädchen einen Topf voll Suppe und wollte ihn dem Vater bringen. Es verirrte sich aber auf dem Weg, weil es die Hirsekörner nicht finden konnte. Die hatten die Spatzen und Lerchen, die Finken und Amseln und Zeisige längst aufgepickt. Das Mädchen ging, bis es Abend wurde und dunkel; da fing es an, sich zu fürchten. Nach einer Weile sah es in der Ferne ein Licht und dachte: Dort muss ein Haus sein! Vielleicht kann ich darin übernachten.

Es ging auf das Licht zu und fand wirklich ein Haus und klopfte an. „Nur herein!", rief eine Stimme, und das Mädchen trat ein. Da saß ein alter Mann mit einem langen weißen Bart. Neben dem Ofen aber lagen ein Hühnchen, ein Hähnchen und eine buntgescheckte Kuh. „Ich habe mich im Wald verirrt", sagte das Mädchen. „Darf ich in eurem Haus übernachten?"

Der Mann sprach:

„Schön Hühnchen,
schön Hähnchen,
und du schöne bunte Kuh,
was sagt ihr dazu?"

„Duks!", antworteten die Tiere, und das hieß: „Wir sind es zufrieden." „Wenn du in die Küche gehst", sprach der Alte zu dem Mädchen, „und dort ein Abendessen kochst, kannst du mitessen."

Das Mädchen ging in die Küche, kochte ein Abendessen und brachte eine Schüssel voll auf den Tisch. Dann setzte es sich mit dem alten Mann zum Essen nieder. Als das Mädchen satt war, fragte es: „Wo ist ein Bett, in dem ich schlafen kann? Ich bin müde!"

Die Tiere antworteten:

„Du hast mit ihm gegessen,
du hast mit ihm getrunken,
aber an uns hast du nicht gedacht.
Nun sieh auch, wo du bleibst die Nacht."

Da sagte der alte Mann: „Unter dem Dach ist ein Stübchen mit einem Bett. Dort kannst du schlafen." Das Mädchen ging und legte sich schlafen. Als es schlief, kam der alte Mann mit einem Licht und betrachtete das Mädchen traurig. Dann ging er wieder und versperrte von außen die Tür.

Als der Holzfäller am Abend heimkam, sagte er zu seiner Frau: „Warum hast du mir die Tochter nicht mit dem Essen geschickt?" „Das Mädchen ist mit einem Topf Suppe zu dir gegangen", antwortete die Mutter. „Vielleicht hat es sich verirrt. Es wird gewiss morgen zurückkommen!"
Am nächsten Tag musste der Holzfäller wieder früh in den Wald, und seine zweite Tochter sollte ihm das Mittagessen nachbringen. Diesmal nahm er ein Säckchen voll Linsen mit. „Linsen sind größer als Hirsekörner", sagte er. „Da kann das Mädchen den Weg nicht verfehlen." Aber auch das zweite Mädchen verirrte sich und fand den Weg nicht, weil die Waldvögel die Linsen aufgepickt hatten. Auch das zweite Mädchen lief bis zum Abend durch den Wald und sah das Licht und klopfte an die Tür des Waldhauses. Und wieder sagte der alte Mann: „Herein!" Auch das zweite Mädchen wurde hungrig und wollte ein Bett für die Nacht. Wieder fragte der alte Mann die Tiere:

„Schön Hühnchen,
schön Hähnchen,
und du schöne bunte Kuh,
was sagt ihr dazu?"

„Duks!", antworteten die Tiere, und es geschah alles wie am Tag zuvor. Das Mädchen kochte für den Alten und für sich und vergaß, den Tieren zu essen zu geben. Und als es nach dem Bett fragte, antworteten die Tiere:

„Du hast mit ihm gegessen,
du hast mit ihm getrunken,
aber an uns hast du nicht gedacht.
Nun sieh auch, wo du bleibst die Nacht!"

Als das Mädchen in einem Stübchen unter Dach eingeschlafen war, kam wieder der alte Mann mit dem Licht, betrachtete das Mädchen traurig und schloss die Tür von außen ab.
Am dritten Morgen ging der Holzfäller wieder fort, und die jüngste Tochter sollte ihm das Essen bringen. Die Mutter aber sagte: „Soll ich mein jüngstes Kind auch noch verlieren?" „Heute will ich Erbsen ausstreuen", antwortete der Vater. „Erbsen sind groß, da kann unser Kind den Weg nicht verfehlen."
Als aber das Mädchen mit dem Essen zum Vater ging, hatten die Waldtauben die Erbsen aufgepickt. Und auch die jüngste Schwester verirrte sich und kam spätabends an das Waldhaus. Als das Mädchen um Essen und Nachtlager bat, fragte der alte Mann:

„Schön Hühnchen,
schön Hähnchen,
und du schöne bunte Kuh,
was sagt ihr dazu?"

„Duks!", antworteten die Tiere. Da trat das Mädchen an den Ofen und streichelte Hühnchen und Hähnchen über die Federn, und die Kuh kraulte es zwischen den Hörnern. Dann ging das Mädchen in die Küche und kochte und brachte das Essen herein. Bevor es sich aber an den Tisch setzte, holte es Körner für Hühnchen und Hähnchen und einen Arm voll Heu für die Kuh. Es trug einen Eimer Wasser herein, und Hühnchen und Hähnchen tunkten den Schnabel ins Wasser und hielten den Kopf in die Höhe, wie Vögel trinken. Und die bunte Kuh tat einen großen Schluck.

„Sollten wir nicht schlafen gehen?", sprach das Mädchen, als alle gegessen hatten. Und es fragte:

„Schön Hühnchen,
schön Hähnchen,
und du schöne bunte Kuh,
was sagt ihr dazu?"

Die Tiere antworteten:

„Du hast mit uns gegessen,
du hast mit uns getrunken,
du hast uns alle wohl bedacht,
wir wünschen eine gute Nacht."

Da ging das Mädchen schlafen und schlief bis Mitternacht. Um Mitternacht begann es mit einem Mal im Häuschen zu knistern. Das Mädchen blinzelte, aber bald schlief es wieder tief und erwachte erst, als die helle Sonne schien. Und da lag es in einem großen goldenen Saal in einem Bett aus Elfenbein unter einer Decke aus rotem Samt. Vor dem Bett stand ein Paar mit Perlen bestickte Pantoffeln.

Wie das Mädchen so schaute und sich wunderte, ging die Tür auf, und ein schöner junger Prinz kam herein und sagte zu der jüngsten Holzfällertochter: „Ich war ein verwunschener Prinz, und niemand konnte mich erlösen als ein Mädchen, das auch gut zu meinen Tieren war. Du hast mich erlöst. Die Tiere waren meine verzauberten Diener, und auch sie sind jetzt erlöst. Und das alte Waldhaus ist wieder mein königlicher Palast." „Aber wo sind meine Schwestern?", fragte das Mädchen. „Denen ist nichts geschehen", antwortete der Prinz. „Erlösen konnten sie mich aber nicht, und wärst du nicht so bald gekommen, dann müssten sie noch immer in ihren versperrten Stübchen schlafen. Jetzt dürfen sie wieder nach Hause!"
Der Prinz heiratete das Mädchen, und sie wurden sehr glücklich.

Brüder Grimm

„Komm!", sagte die Katze

Es regnete. Es rieselte und rauschte. Es planschte und plätscherte. Die Katze saß oben im Baum. Ringsum war Wasser. „Jetzt ist es genug!", sagte die Katze. „Jetzt soll es aufhören." Aber es hörte nicht auf.
Es regnete immer weiter. Das Wasser schwemmte die Erde weg. „Hilfe!", sagte die Katze. „Mein Baum kippt um!" Sie schlug ihre Krallen in die Zweige und hielt sich fest. Der Baum fiel ins Wasser und fing an zu schwimmen. „Jetzt mache ich eine Reise", sagte die Katze. „Und das ganze Schiff gehört mir!"
Auf den Wellen kam ein Holzbottich daher. In dem Bottich saß ein Schwein. „Hilfe!", quiekte das Schwein. „Der Bottich ist halb voll Wasser. Mein Bauch ist schon ganz nass!" „Komm!", sagte die Katze.
Der Baum schwamm weiter. „Schau, wer da kommt!", sagte die Katze. „Ein Hochwasserhund!", grunzte das Schwein. Der Hund paddelte mit allen vier Pfoten. Er war schon lange im Wasser und müde vom Schwimmen. „Helft mir!", japste der Hund. „Ich kann nicht mehr weiter!" „Komm!", sagte die Katze.
„Jetzt sind wir schon drei!", grunzte das Schwein. „Ich bin gespannt, wer der nächste ist." Der nächste war ein Topf mit einem Hahn und einer Henne. Der Topf schaukelte in den Wellen und drehte sich wie ein Kreisel. Die Henne gackerte vor Angst, und der Hahn schlug mit den Flügeln. „Nehmt uns mit!", riefen Hahn und Henne. „Uns ist schon schwindlig vom Schaukeln und Drehen . . ." „Kommt!", sagte die Katze.
Der Baum schwamm weiter. „Dort kommt schon wieder etwas!", grunzte das Schwein. „Etwas Großes!", krähte der Hahn. „Und etwas Kleines!", gackerte die Henne. Das Große war ein Schaf auf einem Traktorreifen. Das Kleine war eine Maus in einem Milchkrug. „Habt ihr noch Platz?", blökte das Schaf. „Ja", sagte die

Katze. „Tust du mir auch nichts?“, fragte die Maus. „Nein“, sagte die Katze. „Kommt nur!“
Der Hund schnupperte in der Luft. „Riechst du was?“, fragte das Schaf. „Ich rieche ein nasses Kaninchen in einer Schublade!“, bellte der Hund. „Da kommt es schon“, krähte der Hahn. Das Kaninchen zitterte vom Kopf bis zum Schwanz. „Komm!“, sagte die Katze.
Die Henne trat von einem Fuß auf den andern. Sie musste heute noch ein Ei legen und hätte gerne ein Nest gehabt. „Da kommen drei neue!“, krähte der Hahn. „Lasst ihr uns auf den Baumstamm?“, fragte das Eichhörnchen. „Nehmt ihr uns mit?“, fragte der Igel. Der Maulwurf fragte nichts und nieste nur. Er hatte sich erkältet. „Kommt!“, sagte die Katze.
Die Fahrt ging immer weiter. „Jetzt kommt keiner mehr!“, grunzte das Schwein. „Doch!“, sagte die Katze und zeigte aufs Wasser. Da kam einer mit einem roten Fell und einer spitzen Schnauze. „Der nicht!“, krähte der Hahn und plusterte sich auf. „Der nicht!“, gackerte die Henne erschrocken. Das Kaninchen zitterte, und der Igel stellte die Stacheln auf. „Hier ist kein Platz mehr!“, riefen die Tiere und machten sich so breit wie möglich. „Der nicht!“ „Doch! Der auch!“, sagte die Katze und half dem Fuchs aus dem Wasser.
„Sind wir nicht bald da?“, fragte die Henne. „Wo denn?“, fragte der Hahn. „Auf dem Trockenen“, sagte die Henne. „Ich möchte mein Ei legen.“ „Wir sollten landen“, piepste die Maus. „Oder wollt ihr die ganze Nacht auf dem Wasser bleiben?“ Keiner wollte das. „Also gut, landen wir“, sagte die Katze. „Weiß jemand, wie man das macht?“ „Ich weiß es!“, sagte der Fuchs. „Wer einen Schwanz hat, soll ihn ins Wasser tauchen und ans Ufer rudern.“ „Das machen wir“, sagten die Tiere und ruderten an Land. Nur die Maus rannte aufgeregt hin und her. Erst als der Baum anstieß, nahmen sie die Schwänze heraus und ließen sie in der Abendsonne trocknen. Der Fuchs sprang als Erster davon. Der Maulwurf grub sich in die Erde. „Lebt wohl!“, riefen das Eichhörnchen und der Igel. „Auf dem Hügel steht ein Bauernhaus!“, krähte der Hahn. „Dort möchte ich hin!“, blökte das Schaf. „Ich auch!“, grunzte das Schwein. „Dort finde ich ein Nest für mein Ei!“, gackerte die Henne. „Und ich einen Stall!“, sagte das Kaninchen. „Und ich ein Mauseloch!“, piepste die Maus. „Kommt!“, sagte die Katze.

Mira Lobe

Rosenkind

Vor langer Zeit lebte ein Kind, dem waren Vater und Mutter gestorben.
Als es nun so allein war und es nichts mehr gab, was das Mädchen zu Hause hielt, machte es sich auf den Weg: „Reisen will ich, immer der Sonne entgegen!"
Das Mädchen holte aus dem Elternhaus von den Vorräten, die ihm die Mutter hinterlassen hatte. „Nimm davon, wenn ich einmal nicht mehr für dich sorgen kann!", hatte sie damals gesagt.
So legte das Kind nun Früchte und Nüsse in einen Korb. Auch von dem Brot nahm es, dazu einen Zweig von den Rosen, die an der Mauer wuchsen. „Sie sind mir so lieb, dass ich sie nicht missen möchte."
Dann ging das Mädchen den Weg über die Hügel. Auf einer Anhöhe begegnete es einem Schaf. Das sagte: „Oh, was für einen schönen Apfel hast du in deinem Korb! Lass mich davon kosten!" „Wir wollen ihn teilen", antwortete das Kind.
Es gab dem Schaf erst eine Apfelhälfte. Weil ihm der Apfel aber so gut schmeckte, gab es auch die andere Hälfte hin.
Da bedankte sich das Schaf und begleitete das Kind noch ein Stück, bis an den Rand des Waldes.
Im Wald setzte sich das Mädchen ins Moos, um auszuruhen. Da sprangen zwei Eichhörnchen vor seine Füße. Sie baten: „Gib uns doch von den Nüssen! Der nächste Winter wird bitterkalt." „Nehmt alle Nüsse und legt sie zu euren Vorräten", sagte das Kind.
„Hast du nicht auch etwas für mich?", fragte fordernd ein Wildschwein, das aus seinem Versteck alles mitangesehen hatte.
Da reichte das Kind dem Tier die Birne und ging schnell weiter. Als es den Wald verlassen hatte, lag ein klarer See vor ihm.
„Mich hungert! Ein paar Krumen von deinem Brot täten mir gut!", hörte das Mädchen einen Fisch rufen. „Hier hast du einige Bröckchen!", antwortete es.

Aber da kamen immer mehr Fische angeschwommen, und aus Freude an den vielen, vielen Fischen teilte das Mädchen das ganze Brot aus.
„Ich will mit euch im klaren Wasser spielen!“, rief das Mädchen.
Doch kaum hatte es sein Kleid abgelegt und war in den See gelaufen, kam ein großer Vogel geflogen. Der nahm das Kleid auf und trug es mit sich fort.
„Nun habe ich kein Kleid mehr! Nichts als die Rose ist mir geblieben“, sagte das Kind, spielte aber mit den Fischen weiter, bis die Sonne am Horizont versank. Dann legte es sich müde nieder und schlief ruhig ein.
Die Sonne und der Mond hatten gesehen, was geschehen war. Und weil das gute, frohe Kind ihnen gefiel, beschenkten sie es reich:
Am nächsten Morgen erwachte das Mädchen in einem neuen Kleid. Das leuchtete wie die Morgensonne und war mit Sternen durchwirkt. Das Rosenzweiglein war über Nacht erblüht.
Noch heute, glauben manche zu wissen, geht Rosenkind über die Erde. Und wer ihm begegnet, in dem erblühen Heiterkeit und Freude. *Hannelore Dittrich*

Eine Wintergeschichte

Es war einmal ein Mann. Er besaß ein Haus, einen Ochsen, eine Kuh, einen Esel und eine Schafherde.
Der Junge, der die Schafe hütete, besaß einen kleinen Hund, einen Rock aus Wolle, einen Hirtenstab und eine Hirtenlampe.

Auf der Erde lag Schnee. Es war kalt, und der Junge fror. Auch der Rock aus Wolle schützte ihn nicht. „Kann ich mich in deinem Haus wärmen?", bat der Junge den Mann. „Ich kann die Wärme nicht teilen. Das Holz ist teuer", sagte der Mann und ließ den Jungen in der Kälte stehen.
Da sah der Junge einen großen Stern am Himmel. Was ist das für ein Stern? dachte er. Er nahm seinen Hirtenstab, seine Hirtenlampe und machte sich auf den Weg. „Ohne den Jungen bleibe ich nicht hier", sagte der kleine Hund und folgte seinen Spuren. „Ohne den Hund bleiben wir nicht hier", sagten die Schafe und folgten seinen Spuren. „Ohne die Schafe bleibe ich nicht hier", sagte der Esel und folgte ihren Spuren. „Ohne den Esel bleibe ich nicht hier", sagte die Kuh und folgte seinen Spuren. „Ohne die Kuh bleibe ich nicht hier", sagte der Ochse und folgte ihren Spuren. Es ist auf einmal so still, dachte der Mann, der hinter seinem Ofen saß. Er rief nach dem Jungen, aber er bekam keine Antwort. Er ging in den Stall, aber der Stall war leer. Er schaute in den Hof hinaus, aber die Schafe waren nicht mehr da.
„Der Junge ist geflohen und hat alle meine Tiere gestohlen", schrie der Mann, als er im Schnee die vielen Spuren entdeckte. Doch kaum hatte der Mann die Verfolgung aufgenommen, fing es an zu schneien. Es schneite dicke Flocken. Sie deckten die Spuren zu. Dann erhob sich ein Sturm, kroch dem Mann unter die Kleider und biss ihn in die Haut. Bald wusste er nicht mehr, wohin er sich wenden sollte. Der Mann versank immer tiefer im Schnee. „Ich kann nicht mehr!", stöhnte er und rief um Hilfe.
Da legte sich der Sturm. Es hörte auf zu schneien, und der Mann sah einen großen Stern am Himmel. Was ist das für ein Stern? dachte er.
Der Stern stand über einem Stall, mitten auf dem Feld. Durch ein kleines Fenster drang das Licht einer Hirtenlampe.
Der Mann ging darauf zu. Als er die Türe öffnete, fand er alle, die er gesucht hatte, die Schafe, den Esel, die Kuh, den Ochsen, den kleinen Hund und den Jungen. Sie waren um eine Krippe versammelt. In der Krippe lag ein Kind. Es lächelte ihm entgegen, als ob es ihn erwartet hätte.
„Ich bin gerettet", sagte der Mann und kniete neben dem Jungen vor der Krippe nieder.
Am anderen Morgen kehrten der Mann, der Junge, die Schafe, der Esel, die Kuh, der Ochse und auch der kleine Hund wieder nach Hause zurück. Auf der Erde lag Schnee. Es war kalt. „Komm ins Haus", sagte der Mann zu dem Jungen, „ich habe Holz genug. Wir wollen die Wärme teilen."

Max Bolliger

Thematische Hinweise

Autoren- und Quellenverzeichnis

Adrian, Christine, und Muller, Gerda
S. 191: Piek, das Igelkind; © by Ravensburger Buchverlag Otto Maier GmbH., Ravensburg 1987

Aigle, Alma de l'
S. 95: Das Eichhörnchen; aus: Ganz kleine Geschichten, Verlag Hans Köhler, Hamburg 1951

Baumann, Hans
S. 44: Wo der Schlafvogel sein Nest hat; aus: Geschichten mit Pfiff, dtv junior, München 1986
S. 118: Wenn Wuzz nicht wär'; a. a. O.
S.214: Dr. Peggy Lindholm, Tierärztin, Praxis I. Stock; aus: Ueberreuters großes Geschichtenbuch, hg. von Siegfried Aust, Verlag Carl Ueberreuter, Wien 1986
S. 234: Der Zauberpfiff; aus: Geschichten mit Pfiff, dtv junior, München 1986

Beattie, Janet
S. 231: Die kleine vergessliche Frau; Verlag Friedrich Oetinger, Hamburg 1957

Bender, Wilhelm
S.100: Unsere Katz heißt Mohrle; aus: So viele Tage, wie das Jahr hat, hg. von James Krüss, Verlag C. Bertelsmann, München 1959
S.152: Komm, wir wollen tanzen (Text und Melodie); aus: Der fröhliche Kreis, hg. von Inge Kittel, Don Bosco Verlag, München 1987; ©) by Verlag für deutsche Musik Robert Rühle, München

Bergengruen, Werner
S. 238: Spaß mit Onkel Sebastian; aus: Zwieselchen, K. Thienemanns Verlag, Stuttgart 1941

Bernhard-von Luttitz, Marieluise
S.187: Bumfidel möchte telefonieren; aus: Bumfidelgeschichten, rororo Taschenbuch 318, Rowohlt Verlag, Reinbek bei Hamburg 1982 © by Rowohlt Taschenbuch Verlag, GmbH., Reinbek bei Hamburg 1977 (Bumfidel bleibt Bumfidel, rotfuchs 131)

Bissel, Donald
S.246: Des Kaisers Maus; aus: Gutenachtgeschichten für wache Kinder, Obelisk-Verlag, Innsbruck 1979

Bolliger, Max
S. 132: Hereinspaziert; aus: Die Stadt der Kinder, hg. von Hans Joachim Gelberg, Georg Bitter Verlag, Recklinghausen 1969
S. 165: Was uns die Angst nimmt; a. a. O.
S. 198: Die Kinderbrücke; Herold Verlag, Wien o. J.
S.275: Eine Wintergeschichte; aus: Das große Weihnachtsbuch, hg. von Marion Pongracz, Annette Betz Verlag, Wien o. J.

Brenner, Elisabeth
S. 23: Rissel, rassel, rüssel; aus: Unser Tag soll fröhlich sein, Verlag Stalling, Oldenburg 1949
S. 26: Wir ziehn dem Kind jetzt Schuhe an; a. a. O.

Bröger, Achim
S. 176: Das wunderbare Bettmobil; © by K. Thienemanns Verlag, Stuttgart 1975

Buck, Pearl S.
S. 94: Was im Frühling alles geschieht; aus: Geschichten für kleine Kinder, Ibis-Verlag, Linz-Wien 1951
S. 106: Donner und Blitz; a. a. O.
S. 146: Wenn's lustig wird; a. a. O.
S. 164: Wenn es dunkel wird; a. a. O.

Bull, Bruno Horst
S. 156: Ich komme aus den Wolken her;
Im tiefen See bin ich zu Haus;
aus: Meine bunte Rätselwelt, Boje Verlag, Erlangen o. J.

Busta, Christine
S. 91: Die Mutter macht's leicht, die Wahrheit zu sagen; aus: Die Zauberin Frau Zappelzeh, Otto Müller Verlag, Salzburg 1979
S. 164: Keine Angst vor Nachtgeräuschen; a. a. O.

Bydlinski, Georg
S. 25: Grüner Frosch; aus: Der Wünschelbaum, hg. von Georg Bydlinski, Verlag Herder, Wien 1984
S. 112: Jahreszeitengeschichte; aus: Das Kindernest, hg. von Georg Bydlinski, Verlag Herder, Wien-Freiburg-Basel 1979
S. 114: Was ich sehe, wenn ich gehe; aus: Der Wünschelbaum, hg. von Georg Bydlinski, Verlag Herder, Wien 1984
S. 137: Wann Freunde wichtig sind; a. a. O.
S. 148: Pfli, pfla, pflaum; aus: Das Kindernest, hg. von Georg Bydlinski, Verlag Herder, Wien-Freiburg-Basel 1979
S. 149: Wi wa weck; a. a. O.
Bibuba; a.a.O.
S. 203: Nachdenken über die Schöpfung; aus: Der Wünschelbaum, hg. von Georg Bydlinski, Verlag Herder, Wien 1984

Carl, Emma
S. 92: Eine kurze Geschichte; aus: Ueberreuters großes Geschichtenbuch, hg. von Siegfried Aust, Verlag Carl Ueberreuter, Wien 1986

Cerderborg, Hazel P.
S. 117: Der kleine rote Lieferwagen; Pixi Buch Nr. 67, Carlsen Verlag, Reinbek o. J.

Chapman, Jean
S. 70: Die Geschichte vom Roller-Boller-Hut (gekürzt); aus: Der kleine Löwe, Club-Taschenbuchreihe, Bd. 9, Obelisk-Verlag, Innsbruck, und Verlag St. Gabriel, Mödling-Wien 1988
S. 130: Die Geschichte von Puntschinello und seiner Katze; a. a. O.

Demmer, Elly
S. 98: Mutter Henne, gluck-gluck-gluck; aus: Erzähl uns was; hg. von S. Bayr-Klimpfinger und A. Niegl, Österreichischer Bundesverlag, Wien 1966

Dittrich, Hannelore
S. 274: Rosenkind; Verlag Jungbrunnen, Wien 1983

Domenego, Hans
S. 55: Ursel hat Geburtstag; aus: Die Mutwurzel, hg. von Lene Mayer-Skumanz, Verlag St. Gabriel, Mödling-Wien 1985

Domenego, Hans, und Leiter, Hilde
S. 109: Die Geschichte vom Wetterhaus; aus: Der Elefant im Porzellanladen, Verlag St. Gabriel, Mödling-Wien 1988

Ekker, Ernst A.
S. 123: Pudding-Lied; aus: Der Wünschelbaum, hg. von Georg Bydlinski, Verlag Herder, Wien 1984; © by Ernst A. Ekker
S. 149: Li la lind:
Mi ma meisel;
Schicke schacke scheckig;
aus: Das Kindernest, hg. von Georg Bydlinski, Verlag Herder, Wien-Freiburg-Basel 1979

Erickson, Karen
S. 166: Ich kann Ordnung machen; Verlag St. Gabriel, Mödling-Wien 1985

Etna
S. 32: Morgens, wenn ich früh aufsteh;
Mittags, wenn ich spielen geh;
aus: Tageszeiten, Pestalozzi-Verlag, Erlangen 1988
S. 33: Abends, wenn ich schlafen geh; a. a. O.
Nachts, wenn ich die Sternlein seh; a. a. O.

Faber du Faur, Irmgard von
S. 48: Die Milch auf dem Herd; aus: Liebe Welt, Verlag Sauerländer, Aarau 1958
S. 76: Federlos; a. a. O.
S. 92: Bitte!; aus: Thienemanns Neues Schatzkästlein, hg. von Heinrich Jeanjour, K. Thienemanns Verlag, Stuttgart 1965

Ferra-Mikura, Vera
S. 107: Vieles ist aus Holz gemacht; aus: Lustig singt die Regentonne, Verlag Jungbrunnen, Wien 1964
S. 125: Was ich von meinen Tanten zum Geburtstag bekam; a. a. O.
S. 157: Er hat keinen Stamm; a. a. O.
S. 167: Hört einmal zu!; aus: Meine Kuh trägt himmelblaue Socken, Verlag Jungbrunnen, Wien 1975
S. 244: Glaubst du das?; a. a. O.

Freudenberg, Alwin
S. 245: Still, ich weiß etwas; aus: Das große Kinderbuch, Verlag Jugend und Volk, Wien-München 1956

Gauster, Christine
S. 153: (Anleitung zu:) Der Sandmann ist da; aus: Liederbuch für den Kindergarten, Österreichischer Bundesverlag, Wien 1987
S. 154: Bi-ba-bu (Melodie); aus: Das Kindernest, hg. von Georg Bydlinski, Verlag Herder, Wien-Freiburg-Basel 1979

Graham, Bob
S. 31: Eine rote Kuscheldecke; Carlsen Verlag, Reinbek 1988

Grimm, Brüder
S. 251: Der süße Brei; aus: Mein erstes großes Märchenbuch, hg. von Richard Bamberger, Verlag Jugend und Volk, Wien 1960
S. 256: Der Wolf und die sieben jungen Geißlein; a. a. O.
S. 259: Rotkäppchen; a. a. O.
S. 261: Frau Holle; a. a. O.
S.269: Das Waldhaus; aus: 99 Minutenmärchen, hg. von Käthe Recheis und Friedl Hofbauer, Verlag Herder, Wien 1976

Güll, Friedrich
S. 22: Steigt ein Büblein auf den Baum; aus: Kinderwelten, Beltz Verlag, Weinheim und Basel 1985

Guggenmos, Josef
S. 47: Mein Ball; aus: Die Stadt der Kinder, hg. von Hans Joachim Gelberg, Georg Bitter Verlag, Recklinghausen 1969
S. 170: Hübsch, Artig und Brav; aus: Immerwährender Kinderkalender, Österreichischer Bundesverlag, Wien-München 1958
S. 222: Der Affe; aus: Die Stadt der Kinder, hg. von Hans Joachim Gelberg, Georg Bitter Verlag, Recklinghausen 1969
S. 242: Grips; aus: Ein Elefant marschiert durchs Land, Georg Bitter Verlag, Recklinghausen 1968
S. 244: Gelogen; aus: Die Stadt der Kinder, hg. von Hans Joachim Gelberg, Recklinghausen 1969

Halle, Werner
S.105: Susanne und der Fernseher; aus: Bilder und Geschichten für Kinder, hg. von Werner Halle, Georg Westermann Verlag, Braunschweig o. J.

Hanisch, Hanna
S. 187: Kippeltasse und Struppelbesen; aus: Ueberreuters großes Geschichtenbuch, hg. von Siegfried Aust, Verlag Carl Ueberreuter, Wien 1986; © by Rowohlt Taschenbuch Verlag GmbH., Reinbek bei Hamburg 1976 (Drei-Minuten-Geschichten, rotfuchs 107)

Hannover, Heinrich
S. 233: Bei Räubers; aus: Bilder und Geschichten für Kinder, hg. von Werner Halle, Georg Westermann Verlag, Braunschweig o. J.; © by Heinrich Hannover (Das Pferd Huppdiwupp und andere lustige Geschichten, rororo-rotfuchs Taschenbuch) 1968; mit Genehmigung der Literarischen Agentur Liepmann AG, Zürich
S. 240: Herr Groß und Herr Klein; a. a. O.; © by Rowohlt Taschenbuch Verlag GmbH., Reinbek bei Hamburg 1980 (Der vergeßliche Cowboy, rotfuchs 236)

Harranth, Wolf
S. 148: Die Mutti in der Küche; aus: Das Kindernest, hg. von Georg Bydlinski, Verlag Herder, Wien-Freiburg-Basel 1979

Harrison, David L.
S.226: Der kleine Junge und sein Geheimnis; aus: David L. Harrison/Philippe Fix, Riesen sind nur halb so groß, © by Ravensburger Buchverlag Otto Maier GmbH., Ravensburg 1984

Hellmich, Elisabeth
S. 162: Laura und Martin; aus: Ueberreuters großes Geschichtenbuch, hg. von Siegfried Aust, Verlag Carl Ueberreuter, Wien 1986

Hertz, Grete J.
S. 142: Das fröhliche Krankenzimmer; Verlag Friedrich Oetinger, Hamburg o. J.

Heyduck-Huth, Hilde
S. 201: Der Seestern (gekürzt); Atlantis Kinderbücher, © by Verlag Pro Juventute, Zürich 1985

Heymans, Annemie
S. 86: Ursi zieht um; aus: Heute wohn' ich im Sandkasten, Annette Betz Verlag, Wien 1988

Hirsch, Josephine
S. 57: Besuch; aus: Das Knusperhaus, Verlag Herder, Wien 1988
S. 63: Geburtstag (gekürzt); a. a. O.
S. 80: In der Früh; a. a. O.
S. 101: Warum?; a. a. O.
S. 148: Ricki, racki, rocki, ru; a. a. O.
Hitzel, hutzel, Kuckucksuhr; a. a. O.
S. 149: 1,2,3,4,5, 6,7;a.a.O.
S. 156: Er passt auf das Haus auf; a. a. O.
Es ist ganz rund; a. a. O.
Wenn abends du zu Bette gehst; a. a. O.
S. 157: Er schüttelt; a. a. O.

Hofbauer, Friedl
S. 22: Tupf auf die Nase; aus: Der Waschtrommel-Trommler, Verlag Herder, Wien o. J.
S. 24: Das ist der Wuzelklein; a. a. O.
S. 27: Guten Morgen; a. a. O.
Hast dir weh getan; a. a. O.
Tut dir was weh; a. a. O.
S. 35: Meine Puppe; a. a. O.
S. 36: Mein Teddybär; a. a. O.
S. 48: Frau Kochlöffel; aus: Der Wünschelbaum, hg. von Georg Bydlinski, Verlag Herder, Wien 1984
S. 60: Schlaflied; aus: Der Waschtrommel-Trommler, Verlag Herder, Wien o. J.
S. 66: Es regnet; aus: Der Wünschelbaum, hg. von Georg Bydlinski, Verlag Herder, Wien 1984
S. 78: Händewaschen; a. a. O.
S. 82: Was die Waschmaschine sagt; a. a. O.
S. 104: Telefonieren; a. a. O.
S. 108: Mutter, Vater, Kind; aus: Die große Wippschaukel, Verlag Herder, Wien 1985
S. 182: Dem Vater ins Handschuhfach; a. a. O.
Beim Zebrastreifen; a. a. O.
S. 186: Autobahnlied; aus: Der Wünschelbaum; hg. von Georg Bydlinski, Verlag Herder, Wien 1984
S. 208: Ein Strauch; aus: Der Esel Bockelnockel, Loewes Verlag, Bindlach 1983
S. 248: Schau nur genau; a. a. O.

Hofbauer, Friedl, und *Recheis, Käthe:* siehe Recheis

Huber, Johanna
S. 47: Die Wäsche; aus: Allerlei Schwätzchen für kleine Spätzchen, Ravensburger Buchverlag Otto Maier GmbH., Ravensburg o. J.
S. 59: Der Spaziergang; a. a. O.

Janosch
S. 74: Sieben Mützen braucht ein Kasper; aus: Kasper Mütze und der Riese Wirrwarr, dtv junior, München 1988

Kirchhoff, Gabriele
S. 84: Sanni erlebt einen schlimmen Tag; aus: Sanni, Verlag Herder, Freiburg o. J.
S. 88: Sanni und ihr Brüderchen; a. a. O.

Kittel, Inge, und *Bender, Wilhelm*
S.156: Komm, wir wollen tanzen; aus: Der fröhliche Kreis. Sing- und Tanzspiele, Don Bosco Verlag, München 1987

Koch, Ernestine
S.119: Wumme und der Sonntagskuchen (gekürzt); aus: Wumme und der beste Papa der Welt, dtv junior, München 1977

Kögel, Fritz und *Emilie*
S. 139: Der Bratapfel; aus: Thienemanns Neues Schatzkästlein, hg. von Heinrich Jeanjour, K. Thienemanns Verlag, Stuttgart 1965

Korschunow, Irina
S. 38: Steffi fährt mit dem Bus; aus: Steffis roter Luftballon, dtv junior, München o. J.
S. 39: Steffi und der Vater machen Spaß; a. a. O.
S. 63: Steffi hat Geburtstag; a. a. O.
S. 81: Steffi stößt ihren Becher um; a. a. O.
S. 82: Steffi will Wäsche waschen; a. a. O.
S. 83: Steffi sucht ihre Mutter; a. a. O.

Krüss, James
S. 196: Der kleine schwarze Weißfellkater; Österreichischer Bundesverlag, Wien o. J.

Lachs, Minna
S. 160: Was raschelt da am Bauernhof?; Verlag Jugend und Volk, Wien 1987

Leiter, Helmut
S. 60: Schlafen gehen; aus: Der Butzemann, Verlag Jugend und Volk, Wien 1956
S. 79: Nikl will sich nicht waschen lassen; a. a. O.
S. 80: Nikl zieht sich an; a. a. O.

Leiter, Hilde
S. 66: Ursel und der Regenschirm; aus: Das Kindernest, hg. von Georg Bydlinski, Verlag Herder, Wien-Freiburg-Basel 1979
S. 69: Was Ursel werden möchte; aus: Der Butzemann, Verlag Jugend und Volk, Wien 1956

Leiter, Hilde, und *Domenego, Hans:* siehe Domenego

Lindgren, Astrid
S. 210: Polly hilft der Großmutter; Verlag Friedrich Oetinger, Hamburg o. J.

Lobe, Mira
S. 154: Bi-ba-bu (Text); aus: Das Kindernest, hg. von Georg Bydlinski, Verlag Herder, Wien-Freiburg-Basel 1979
S. 157: Ein Herr stolziert; aus: Der Wünschelbaum, hg. von Georg Bydlinski, Verlag Herder, Wien1984
S. 272: „Komm!", sagte die Katze; Verlag Jugend und Volk, Wien-München 1975

Lornsen, Boy
S. 52: Der Hase mit dem halben Ohr; © by K. Thienemanns Verlag, Stuttgart 1986

Maar, Paul
S.149: Anne, Pfanne, Badewanne; aus: Onkel Florians fliegender Flohmarkt, © by Verlag Friedrich Oetinger, Hamburg 1977
S. 157: Was bin ich?; a. a. O.

Mayer-Skumanz, Lene
S. 65: Jakob wartet auf Weihnachten; aus: Das Kindernest, hg. von Georg Bydlinski, Verlag Herder, Wien-Freiburg-Basel 1979
S. 68: Beim Zahnarzt; aus: Das Tütenwunder und andere Zahngeschichten, hg. von Lene Mayer-Skumanz, Verlag Jungbrunnen, Wien 1982
S.175: Tino hört es knacksen; aus: Weil sie mich nicht lassen – 15 Tinogeschichten, Verlag Herder, Wien-Freiburg-Basel
S.195: Mikiko aus Japan; aus: Ueberreuters großes Geschichtenbuch, hg. von Siegfried Aust, Verlag Carl Ueberreuter, Wien 1986
S. 216: Natatek aus dem Lande der Eskimos; a. a. O.

McCrea, Lilian
S. 34: Die Geschichte von der Puppe Gabi; aus: Stories to Tell in the Nursery School, © by Oxford University Press, Oxford 1950
S. 36: Gummistiefel für Teddy; a. a. O.
S. 41: Michaels Hund Jockl; a. a. O.
S. 50: Der kleine rote Pullover; a. a. O.
S. 64: Gabi hat Ohrenschmerzen; a. a. O.
S. 96: Mutter Henne; a. a. O.
S. 98: Ein Katzerl für Grete; a. a. O.
S. 126: Ein Garten für Peter und Pauline; a. a. O.
S. 138: Es hat geschneit; a. a. O.
S. 182: Vik, der Stadthund; a. a. O.

Michels, Tilde
S. 42: Sieben suchen sieben Sachen; dtv junior, München 1985
S. 140: Drei Wanderbären tauchen auf; aus: Gustav Bär erzählt Gutenachtgeschichten, © Edition Bücherbär im Arena Verlag, Würzburg 1994

Muller, Gerda, und *Adrian, Christine:* siehe Adrian

Neugebauer, Stefanie
S.172: Markus und die Angst; aus: Mädchen dürfen pfeifen, Buben dürfen weinen, Verlag Jugend und Volk, Wien-München 1985

Osterdahl, Jeanna
S. 203: Der Apfel; aus: Vom kleinen Zornnickel, Verlag D. Gundert, Stuttgart o. J.

Pfister, Marcus
S. 102: Pinguin Pit; © by Nord-Süd Verlag, CH-Mönchaltdorf 1987

Prokofiew, Sergej
S. 223: Peter und der Wolf; aus: Bilder und Geschichten für Kinder, hg. von Werner Halle, Georg Westermann Verlag, Braunschweig o. J.

Recheis, Käthe
S. 54: Der große Bär und der kleine Bär; Verlag Herder, Wien-Freiburg-Basel 1984
S. 193: Der kleine Biber und seine Freunde; aus: Ueberreuters großes Geschichtenbuch, hg. von Siegfried Aust, Verlag Carl Ueberreuter, Wien 1986
S.217: Kleiner Bruder Watomi; aus: 99 Minutenmärchen, Verlag Herder, Wien-Freiburg-Basel 1976
S. 220: Tiki und die kleine weiße Ziege; Verlag Breitschopf, Wien-München-Basel o. J.

Recheis, Käthe, und *Hofbauer, Friedl*
S. 54: Komm, kleiner Indianer; Verlag Herder, Wien-Freiburg-Basel 1984
S. 264: Das Eselein; aus: 99 Minutenmärchen, Verlag Herder, Wien 1976

Rechlin-Bartoschek, Eva
S. 175: Über das Heulen von Eulen; aus: So viele Tage wie das Jahr hat, hg. von James Krüss, C. Bertelsmann Verlag, München 1986

Reding, Josef
S. 27: Ri-ra-rutsch; aus: Auf der ganzen Welt gibt's Kinder, hg. von Jo Pestum, Arena Verlag, Wurzburg 1976

Rettich, Margret
S. 124: Jan und Julia feiern Geburtstag: © by Verlag Friedrich Oetinger, Hamburg 1976
S. 136: Jan und Julia im Kindergarten: © by Verlag Friedrich Oetinger, Hamburg 1975

Rodari, Gianni
S. 235: Verdrehte Geschichten; aus: Fahrstuhl zu den Sternen, Kinderbuchverlag, Berlin o. J.

Ruck-Pauquèt, Gina
S.128: Der kleine Briefträger und Petronella; aus: Sandmännchens Geschichtenbuch, © by Ravensburger Buchverlag Otto Maier GmbH., Ravensburg 1987
S. 185: Der Polizist und das Kind; aus: Bilder und Geschichten für Kinder, hg. von Werner Halle, Georg Westermann Verlag, Braunschweig o. J.
S. 189: Der kleine Zoowärter versteht die Sprache der Tiere; aus: Sandmännchens Geschichtenbuch, © by Ravensburger Buchverlag Otto Maier GmbH., Ravensburg 1987
S. 200: Das fremde Mädchen; aus: Eine Badewanne voll Geschichten, Annette Betz Verlag, Wien o. J.
S. 213: Pit lässt einen Drachen steigen; a. a. O.

Salzer, Elisabeth
S.150: (Anleitung zu:) Es tanzt ein Bi-Ba-Butzemann; aus: Rundherum im Kreis, Don Bosco Verlag, München 1984
S. 151: (Anleitung zu:) Jetzt steigt Hampelmann; a. a. O.

Schmaus, Margarete
S. 21: Schnick, schnack, schnurr;
Qua, qua, qua;
aus: Die Bildungsarbeit der Kindergärtnerin, Verlag Jugend und Volk, Wien 1958
S. 22: Jetzt trocknen wir die Tränen ab; a. a. O.

Schneider Gerlinde
S 201: Zwei Buben; aus: In allen Häusern, wo Kinder sind, hg. von Ulrike Lentz-Pentzoldt, Ellermann-Verlag, München 1975

Schupp, Renate
S. 205: Die gelbe Blume; bohem press, Zürich 1988

Shankar
S. 168: Wem gehört das Streifenhörnchen?; Verlag St. Gabriel, Mödling-Wien 1982

Simon, Eva
S. 40: Der Kater Krümel; aus: Geschichten von Jan und Knispel, dtv junior, München 1987
S. 135: Aufräumen; a. a. O.

Simrock, Karl
S. 24: Der ist ins Wasser gefallen; aus: Kinderwelten, Beltz-Verlag, Weinheim und Basel 1985

Stiemert, Elisabeth
S. 75: Der Unsinnsonntag; aus: Die Sammelsuse, Gerstenberg Verlag, Hildesheim 1984
S.176: Eine Apfelgeschichte; aus: Angeführt, Angeführt, Gerstenberg Verlag, Hildesheim 1984

Straub, Wilhelm
S. 226: Der kleine Schwimmer; aus: Der kleine Gernegroß, Verlag Herder, Freiburg o. J.

Timmermans, Felix
S. 110: Das Schweinchen; aus: Thienemanns Neues Schatzkästlein, hg. von Heinrich Jeanjour, K. Thienemanns Verlag, Stuttgart 1965

Tolstoj, Leo
S. 243: Drei Kranzkuchen und ein Butterkeks; aus: Drei Kranzkuchen und ein Kringel, Verlag Enßlin und Laiblin, Reutlingen o. J.
S. 245: Michel und die Gurken; a. a. O.

Trojan, Johannes
S. 246: Die Wohnung der Maus; aus: So viele Tage, wie das Jahr hat, hg. von James Krüss, Verlag C. Bertelsmann, München 1959

Unbekannter Verfasser
S. 86: Vom Männchen, das immer brüllte; aus: Bilder und Geschichten für Kinder, hg. von Werner Halle, Georg Westermann Verlag, Braunschweig o. J.
Volksgut
S. 21: Es läuft ein Mauserl
Da kommt die Maus
S. 22: Weißt du, was?
Patsch Handi z'samm
S. 23: Große Uhren gehen tick-tack
S. 24: Das ist der Daumen
Das ist der Bauer
Da ist der Vater
Der ist ins Wasser gfalln
S. 25: Hopp, hopp, hopp
Wir reiten um die Wette
Eine kleine Dickmadam
Müller, Müller, Sacki
Huckepack, huckepack
S. 26: Ich bin ein kleiner Pumpernick
Ich bin klein Klaus
Gretchen, widiwetchen
Mädchen, die nicht singen
Bim, bam, beier
Hoppe, hoppe, Reiter
S. 27: Heile, heile Segen
S. 28: Geschwind, geschwind, ihr Lieben
Schlaf, Kindlein, schlaf
Schlaf, mein kleines Mäuschen
In der Nacht, in der Nacht
S. 67: Es regnet, es regnet
S. 85: Genug vom Weinen
S. 148: Mäuschen keck
Zipfel, zapfel
Eins, zwei, drei
Bitzel, betzel
Auf der Leiter sitzt ein Hahn
S. 150: Es tanzt ein Bi-Ba-Butzemann
S. 151: Jetzt steigt Hampelmann
S. 153: Der Sandmann ist da
S. 155: Welche Hüte
Ich möcht wohl wissen
Ich gehe alle Tage aus
Wie heißt das Ding
S. 158: Er hängt an der Dachrinne
Wie heißt der Vogel
Ich komme aus dem Wolkenfass
Die Schale ist hart
Welcher Schuh

Wer schluckt
Ich schwimme im Wasser
Sitzt einer auf dem Dach
Welcher Mann
Die Kätzchen, die ich meine
S. 237: So geht es im Lande der Riesen
So ist es im Lande der Zwerge
S. 244: Und wenn das nicht die Wahrheit ist
S. 252: Das Lebkuchenmännchen
S. 254: Die drei kleinen Schweinchen (englisches Volksmärchen)
S. 265: Die Ziegen im Rübenfeld
S. 267: Junker Prahlhans

Volksgut wurde den nachstehend angeführten Sammlungen entnommen:

Arnim, Achim von, und *Brentano, Clemens*
Des Knaben Wunderhorn; Verlag Reclam, Leipzig 1806-1808

Bamberger, Richard
Mein erstes großes Märchenbuch; Verlag Jugend und Volk, Wien 1960

Böhme, Franz Magnus
Deutsches Kinderlied und Kinderspiel; Dresden 1897

Bull, Bruno Horst
ABC, die Katze lief im Schnee; Verlag Günther Brinek, Wien 1964
Meine bunte Rätselwelt; Boje Verlag, Erlangen o. J.

Bydlinski, Georg
Der Wünschelbaum, 151 Gedichte für Familie, Schule und Kindergarten; Verlag Herder, Wien 1984

Glauber, Uta
Abends, wenn ich schlafen geh; Verlag Herder, Freiburg im Breisgau 1964

Görz, Heinz
Betthupferl; Verlag Leopold Stocker, Graz-Stuttgart o. J.

Grimm, Brüder
Kinder- und Hausmärchen; Pontos-Verlag, Freiburg im Breisgau o. J.

Hofbauer, Friedl
Der Waschtrommel-Trommler; Verlag Herder, Wien o. J.

Jeanjour, Heinrich
Thienemanns Neues Schatzkästlein; K. Thienemanns Verlag, Stuttgart 1965

Kinderwelten, Kinder und Kindheit in der neueren Literatur, Festschrift für Klaus Doderer; hg. vom Freundeskreis des Instituts für Jugendbuchforschung Frankfurt, Beltz-Verlag, Weinheim und Basel 1985

Mink, Janne
Ri-Ra-Rutsch; Verlag Ullstein, Frankfurt am Main 1958

Reich, Traudi
Ich und Du; Verlag Herder, Wien 1960

Wolgast, Heinrich
Schöne alte Kinderreime; Buchverlag der Jugendblätter, München o. J.

Vries, Anne de
S. 90: Mutters große Hilfe; aus: Ueberreuters großes Geschichtenbuch, hg. von Siegfried Aust, Verlag Carl Ueberreuter, Wien 1986

Welsh, Renate
S. 162: Der-von-der-Schrankwand; aus: Das Kindernest, hg. von Georg Bydlinski, Verlag Herder, Wien-Freiburg-Basel 1979

Will-Beuermann, Helene
S. 49: Nis Puck ist krank; aus: Huckepack, Langewiesche-Brandt Verlag, Ebenhausen bei München 1971

Wölfel, Ursula
S. 40: Die Geschichte von der Pudding-Katze; aus: 20 Suppengeschichten, © by K. Thienemanns Verlag, Stuttgart-Wien
S. 72: Die Geschichte vom Reisekind; aus: Das Buch vom Sommer, hg. von Hans Domenego und Hilde Leiter, Verlag Jugend und Volk, Wien 1985; © by K. Thienemanns Verlag, Stuttgart-Wien
S. 73: Die Geschichte von der Wippe; aus: 20 Suppengeschichten, © by K. Thienemanns Verlag, Stuttgart-Wien
S. 166: Die Geschichte von der Kuh; a. a. O.
S. 214: Der Staubsauger; aus: Winzige Geschichten, © by K. Thienemanns Verlag, Stuttgart-Wien
S. 232: Die Geschichte von der fetten Katze; aus: 20 verrückte Geschichten, © by K. Thienemanns Verlag, Stuttgart-Wien
S. 236: Die Geschichte vom Huhn und dem Auto; aus: 28 Lachgeschichten, © by K. Thienemanns Verlag, Stuttgart-Wien

Von einigen Texten waren Rechtseigentümer nicht ausfindig zu machen; wir sind für Hinweise dankbar.